중독을 파는 의사들

DRUG DEALER, MD: How Doctors were Duped, Patients Got Hooked,
and Why It's so Hard to Stop
Copyright ⓒ 2016 Johns Hopkins University Press

All rights reserved. Published by arrangement with The Johns Hopkins
University Press, Baltimore, Maryland through ALICE Agency, Seoul.
Korean translation copyright ⓒ 2025 by Maybooks

이 책의 한국어판 저작권은 앨리스에이전시를 통한 저작권사와의
독점 계약으로 도서출판 오월의봄에 있습니다. 저작권법에 의해 한국 내에서
보호를 받는 저작물이므로 무단전재와 복제를 금합니다.

중독을 파는 의사들

DRUG DEALER, MD

**의료시스템은 어떻게 우리를
약물 의존으로 내모는가**

애나 렘키 지음 | 중독성 처방약물에 신중을 촉구하는 의사들 옮김

오월의봄

중독성 처방약물에 중독된 모든 환자와 그들의 가족에게,
그리고 선의를 가지고 의업의 길에 들어섰지만
왜곡된 시스템에 갇혔다고 생각하는 모든 의사에게

(추천의 글)

나종호
미美 중독 정신과 전문의·예일대학교 의과대학 정신의학과 교수

'선의를 가진 의사라 할지라도 환자와 사회에 해를 끼칠 수 있다.'

미국의 아편계 진통제 중독 사태는 이 단순하지만 뼈아픈 진실을 온 사회에 각인시켰다. 약물로 인한 연간 과다 복용 사망자는 10만 명을 넘어섰고, 수백만 가정이 직접적인 피해자가 되었다. 지금 이 글을 쓰는 짧은 순간에도, 미국 어딘가에서는 여전히 누군가가 약물 과다 복용으로 생명을 잃고 있다. 웨스트버지니아의 시골 도시들에서는 한 고등학교 졸업생의 절반가량이 아편계 진통제로 사망한 경우도 있다.

《도파민네이션》으로 국내 독자들에게도 잘 알려진 저자 애나 렘키 박사는 미국에서 중독 문제를 가장 가까이에서 대중과 함께 고민하는 의사다. 글 쓰는 중독 정신과 의사인 내가 한국에서 중독 관련 책을 출간하지 않은 이유 중 하나는, 솔직히 말해 렘키 박사의 저작들이 이미 너무 훌륭했기 때문이다. 그래서 《도파민네이션》이 한국에서 베스트셀러가 됐을 때, 또 이 책의 번역 소식을 들

었을 때, 누구보다 반가웠다.

《중독을 파는 의사들》은 《도파민네이션》 이전에 출간된 렘키 박사의 첫 책으로, 미국 의료시스템과 의사 사회를 향한 통렬한 비판을 환자와의 생생한 이야기 속에 담아냈다. 원제인 "Drug Dealer, MD"는 직역하면 "마약상 의사"로, 제목 그대로 미국 의사 사회 내부에 큰 충격을 주었고 자정의 계기를 마련했다. 부패한 시스템 속에서, 환자의 통증을 덜어주려는 의사들의 마음과 중독에 대한 무지가 결합할 때, 얼마나 파괴적인 결과가 나타나는지를 의사들은 이 책을 통해 뼈저리게 배웠다.

지금 미국의 의료시스템은 과거의 실수를 되풀이하지 않기 위해 노력하고 있다. 이제 의사들은 주州별 처방 약물 모니터링 프로그램State Prescription Drug Monitoring Program, PDMP을 통해 환자가 어떤 규제약물(벤조디아제핀, ADHD 치료제, 오피오이드 계열 약물 등)을 처방받았는지 온라인으로 확인할 수 있다. 더 많은 의과대학 수업과 전공의 수련 과정에 중독에 대한 이해와 치료가 추가되고 있으며, 대다수의 의사들은 규제약물을 처방할 때 과거보다 더 주의를 기울인다.

그럼에도 '약물과의 전쟁'은 여전히 현재진행형이다. 일부 의료인은 여전히 수익을 위해 해악을 외면한 채 무분별하게 약물을 처방하고 있다. 의사들이 아무리 현실을 자각하고 자정의 노력을 기울이더라도, 구조적으로 병든 시스템 안에서 변화를 도모하기란 쉽지 않다. 무엇보다 이미 약물에 중독된 환자들이 단기간에 회복되는 일은 거의 불가능하다. 원서의 부제가 "어떻게 의사들은 속고, 환자들은 중독되었으며, 왜 멈추기 힘든가How Doctors Were Duped,

Patients Got Hooked, and Why It's So Hard to Stop"인 이유도 여기에 있다. 약물 오남용의 폐해는 앞으로 수십 년간 미국사회가 짊어져야 할 무거운 짐으로 남을 것이다.

지금의 한국은 여러모로 이 책이 다루는 2000년대 초 미국사회와 닮아 있다. 환자들의 약물 수요가 그 어느 때보다 늘었고, 의사들은 더 많은 규제약물을 처방하고 있다. '마약 청정국'이라 불리던 우리 사회이지만, 마약은 이미 너무 가까이 와 있다. 그래서 지금이 더욱 중요하다. 우리(의료진, 환자, 정책 모두)가 어떻게 대응하느냐에 따라 아이들 혹은 젊은 세대들의 미래가 달라질 것이기 때문이다.

***

지피지기면 백전불태라 했다. 중독을 예방하기 위해서는 먼저 그 위험을 정확히 이해해야 한다. 그리고 모두가 중독을 하나의 '의학적 질환'으로 받아들이지 않는 한, 이 악순환의 고리를 끊어내기 어렵다. 그런 점에서 이 책은 일반 독자뿐 아니라 중독 문제를 진지하게 이해하고자 하는 의료인들에게도 귀중한 첫 길잡이가 될 것이다.

나는 지금도 미국의 의료 현장에서 매일 중독의 파괴력을 목격한다. 의사의 선의로 시작된 아편계 진통제가 어떻게 환자를 헤로인과 펜타닐 중독으로 이끌고, 남용된 ADHD 약물이 어떻게 한 학생의 인생을 무너뜨리는지 직접 본다. 《중독을 파는 의사들》은 그런 현실을 직면하는 시도이며, 동시에 한국사회와 한국의 의사들에게 보내는 절박한 경고장이자 간곡한 부탁이다. 저자의 목소리가 생생히 들리는 듯하다. "부디, 미국의 실패를 반복하지 말아주세요."

미국에서 활동하는 한국인 중독 정신과 의사로서, 두 사회를 오가며 품었던 우려와 고민이 이 책 속에 오롯이 담겨 있다. 부디 이 책이 많은 독자들에게 닿아, 더 늦기 전에 우리 사회가 중독의 본질을 마주하길 바란다.

정희원

내과의사·서울건강총괄관

노인의학 진료 현장에 몸담으면서 사람들이 불편을 쉽고 빠르게 해결하고 싶어 한다는 것을 피부로 느꼈다. 모든 이들이 고통이나 괴로움 없이 살길 원하며, 스트레스나 무료함 역시 빠르게 해소하고 싶어 한다. 하지만 몸과 마음의 고통을 당장 없애주는 마법 같은 해결책은 존재하지 않으며, 설령 있다 해도 그 대가는 반드시 돌아온다. 《중독을 파는 의사들》은 베스트셀러 《도파민네이션》으로 빠르고 강렬한 즐거움이 결국 그만큼 깊은 고통과 괴로움을 안겨준다는 통찰을 전했던 애나 렘키의 첫 저작이다. 이 책에서 저자는 생의학적 메커니즘과 임상적인 경험을 아우르며 사람의 뇌가 고통과 진통을 어떤 식으로 다뤄내는지, 어째서 많은 사람들이 마약으로 자신의 삶을 파괴하게 되는지 특유의 날카롭고도 섬세한 필치로 써내려간다.

이뿐만 아니라 저자는 통증과 불안을 없애줄 약물을 찾는 환자들과 경제적 이익을 이유로 그런 약을 손쉽게 처방해온 일부 의사들의 이야기를 교차시키며 미국 의료 현장의 어두운 이면을 생생하게 그려낸다. 덕분에 우리는 다양한 이유로 약물을 찾는 환자들의 사례를 접할 수 있다. ADHD 진단을 받은 뒤 처방약물에 의존하게 된 한 젊은 여성은 더 많은 약을 얻기 위해 여러 의사들을 속이고, 만성 통증 환자였던 한 남성은 진통제에 중독된 나머지 의사에게 현금을 건네며 사실상 약을 구걸한다. 환자뿐만이 아니다. 일부 의사들은 환자의 고통보다 돈에 더 관심을 두고, 현금과 처방전을 맞바꾸며 '마약상'을 자처한다. 이렇듯 저자는 충격적인 현실 배후에 존재하는 배경과 메커니즘을 깊이 있게 파헤친다.

'3분 진료'의 현장에서 의사들은 충분한 교육의 기회를 누리지 못한다. '비약물적 요법'으로 진료를 마무리하려고 해도 결국 '증상에 빠르게 잘 듣는 약'을 요구받는 것이 현실이다. 나 역시 밀려드는 환자의 파도 속에서 결국 약 처방전으로 환자의 기대를 충족해야 했던 씁쓸한 경험이 있다. 특히 잘 듣는 약을 찾아 의료쇼핑을 반복하는 노인층은 결과적으로 다약제 처방polypharmacy 상태를 경험하게 되며, 이로 인해 인지 기능과 신체 기능이 더욱 빠르게 저하되는 악순환이 반복된다.

그렇다면 이런 위험천만한 일들이 광범위하게 벌어지는 이유는 무엇일까? 인간에게는 고통을 피하고 쾌락을 추구하려는 본능이 있고, 이런 본능은 그 자체로는 자연스럽고 건강한 생존 반응이다. 그러나 현대의 소비자본주의 사회는 이 본능을 끝없이 부추겨 고통을 견딜 필요가 없으며, 스트레스는 무조건 한방에 해소하는 것이 가장 좋은 해결책이라는 담론을 끊임없이 조장하고 있다. 실제로 미국의 여러 TV 프로그램에서는 이 수면제가 불면을, 이 항우울제가 우울을, 이 진정제가 불안을, 이 진통제가 고통을 완화해줄 거라고 속삭이는 광고가 흔히 등장한다. 그리고 더 강력한 해결책의 끝은 곧 마약과 마약성 약물이다.

물론 불편과 따분함, 고통을 잊게 해줄 무언가를 탐색하는 것은 자연스러운 일이다. 하지만 이 책의 사례들이 보여주듯, 그런 손쉬운 선택을 반복하다 보면 오히려 더 큰 고통과 의존의 수렁에 빠질 수 있다. 약물, 특히 강력한 마약성 진통제에 의존하기 시작하면 삶의 중심이 온통 그 물질로 옮겨가고, 끝내 삶이 파괴되어 가족과 일자리마저 잃게 된다. 그렇게 우울과 불안이 삶을 잠식한다. 더 많은 용량, 더 강한 자극을 경험하더라도 만족을 느끼지 못하며, 오히려 불쾌의 악순환이 거듭된다.

**

나는 늘 저속노화의 중요성을 강조해왔다. 천천히 늙는 삶이란 단지 주름을 늦추는 것만을 뜻하지 않는다. 그보다는 삶의 선순환을 만들어내는 올바른 마인드셋을 의미하며, 그 선순환은 균형 잡힌 생활 습관의 힘이 누적된 나쁜 습관보다 더 크게 작용할 때 이루어진다. 결국 행복이란 충분한 수면과 질 좋은 식사, 규칙적인 운동, 건강한 스트레스 관리, 좋은 인간관계와 삶의 충만한 의미가 모두 잘 갖추어질 때 실현된다. 반면, 손쉽게 구할 수 있는 처방약물이나 자극적인 콘텐츠, 달콤한 음식과 술 등은 일시적인 위안을 줄 뿐 우리가 겪는 문제를 근본적으로 해결해주지 않는다.

문제 해결은 삶에서 비롯되는 모든 고통에서 도망치는 것이 불가능하다는 자각에서 시작될 수 있다. 다시 말해, 스트레스와 불편, 즐거움을 대하는 우리의 관점을 바꿔야 한다. 스트레스를 다루는 수많은 연구들은 고통을 줄이는 데 실질적으로 도움이 되는 활동으로 산책, 명상, 충분한 잠, 독서, 글쓰기, 노래하기 등 자극과 거리가 먼 것들을 제안한다. 이 책에 등장하는 환자들 역시 비슷한 이야기를 들려준다. 고통을 없애는 데만 급급했던 사람들의 이야기는, 오히려 고통을 직시하고 스스로 삶의 의미를 만들어갈 때 비로소 회복이 시작된다는 것을 보여준다. 중독성 약물로 큰 어려움을 겪으면서도 결국 회복에 도달한 그들의 사례에서 우리는 쉽게 얻은 쾌락이 아닌 힘겹게 되찾은 삶의 주도권이야말로 지속적인 행복의 토대가 될 수 있음을 깨닫게 된다.

《중독을 파는 의사들》은 무척이나 시의적절하며, 더 강한 자극을 추구하는 것이 미덕으로 여겨지는 우리 시대에 경종을 울리는 책이다. '약물중독'이라는 현실을 짚는 데서 더 나아가 자기돌봄과 자기주도적 삶이라는 중요한 화두를 던지기 때문이다. 누구나 고통을 겪고, 따라서 그 괴로움을 피하기 위해 손쉬운 수단을 택하고자 하는 유혹에 빠지곤 하지만, 결국 우리는 우리 자신의 삶을 스스로 책임져야만 한다. 가속노화의 절정이라고 할 수 있는 중독성 처방약물에 의존하게 된 이들의 생생한 이야기는 우리로 하여금 진정한 자기돌봄이 무엇인지 곱씹어보도록 한다.

(한국의 독자 여러분께)

저는 2016년에 《중독을 파는 의사들》을 썼습니다. 이 책을 통해 미국에 만연한 과잉 처방의 문제, 특히 통증에 처방되는 오피오이드 계열 진통제, 집중력을 높이기 위한 정신자극제, 불안을 완화하는 벤조디아제핀 계열 항불안제 등 의존성이 있는 중독성 처방 약물의 남용 문제를 조명하고자 했습니다. 그러나 문제는 단지 이 약물들에 국한되지 않습니다. 항우울제, 기분안정제, 그리고 오늘날 시중에 나와 있는 수많은 정신과 약물 전반이 문제가 되고 있습니다. 제가 이 책을 쓴 궁극적인 목적은, 과잉 처방을 부추기는 의료시스템 내부의 보이지 않는 유인 구조를 탐구하는 데 있었습니다.

한국의 정신건강의학과 전문의인 장창현 선생님을 비롯한 11명의 '중독성 처방약물에 신중을 촉구하는 의사들'이 《중독을 파는 의사들》을 한국어로 번역하고 싶다고 제안해주셨을 때, 저는 놀라움과 감사함을 동시에 느꼈습니다. 제 책이 한국의 독자들에게도 의미 있게 다가갔다는 데 놀랐고, 그 메시지가 번역할 가치가 있는 일로 여겨졌다는 사실도 영광이었습니다.

장창현 선생님과 소통하면서 저는 미국에서 과잉 처방을 부추기는 요인들 상당수가 한국에서도 작동하고 있다는 사실을 알게 되었습니다. 이러한 유사점과 차이점을 함께 짚어보기 위해,

장창현 선생님께 한국 독자들에게 《중독을 파는 의사들》을 소개하는 글을 저와 함께 써주실 것을 부탁드렸습니다. 그 내용은 〈한국어판 서문〉에서 이어집니다.

하지만 먼저 분명히 말씀드리고 싶은 점이 있습니다. 저는 정신과 약물 처방을 전면적으로 없애야 한다고 주장하는 것이 아닙니다. 중독 가능성이 있는 약물을 포함한 모든 정신과 약물은 근거에 기반해 적절하게 사용될 때 생명을 구할 수 있는 귀중한 치료 도구가 됩니다. 저는 이러한 약물들이 우리에게 주는 치료적 가능성과 도움에 감사하고 있습니다.

그럼에도 이제 우리는 돌이킬 수 없는 전환점에 이르렀습니다. 너무 많은 환자에게, 너무나 근거 없는 이유로, 그리고 때로는 환자를 돕는 일과 전혀 무관한 이유로 약을 처방하는 일이 발생하고 있습니다. 우리는 약의 효과를 과대평가하고, 그 해로움을 과소평가하기 때문에 처방합니다. 영리 추구라는 동력으로 움직이는 의료시스템이 우리를 부추기기 때문에 처방합니다. 그리고 그 외의 다른 방법을 모색할 시간도, 지식도 충분치 않기 때문에 처방합니다.

저는 《중독을 파는 의사들》이 선의를 가지고 진료하는 의사들조차 어떻게 환자에게 해를 끼치는 방식으로 약을 처방하게 되는지 그 이유를 분명히 보여주고, 또한 앞으로 우리가 나아가야 할 방향을 함께 제시하는 책이 되기를 바랍니다.

2025년 9월
진심을 담아, 애나 렘키 올림

(한국어판 서문)

미국에서 과잉 처방을 부추기는 요인들 상당수는 한국에서도 놀라울 만큼 비슷한 양상으로 작동하고 있다.

첫째, 진료 환경에 따라 차이가 있을 수 있으나 한국의 정신과 외래 진료 시간은 상당히 짧은 편이다. 미국보다 더 짧으며, 재진의 경우 10분을 넘기지 않는 경우가 적지 않다. 그리고 미국과 마찬가지로, 수가 체계 역시 진료의 깊이보다 진료량을 더 높이 평가하는 구조다. 정신과 의사가 짧은 시간 안에 더 많은 환자를 볼수록 재정적 보상이 늘어나는 방식이다. 반면 정신 치료 수가는 낮게 책정되어 있기 때문에, 임상가들은 시간이 많이 드는 대화를 이어가기보다 신속하게 약을 처방하도록 구조적으로 유도된다. 일상의 진료 속에 녹아 있는 이러한 시스템은 약물로의 치우침을 강화한다.

둘째, 한국 역시 미국과 마찬가지로 의존성이 있는 약물 처방에 관대한 경향을 보인다. 벤조디아제핀 계열 항불안제, 수면유도제인 졸피뎀, 정신자극제인 메틸페니데이트 등 의존성과 남용 위험이 명확한 약물들의 처방에 대한 장벽이 낮다. 엄격한 국제적 기준과 달리 반복 처방과 다약제 처방 polypharmacy이 여전히 흔하게 이루어진다. 이러한 약물들이 유발할 수 있는 심각한 부작용(인지 기능 저하, 금단증후군, 일상 기능 손상)은 진료 현장에서 충분히 다뤄지지 못한다.

셋째, 한국은 '함께하는 의사결정shared decision-making'이 여전히 미약한 편이다. 환자와 가족이 약물의 위험, 이득, 대안에 대해 충분한 정보를 제공받는 경우가 드물다. 질병과 예후를 투명하게 공유하지 않는 전통적 문화와 더불어 소아·청소년, 발달장애인, 노인 등 자기결정권을 충분히 행사하기 어려운 환자군이 겪곤 하는 보호적 관행의 문제(가족이 대신 결정을 내리는 방식)를 고려하면, 상황은 미국보다 더 나빠질 수도 있다. 이처럼 약물에 대한 용이한 접근, 부작용에 대한 인식 부족, 제한된 협력 구조가 합쳐지면 의존이 쉽게 형성되고 오래 지속되는 환경이 조성된다.

'의료용마약류 안전도움e'가 의료용 마약류 통합관리시스템으로 도입되었으나, 현장에서 체감되는 효과는 아직 제한적이다. 많은 임상가들은 이러한 시스템을 좀 더 안전한 처방을 돕는 유용한 도구라기보다 행정적 부담으로 인식하고 있다. 그 결과 부적절하거나 위험성이 높은 처방이 효과적으로 억제되지 못하고, 제도적 관리 역시 여전히 취약한 상태에 머물러 있다.

한국에는 아직 '탈처방deprescribing' 문화가 자리 잡지 못했다. 중독성 약물의 감량이나 중단을 위한 가이드라인, 교육, 체계적 지원도 거의 마련되어 있지 않다. 진료 현장의 기본 관행이 약을 신중하게 감량하기보다는 기존의 약을 그대로 유지하는 방향으로 기울어 있는 셈이다. 그 결과 시간이 지날수록 약물을 감량하거나 중단하지 못한 환자들이 점차 누적되고, 지속적인 약물 관리가 필요한 환자 수는 꾸준히 늘어간다. 이렇게 증가한 진료 부담은 한 명의 환자에게 할애할 수 있는 시간을 더욱 단축시키며, 결국 '더 짧은 진료'와 '더 큰 약물 의존'이라는 악순환을 강화한다.

미국과 마찬가지로, 한국의 환자와 그 가족 또한 빠르고 즉각적인 약물 중심의 해결책을 기대하는 경향이 있다. 이러한 기대는 약물 처방이 일차적 대응 수단으로 자리 잡도록 수요를 강화한다. 여기에 정신과 전공의 수련 과정에서도 정신 치료에 대한 충분한 교육과 훈련이 이루어지지 못한 채 약물 치료 중심의 수련이 강화되는 경우가 많아 그 불균형이 더욱 고착된다. 또한 정신 치료에 대한 낮은 수가, 정신 치료에 전문성을 가진 전문 인력의 부족, 치료 자원의 지역 간 편차 또한 실질적인 접근성을 낮추는 요인으로 작용한다. 이처럼 문화적 인식, 제도적 한계, 구조적 장벽이 맞물리면서, 비약물적 접근이 충분히 확산되지 못하고 약물 중심의 의존이 더욱 심화된다.

정신의학, 심리학, 중독의학, 사회복지, 지역사회 서비스를 아우르는 다학제적 통합 접근multidisciplinary approach은 미국과 한국 모두에서 아직 충분히 발전하지 못했다. 특히 한국에서는 이러한 치료 모형이 매우 드물다. 진료는 단절적으로 이루어지고, 치료자들 사이의 의사소통은 제한적이며, 중독 치료나 행동 치료 프로그램으로의 연계는 일관성이 부족하다. 또한 지역사회 기반의 사후관리 역시 미흡하다. 이러한 통합의 부재는 비약물적 치료에 대한 접근성을 확보하는 데 장벽이 되고, 탈처방 노력의 효과를 약화하며, 약물 의존 문제를 제때 인식하고 개입해서 해결할 기회를 앗아간다.

이 모든 요인들이 맞물리면서, 한국의 정신과 진료는 약물을 통한 단기적인 증상 완화에 지나치게 집중하는 경향을 띠게 되었다. 그 결과 대부분의 진료가 의존과 과잉 처방의 위험성에 대한 민감한 의식 없이 이루어지고 있다.

　이에 우리는 《중독을 파는 의사들》이 한국 독자들에게 매우 적절하고 시의성 있는 책이 되리라 믿는다.

애나 렘키, 장창현

일러두기
1. 본문의 각주(*) 중 저자의 것에는 (지은이) 표식을, 옮긴이의 것에는 (옮긴이) 표식을 붙여 구분했다.
2. ( )는 저자의 것이며, [ ]는 옮긴이가 본문 내용의 이해를 돕기 위해 보충 설명한 부분이다.
3. '약물·약품 용어 정리'는 모두 옮긴이가 작성한 것이다.
4. 약물의 상품명은 미국 현지에서 통용되는 것을 기준으로 정리했다.
5. 본문에 언급된 책 중 국내에 출간된 경우에는 그 제목을 따랐다.

(차례)

추천의 글 | 나종호·정희원 · 7
한국의 독자 여러분께 · 14
한국어판 서문 | 애나 렘키·장창현 · 16
약물·약품 용어 정리 · 24

프롤로그: 거대한 그물망 속에서   39

중독성 처방약물의 대유행 | 규제약물과 중독성 | 엉킨 그물망

1장   중독이란 무엇인가: 위험 요인 그리고 회복의 열쇠   53

중독이란 무엇인가 | 중독을 촉발하는 위험 요인 | 회복의 길 모색하기

2장   처방약물이라는 함정: 중독으로 가는 새로운 관문   73

관문 약물 바이코딘 | 미국사회를 휩쓴 과잉 처방 대유행 |
온라인 불법 약국 | 바이코딘을 거쳐 헤로인으로 | 중독 치료 |
진짜 '용'을 찾아서 | 중독의 관문이 활주로가 되다

3장   통증과 심리적 다양성은 어떻게 질병이 되는가: 대안적 서사를 거부하는 문화   103

통증은 저주다? | 고통을 정신적 흉터로 보게 될 때 |
참을 수 없는 통증의 무거움 | 심리적 다양성은 어떻게 정신질환이 되는가 |
중독의 연료가 되는 치료제 | 살아가는 법을 다시 배우다

4장 거대 약물 카르텔: 제약회사와 의학계의 결탁   131

오피오이드 진통제의 대유행 | 학계 의사의 책임 | 전문 의학회의 책임 |
연방의사면허기구연합의 책임 | 의료기관신임합동위원회의 책임 |
FDA의 책임 | 폭주 기관차의 탄생

5장 약물을 찾는 환자들: 비난 혹은 방치를 넘어 무엇을 할 것인가   161

약물 얻어내기 | '꾀병' 개념을 넘어서 | 중독의 생화학적 메커니즘 |
중독 치료의 혁명 | 부정, 현실을 가리는 방어기제 | 중독 치료의 힌트

6장 직업환자라는 역설: 환자에 머물도록 떠밀리다   187

생존을 위해서는 환자로 머물러야 한다? | 증가하는 장애급여 수급자 수
| 빈곤의 의료화 | 중독에 얽힌 불평등 | 질환 정체성 |
장애 정책은 안전망인가, 사회적 해악인가

7장 중독을 만들어내는 치료?: 의사들의 책임을 논하다   209

의사는 어떤 존재인가 | 온정적인 의사가 약물 환자를 만났을 때 |
자기애적 분노, 보복 그리고 그 결과 | 오피오이드 난민 |
환자를 외면하는 의사들

8장 환자가 상품이 될 때: 약물 남용을 부추기는 의료시스템　229

부패한 의사들과 약물남용 진료소 | 의료 산업화 | '환자 만족도'라는 함정 |
토요타에도 못 미치는 엇갈린 진료 | 약물을 에스프레소처럼

9장 외면받는 질병, 중독: 치료를 가로막는 시스템 그리고 낙인　255

중독을 둘러싼 인식의 역사 | 중독에 이르는 여러 경로들 |
약물 사용을 억제해주는 대체 보상 | 헤로인 중독 | 회전문 현상
벤조디아제핀, 숨겨진 중독성 약물 | '약쟁이 환자'를 넘어서

**10장 악순환을 멈추려면:
관계와 공동체 중심의 의료 인프라를 향해**　285

보이지 않는 힘 | 어떻게 악순환을 끝낼 것인가 | 새로운 치료 모델 |
변화를 촉구하는 외침

감사의 말 · 301
참고문헌 · 302
옮긴이의 말 | 약의 미로에 갇히지 않기 위해 · 315
찾아보기 · 321
옮긴이 소개 · 329

(약물·약품 용어 정리)

감마하이드록시부티르산
gamma-hydroxybutyric acid, GHB

본래 기면증 환자의 수면발작 및 수면장애 치료를 위해 개발된 중추신경 억제제로, 소량 투여 시 진정, 이완 효과를 내지만 과다 복용 시 의식 상실, 호흡 억제, 혼수상태에 이를 수 있다. 의식을 잃게 하는 특성 때문에 성범죄에 악용되기도 하는데, 무색무취의 액체 또는 흰색 가루 형태로 이용되는 데다 음료에 쉽게 섞여 피해자가 인지하기 어렵다. 미국 마약단속국DEA에서는 1급 규제약물로 지정해 불법 사용을 엄격히 단속하고 있다. 206

노르코
Norco

코데인codeine에서 합성한 오피오이드 계열 마약성 진통제인 하이드로코돈hydrocodone과 비마약성 진통제인 아세트아미노펜acetaminophen의 복합제 약물의 상품명이다. 하이드로코돈 5mg + 아세트아미노펜 325mg, 하이드로코돈 7.5mg + 아세트아미노펜 325mg, 하이드로코돈 10mg + 아세트아미노펜 325mg의 세 가지 제형이 있다. 노르코는 바이코딘과 유사하나 바이코딘에 비해 아세트아미노펜 함유량이 더 높다(바이코딘은 아세트아미노펜이 300mg). 노르코에 함유된 하이드로코돈 성분은 2급 규제약물로 분류된다. 163, 164, 234, 288

데파코트
Depakote

뇌전증 치료제로 개발된 디발프로엑스 나트륨divalproex sodium의 상품명이다. 정신과에서는 양극성장애의 조증을 완화하는 기분안정제의 역할을 한다. 졸림,

어지러움, 소화 불량, 체중 증가, 탈모, 간 기능 이상, 혈액 이상 등의 부작용이 있을 수 있다. 항우울제의 부작용으로 생기는 경조증 혹은 조증 증상을 완화하기 위해 활용되기도 한다. 따라서 항우울제의 처방을 줄이면 데파코트의 필요가 줄어들 수도 있다. 281

딜라우디드 Dilaudid

2급 규제약물에 속하는 하이드로몰폰hydromorphone을 단일 성분으로 하는 강력한 오피오이드(아편유사제) 진통제의 상품명이다. 모르핀보다 단위 mg 당 5~10배 더 강한 진통 효과가 있으며, 주로 중증의 급성 또는 만성 통증 치료에 사용된다. 하이드로몰폰은 지질 친화도가 높아 혈액-뇌 장벽을 빠르게 통과하며, 진통 효과는 주사 시 15분 이내, 경구 시 30분 이내에 나타나고, 효과는 약 5시간 이상 지속된다. 남용 및 의존 가능성이 매우 높고, 과다 복용 시 심각한 호흡억제, 혼수, 서맥, 저혈압이 나타날 수 있고, 사망에까지 이를 수 있어 각별히 주의해야 한다. 46, 170, 222, 254

라믹탈 Lamictal

페닐트리아진 계열 항경련제인 라모트리진lamotrigine을 성분으로 하는 약물. 뇌전증의 1차 또는 보조 치료제로 쓰이며, 양극성 장애의 우울 삽화 재발을 예방하는 기분 안정제로 사용되기도 한다. 약리적으로는 전압 의존성 나트륨 채널을 차단하여 과흥분을 억제하고, 글루탐산 등의 흥분성 신경전달물질 방출을 감소시킨다. 가장 주의해야 할 부작용은 스티븐스-존슨 증후군, 독성 표피 괴사증 등 생명을 위협하는 피부 과민 반응이다. 따라서 복용 초기에

서서히 증량해야 하며 발진 발생 시 즉각적으로 복용을 중단해야 한다. 급작스러운 중단은 발작 재발 또는 기분 변화를 심화할 수 있으므로, 최소 2주에 걸쳐 점진적으로 용량을 줄여야 한다. [190]

로더넘 (laudanum)
양귀비 추출물인 아편opium과 알코올을 혼합한 용액으로 '아편 팅크'라고도 부른다. 16세기에 독일의 의사이자 화학자인 파라켈수스Paracelsus에 의해 처음 만들어졌으며, 19세기 빅토리아 시대에 널리 사용되었다. 당시에는 만병통치약처럼 여겨졌으며 기침, 설사, 불면증, 여성의 히스테리 등 다양한 증상에 사용되었다. 중독성과 남용 위험이 매우 높아 20세기에 들어 사용 빈도가 크게 줄었으며, 오늘날에는 미국, 유럽, 영국에서 난치성 설사 치료 등에만 제한적으로 처방되고 있다. 2급 규제약물로 분류된다. [281]

리탈린 (Ritalin)
주의력결핍 과잉행동장애ADHD 치료에 주로 사용되는 메틸페니데이트methylphenidate의 상품명이다. 중추신경계에서 도파민과 노르에피네프린이 시냅스 전 뉴런으로 재흡수되는 것을 억제하여 시냅스 틈에서의 농도를 높임으로써 각성 효과와 집중력 향상을 유도한다. 정신자극제로 분류되며, 종종 기면증 치료 혹은 임상 현장에서 진정 효과가 있는 항불안제, 수면유도제를 처방받은 환자가 겪는 오전 및 낮시간의 멍함을 완화하는 데 쓰이기도 한다. 장기 사용의 우려가 있는 약제로 이상 반응과 관련해 기존 정신건강 상태를 악화할 수 있다는 보고가 있으며, 심박수와 혈압을 증가시킬 수도 있고, 소아의 경우 식욕

저하를 유발해 성장을 억제할 수도 있다. 미국에서는 의존성 및 남용 가능성이 높은 의약품으로 2급 규제약물에 해당한다. 대표적인 국내 상품으로는 페니드(속방형), 메디키넷(서방형), 콘서타(서방형)가 있다. 47, 114, 199, 281

리큅 Requip

도파민 작용제인 로피니롤ropinirole 성분의 약으로, 파킨슨병과 하지불안증후군Restless Leg Syndrome, RLS 치료에 사용된다. 190

모르핀 morphine

모르핀은 아편유사제 계열의 마약성 진통제로 근대 의학에서 통증 관리를 상징하는 대표 약물이다. 19세기 초 독일의 약사 프리드리히 제르튀르너Friedrich Sertürner에 의해 아편에서 분리·정제되었으며, 최초로 추출된 알칼로이드 진통제로 알려져 있다. 강력한 진통 효과가 있어 전쟁터와 병원에서 심한 통증을 완화하는 데 사용되었다. 그러나 중독성과 내성이 커서 의료진의 철저한 관리 아래에서만 사용되어야 한다. 암성 통증에 흔히 쓰이며 호스피스완화의료 현장에서 환자의 삶의 질을 높이는 데 중요한 역할을 한다. 큰 수술 이후 나타나는 통증을 치료하는 목적으로도 쓰이며, 1990년대 말~2000년대 초 미국에서 비암성 통증을 조절하는 데 널리 쓰이게 되면서 오피오이드 위기Opioid Crisis를 촉발한 대표적인 약물로 평가되고 있다. 25, 31, 32, 34, 46, 49, 75, 76, 90, 93, 105, 106, 109, 133, 134, 140, 163, 164, 181, 222, 223, 272, 275~277

바이코딘 Vicodin
비마약성 진통제인 아세트아미노펜과 마약성 진통제인 하이드로코돈 복합제 약물의 상품명이다. 하이드로코돈 5mg, 7.5mg, 10mg + 아세트아미노펜 300mg 제형이 있으며, 중등도에서 중증에 이르는 통증을 조절하는 데 사용된다. 하이드로코돈이 아편유사제 계열의 2급 규제약물로 분류되기 때문에 중독성과 남용 위험이 크다. 24, 46, 77, 79~81, 85, 89, 116, 120, 157, 164, 190, 247

바클로펜 baclofen
중추성 근육이완제로, 다발성 경화증, 척수 손상, 뇌성마비 등으로 인한 근육 경직과 경련을 완화하는 데 사용된다. 주로 척수 수준에서 억제성 신경전달물질인 GABA의 작용을 모방하여 근육 긴장을 줄인다. 고용량 복용 시 호흡 억제, 의식 저하, 저혈압 등 심각한 부작용이 발생할 수 있으며, 갑작스러운 중단은 불안, 환각, 발작, 섬망 등 위험한 금단 증상을 유발할 수 있어 반드시 서서히 감량해야 한다. 190

벤조디아제핀 benzodiazepines
벤조디아제핀 계열 약물은 항불안제로 알려져 있으며, 수면유도제인 졸피뎀zolpidem, 에스조피클론eszopiclone 및 식욕억제제인 펜터민phentermine과 더불어 4급 규제약물에 해당한다. 1~3급에 비해 낮지 하나 신체적, 심리적 의존성의 위험이 있고 장기 복용 시 의존성, 내성 및 금단 증상을 일으킬 수 있어 신중하게 처방하고 복용해야 한다. 오해하지 말아야 할 것은 불안장애의 1차 치료 약물은 의존성이 있는 벤조디아제핀 계열 약물인 항불안제가 아니라 상대적으로 의존성이 낮은 선택적 세로토닌 재흡수 억제제인 항우울제라는 사실이다. 일시적 불안 완화를 위해 벤조디아제핀 계열 약물을 처방하더라도, 의존성 및 남용 위험성에 대해 설명하고 추정 사용 기간에 대해 환자와 상의해야 하며, 적어도 한 달에 한 번은 약을 지속할지를 재평가해야 한다. 또한 벤조디아제핀 계열 약물을 줄여갈 때는 금단 증상이 있으므로 한 번에 멈추어서는 안 되며, 환자의 반응을 살피면서 수주에서 수일에 걸쳐 10~25%씩 서서히 줄여가야 한다. 금단 증상으로는 불안, 떨림, 예민함, 감각 과민, 이인증, 불면, 근육 긴장 이상, 집중력 저하, 구역감, 섬망, 경련 발작 등이 나타날 수 있고 삶의 질을 심각하게 떨어뜨릴 수 있다. 벤조디아제핀 약덜기 과정에서 활용할 수 있는 비약물적인 방법으로는 알아차림, 수용, 이완기법, 운동, 취미 활동 등이 있으며, 활용할 수 있는 보조적인 약물로는 교감신경차단제 프로프라놀롤 propranolol, 항우울제, 멜라토닌 등이 있다. 벤조디아제핀 계열 약물로는 디아제팜 diazepam(상품명: 바리움), 로라제팜 lorazepam(상품명: 아티반), 알프라졸람 (상품명: 자낙스), 클로나제팜 clonazepam(상품명: 클로노핀-미국, 리보트릴-한국), 트리아졸람(상품명: 할시온) 등이 있다. 8, 14, 16, 30, 33, 34, 44, 45, 48, 98, 116, 120, 127, 249, 254, 279, 280, 316, 317

서브옥손
Suboxone

부분 오피오이드 작용제인 부프레노르핀 buprenorphine 과 오피오이드 길항제 opioid antagonist인 날록손 naloxone의 복합제 약물로 메타돈 methadone과 더불어 오피오이드 중독 치료에 사용되는, 미국 식품의약국 FDA의 승인을 받은 약물이다. 부프레노르핀은 부분적인 오피오이드 수용체 효현 작용을 통해 중독의 금단 증상과 갈망을 줄이고, 날록손은 오피오이드 수용체를 차단하는 효과가 있다. 오피오이드 중독에서 빠져나올 수 있는 중간 다리 역할을 하는 약이라 할 수 있다. 47, 94, 96, 98, 177, 180, 181, 258, 259, 278, 288

소마 Soma

중추신경계에 작용하는 근육이완제로, 카리소프로돌 carisoprodol을 단일 성분으로 한다. 급성 근골격계 통증 완화를 위해 단기간 사용된다. 체내에서 대사 과정 중에 메프로바메이트Meprobamate라는 항불안제 성분으로 전환되어 진정·진통 효과를 낸다. 메프로바메이트는 벤조디아제핀이 보급되기 전 널리 쓰였던 고전적 항불안제로, 중독성과 오·남용 위험이 높다. 장기간 복용 시 의존성과 금단 증상이 발생할 수 있어 처방에 신중을 기해야 하며, 미국에서는 4급 규제약물로 분류된다. 48, 83

애더럴 Aderall

애더럴은 암페타민amphetamine과 덱스트로암페타민 dextroamphetamine 복합제 약물의 상품명으로, 주의력결핍 과잉행동장애와 기면증 치료에서 FDA의 승인을 받은 정신자극제이다. 뇌 속 도파민과 노르아드레날린의 농도를 높여 각성, 집중, 행동 억제를 돕는다. 그러나 오남용 시 불면, 불안, 체중 감소, 심혈관계 부작용이 나타날 수 있으며, 특히 장기간의 고용량 복용은 심각한 의존성과 중독 위험을 초래할 수 있다. 미국에서는 의료용으로 합법적으로 처방되지만, 동시에 대학 캠퍼스나 직장인들 사이에서 이른바 '공부약' '집중력 향상제'로 회자되며 불법 사용되는 대표적인 약물이기도 하다. 국내에서는 식약처 승인을 받지 못해 정식으로 사용되지 않고 있다. 애더럴이 상품명임에도 종종 정신자극제의 대명사로 간주되곤 한다. 44, 47, 114, 115, 120~128, 190, 199, 290

앰비엔
Ambien

수면유도제 졸피뎀의 미국 시판 상품명이다. 최대 용량은 10밀리그램이며 의존성과 수면 이상행동 등의 부작용이 있을 수 있기에 가급적 단기간 최소 용량만을 사용해야 한다. 향정신성의약품으로 장기간 사용하다가 갑작스럽게 중단하게 되면 금단 현상이 있을 수 있다. 의존성 및 남용 위험성이 낮은 정도이지만 4급 규제약물에 해당한다. 한국에서는 28일의 처방 일수 제한만 있을 뿐, 반복 처방이 얼마든지 가능해 임상 현장에서 장기 처방 사례가 적지 않다. 48, 116, 190

오파나
Opana

옥시몰폰oxymorphone 성분의 강력한 합성 오피오이드로, 모르핀보다 약 10배 더 강력한 진통 효과를 낸다고 알려져 있다. 애초 암성 통증이나 수술 후 심한 통증 치료를 위해 개발되었다. 속방형과 서방형 제제가 있었으나 강력한 효과만큼 중독성과 남용 위험이 높아 문제가 되었고, 특히 서방형 제제는 분쇄되어 주사로 남용되는 사례가 빈번했다. 미국에서는 2010년대 초반 오파나 주사 남용과 관련해 집단적 C형 간염, HIV 감염 사례가 발생하면서 큰 사회적 파장이 일었다. 이러한 안전성 문제로 인해 2017년 FDA는 제조사에 자진 회수를 권고했고, 결국 시장에서 퇴출되었다. 157

오피오이드 opioid

아편유사제. 오피오이드는 양귀비에서 추출한 아편 성분에서 비롯된 모르핀, 코데인 같은 천연 알칼로이드뿐 아니라, 화학적으로 합성되어 아편과 유사한 작용을 나타내는 옥시코돈, 펜타닐fentanyl, 하이드로코돈, 메타돈과 같은 약물을 포함하는 포괄적 용어다. 오피오이드라는 표현은 '아편과 닮은 효과를 가진 약물'이라는 의미를 지닌다. 뇌와 척수에 존재하는 오피오이드 수용체에 결합해 강력한 진통·진정 효과를 나타내며, 암성 통증이나 수술 이후 나타나는 극심한 통증, 말기 환자의 호스피스완화의료에서 중요한 역할을 한다. 그러나 이 약물군은 의존성과 내성, 호흡 억제 등 심각한 부작용을 일으킬 가능성이 크다. 특히 1990년대 이후 미국에서 비암성 통증 치료에까지 처방이 확대되면서 이른바 '오피오이드 위기'라는 사회적 재난을 촉발했다. 중독과 남용 문제를 대표하는 강력한 약물군으로, 사용 시 세심한 주의를 기울여야 한다. 책 전반에 걸쳐 등장

옥시코돈 oxycodone

옥시코돈은 반합성 오피오이드 진통제로, 테바인thebaine(양귀비 알칼로이드 성분)에서 합성된다. 모르핀보다 강력하고, 경구 복용 시에도 높은 생체이용률을 보여 비교적 빠르고 강력한 진통 효과를 낸다. 암성 통증, 외상이나 수술 후 중등도에서 중증에 이르는 통증을 치료하는 데 쓰이며, 단일제뿐 아니라 아세트아미노펜과의 복합제(ex. 퍼코셋Percocet) 형태로도 처방된다. 그러나 강한 효과만큼 의존성과 남용 위험이 높아 미국에서는 2급 규제약물로 관리된다. 1990년대 후반 퍼듀 파마Purdue Pharma가 출시한 옥시콘틴OxyContin(서방형 옥시코돈 제제)은 '비교적 안전하다'는 오해 속에서

대규모로 처방되었으며, 이후 오피오이드 위기의 중심에 놓이게 되었다.
오늘날 옥시코돈은 의료 현장에서 중요한 진통제이자 중독과 공중보건 위기를
상징하는 대표적 약물로 여겨진다. 31, 35, 46, 164, 169, 190, 235, 236

자낙스 Xanax

대표적인 벤조디아제핀 계열 항불안제의 상품명으로, 성분명은 알프라졸람alprazolam으로 4급 규제약물로 분류된다. 벤조디아제핀 계열 약물 중에서 작용 시간은 빠르고 체내에 머무르는 시간은 짧은 편이어서 장기 사용 중에 갑작스런 중단을 경험하면 금단 증상이 심할 수 있다. 금단 증상으로 나타나는 불안, 불면, 과민성 등은 이미 존재하는 정신질환 증상의 악화로 오해되기로 한다. 업존사Pharmacia & Upjohn에 의해 개발되었으며 1981년에 FDA의 승인을 받았다. 자낙스를 비롯한 벤조디아제핀 계열 약물은 빠른 불안 증상의 완화 효과가 있지만 의존성과 남용의 위험성 때문에 영국, 호주, 캐나다와 같은 나라에서는 불안장애의 1차 치료제로 권장되지 않으며, 단기 사용만을 고려하도록 권장한다. 하지만 한국에서는 자낙스를 비롯한 대부분의 벤조디아제핀 계열 약물이 처방 일수의 제한(30일)만 있을 뿐, 반복 처방이 얼마든지 가능하여 임상 현장에서 장기 처방 사례가 적지 않다. 29, 44, 85, 116, 120, 190, 281, 290

자이프렉사 Zyprexa

올란자핀olanzapine 성분의 비정형 항정신병 약물이다. 도파민 D- 수용체와 세로토닌 5-HT- 수용체를 비롯한 다양한 신경전달물질 수용체에 작용하고, 이 때문에 조현병, 양극성장애의 조증 삽화, 그리고 치료 저항성 우울증의 보조

치료 등에 사용된다. 다른 항정신병 약물에 비해 진정 작용과 체중 증가, 식욕 항진, 대사증후군 위험이 두드러지며, 장기간 사용 시 당뇨병 발병 위험도 높아진다. 190

조하이드로 (Zohydro)

하이드로코돈 단일 성분의 서방형 제제로, 진통 효과가 모르핀과 유사하다. 기존의 하이드로코돈 복합제(아세트아미노펜이나 이부프로펜ibuprofen과 함께 쓰이는 형태)와 달리 단독으로 고용량까지 사용할 수 있어 극심한 통증을 완화하는 데 쓰인다. 그러나 바로 이 점 때문에 남용과 중독 위험성이 크다는 우려가 제기되기도 했다. 2013년 FDA 승인을 받았을 당시 이미 오피오이드 위기가 심각한 사회문제로 대두된 상황이었던 탓에 의료계와 시민단체들로부터 큰 비판을 받았다. 157

클로노핀 (Klonopin)

클로나제팜clonazepam 성분의 항불안제로, 벤조디아제핀 계열 약물이다. 원래는 간질(특히 결신 발작과 근간대 발작) 치료 목적으로 개발되었으나, 불안장애·공황장애 치료에도 널리 쓰이고 있다. 중추신경계의 억제성 신경전달물질인 GABA의 작용을 강화해 진정·항불안·항경련 효과를 나타낸다. 그러나 장기간 사용 시 빠른 속도로 내성과 의존을 일으킨다. 갑작스러운 중단은 불안, 불면, 경련을 일으킬 수 있고, 심한 경우 발작과 같은 금단 증상을 유발할 수 있다. 이 때문에 단기간 최소 유효 용량으로만 사용하는 것이 권장된다. 대표적인 국내 상품으로는 리보트릴이 있다. 미국에서는 4급 규제약물로 분류된다. 29, 48, 190, 254

퍼코셋
Percocet

퍼코셋은 아세트아미노펜과 옥시코돈을 결합한 복합 진통제의 상품명이다. 주로 수술이나 외상 후 발생하는 중등도에서 중증에 이르는 통증을 조절하는 데 사용된다. 아세트아미노펜이 포함되어 있어 비교적 안전하다는 인식이 퍼졌고 그 때문에 널리 처방되었지만, 옥시코돈 자체가 강력한 2급 규제약물이기 때문에 의존성과 남용 위험이 적지 않다. 장기간 복용할 경우 간 손상과 중독이 동시에 발생할 수 있으며, 오피오이드 위기를 상징하는 약물 중 하나로 꼽힌다. 32, 46, 164, 224

푸로작
Prozac

항우울제로 플루옥세틴fluoxetine의 상품명이다. 항우울제의 적응증은 우울증, 불안장애, 강박장애, 외상후스트레스장애, 식이장애 등 상당히 다양하다. 미국 청소년 및 성인 9명 중 1명이 항우울제를 복용하고 있으며, 이 중 25%가 10년 이상 복용한다. 항우울제의 효능은 효과가 없는 약제를 진짜 약으로 생각하고 섭취한 위약보다 우월하다고 평가되지만, 그 차이가 임상적으로 크지 않다는 분석도 있다. 또한 일부 환자에게는 경조증이나 조증을 유발할 수 있고, 특히 소아·청소년 및 초기 성인 환자의 경우 자살 위험성을 높일 수 있어 FDA가 블랙박스 경고(약품 라벨에 붙는 가장 강력한 수준의 안전 경고)를 부여했다. 장기 사용 시 정서적 둔감, 체중 증가, 성기능 장애가 발생할 수 있고, 갑작스럽게 중단할 경우 두통, 메스꺼움, 불안, 우울감 악화와 같은 금단 증상이 나타날 수 있기에 신중하게 투여해야 한다. 190, 281

트라마돌
tramadol

합성 진통제로, 오피오이드 수용체에 부분적으로 작용하면서 동시에 세로토닌과 노르아드레날린의 재흡수를 억제하는 이중 기전을 가진다. 이 때문에 비마약성 진통제와 마약성 진통제의 중간쯤에 위치한 약물로 여겨지며, 중등도 통증 조절에 흔히 사용된다. 다른 강력한 오피오이드에 비해 비교적 안전하다는 이미지로 홍보되었지만, 실제로는 의존성과 남용 위험이 뚜렷하게 존재한다. 과량 복용 시 호흡 억제, 경련, 혼수 등을 일으킬 수 있으며, 항우울제 등과 병용할 경우 세로토닌 증후군을 유발할 수 있다. 미국에서는 남용 위험을 고려해 4급 규제약물로 분류된다. 하지만 국내에서는 제도적 허점 탓에 트라마돌 단일제는 향정신성의약품으로 규제되는 반면 트라마돌과 아세트아미노펜 복합제는 일반적인 비마약성 진통제처럼 널리 처방되고 있는 상황이다. [48, 49, 169]

> 용어 관련 참고 사항

약물을 사용하거나 약물에 중독된 사람들을 지칭하는 용어는 계속해서 변화하고 있다. 특히 치료 제공자들 사이에서 중독을 설명하는 현재의 언어가 관련된 사람들을 낙인찍는다는 인식이 높아지고 있다. 예를 들어, 회복 중인 사람을 가리켜 '깨끗하다clean'고 하는 것은 그가 이전에는 '더러웠다dirty'고 말하는 것이 될 수도 있다. 중독성 약물 사용을 '약물 남용drug abuse'으로 지칭하는 것은 'abuse'가 '아동 학대child abuse'에서도 공통적으로 쓰인다는 점에서 '학대'를 연상케 한다. 중독된 사람을 '술주정뱅이drunk' 또는 '약쟁이junkie'라고 부르기도 한다.

이 책 전반에 걸쳐 나는 '사용use' '오용misuse' '남용overuse' '중독성 사용addictive use' '중독addiction'과 같은 좀 더 중립적인 용어를 사용함으로써 낙인찍는 언어를 피하려고 노력했다. 그럼에도 환자가 자신의 행동과 경험을 묘사하는 대목에서 '중독자addict' '술주정뱅이' '약쟁이'와 같은 용어가 등장할 수 있음을 밝혀둔다. 사실 '익명의 알코올중독자들 모임'이나 '익명의 약물중독자들 모임'과 같은 12단계 자조 공동체에서 회원들은 흔히 스스로를 '알코올중독자' '약물중독자drug addict'로 부르곤 한다. 따라서 이 책에서 그러한 용어를 사용하는 것은 약물중독자를 경멸해서가 아니라 그들의 언어와 경험을 반영하기 위함이다.

‎ ⌐ 프롤로그 ¬

거대한 그물망 속에서

나는 1995년에 의과대학을 졸업한 후 정신과 전공의 수련을 받고, 뒤이어 기분장애mood disorder 분야의 전임의 과정을 마쳤다. 10년에 걸친 수련 과정을 마치고 나서야 비로소 독자적으로 환자를 진료할 수 있게 되었다. 일하게 된 대학병원에서 외래 진료 체계를 가다듬으며 접수와 초진을 돕는 코디네이터(보험을 확인하고, 전화로 간단한 정신과적 평가를 진행한 후 환자를 외래의 적절한 진료과로 보내는 일을 담당하는 병원 직원)에게 약물중독이나 알코올중독 환자는 진료하지 않겠다고 미리 말해두었다.

당시 나는 물질substance* 사용 이슈가 있는 환자를 치료하는 것을 꺼렸는데, 이는 내가 거친 수련 과정과 관련이 있다. 의

---

* 〔지은이〕 '물질'은 중독성 화학물질에 대해 일반적으로 인정되는 의학 용어다. '물질사용장애'는 미국정신의학회의 《정신질환의 진단 및 통계 편람DSM》에서 제시하는 '중독'을 일컫는 용어다.

과대학에서 중독 치료에 대한 교육을 전혀 받지 못했으며, 정신과 전공의 수련 기간에도 중독에 대한 교육은 제한적이었다. 중독은 의학적 질환이 아니며, 따라서 전통적인 관점에서 보면 치료가 불가능하다는 것이 내가 학교에서 배운 내용이었다. 교수님들은 물질사용장애substance use disorder에 효과가 있는 약물 치료나 행동 치료가 현존한다는 것을 내게 알려주지 않았다. 나는 유해물질 사용이라는 매우 난해한 문제에 대해 환자와 대화하는 기술을 습득하지 못했다. 익명의 알코올중독자들 모임Alcoholics Anonymous, AA에 대한 언급이 있었지만, 이 모임에 참관해보라는 권유 외에 이곳이 환자에게 어떻게 도움이 될 수 있는지에 대한 교육은 받지 못했다.

물질 사용 문제가 있는 환자를 진료하지 않으려고 노력했지만, 내 환자 중 많은 이들이 다양한 물질을 오남용하고 있거나 그에 중독되어 있음을 곧 알게 되었다. 미국 전역의 조사에 따르면, 정신질환 환자의 75% 이상이 약물 또는 알코올 문제를 함께 겪고 있다.[1] 내가 진료하는 환자들이 물질을 사용하고 있음을 알게 된 것은 나의 임상 능력이나 판단력 때문이 아니다. 1990년대 당시 오히려 나는 환자에게 약물이나 알코올 사용 여부를 물어본 적이 거의 없었다. 대신 환자의 가족으로부터 다음과 같은 절박한 전화를 받고 나서야 환자가 물질을 사용하고 있다는 사실을 알게 되는 때가 많았다. "제 딸 홀리가 차량 전복 사고를 당했어요. 아이가 매일 헤로인을 하는 것을 모르셨나요?"와 같은 내용이었다. 그제야 나는 내가 정신과 의사로서 치료를 맡고 있었음에도 그녀가 헤로인을 사용하고 있었다는 사실을 알지 못했다고 인정할 수밖에 없었다. 그 이유는 간단했다. 애초에 물어볼 생각조차 하지 않았기 때문이다.

1990년대 후반에 이르렀을 때, 내게 두 가지 선택지가 있음을 깨달았다. 환자들의 물질중독 문제를 계속 무시하거나, 중독에 대한 치료법을 알아내는 것. 어쩔 수 없이 후자를 택했다. 그렇게 하지 않으면 내 환자들이 나아지지 않을 거라는 사실이 점점 더 분명해졌기 때문이다. 나를 위한 재교육reeducation 의 시간은 그때부터 시작되었다. 그 후 10년 동안 나는 중독 치료에 정통한 훌륭한 동료들의 지도를 받으며 배움을 넓혀갈 수 있었다. 하지만 가장 큰 가르침을 준 건 무엇보다 환자들이었다. 그들은 때로는 깊은 통찰을 보여주었고, 때로는 그 반대이기도 했지만, 나에게는 모든 과정이 배움의 기회였다. 덕분에 나는 우리 정신과에서 물질사용장애가 있는 환자들이 가장 먼저 찾는 전문가가 되었다. 치료 경험을 넓혀가며 술, 담배, 마리화나뿐만 아니라 중독성 처방약물에 의존하는 환자들이 점점 더 늘어나고 있는 현실에 눈을 떴다.

중독성 처방약물을 오남용하는 환자들 대부분은 마약상을 통해 약을 구하는 것이 **아니었다**. 그들은 의사에게 약물을 처방받고 있었다. 가끔은 나도 무심결에 중독성 약물을 처방하곤 했다. 이 문제가 얼마나 심각한지 깨닫게 된 건 2011년이었다. 그해에 나는 심각한 허리 통증으로 입원한 한 여성 환자를 진료해달라는 요청을 받았다. 동료들은 이 환자가 오피오이드opioid에 중독되었는지 판단해달라며 내게 자문을 구했다.*

의무기록을 보면 이 여성의 삶은 약물로 인해 망가져가는 전형적인 하향곡선을 그리고 있었다. 직장, 친구, 가족을 잃었고, 그로 인해 최근에는 오피오이드 과다 복용으로 죽음 직전의 상태에까지 이르기도 했다. 환자는 입원 전 몇 달에 걸쳐 서로 다른 16명의 의사에게서 오피오이드 알약 1200정을 처방받아 복용한 것으로 추정된다.

나는 환자를 보러 갔다. 병실에 채 들어가기도 전에 이미 그녀의 목소리를 들을 수 있었다. 더 많은 진통제를 요구하는 외침이 병원 복도에 울려 퍼졌던 것이다. 문 앞에서는 간호사들이 병실에 들어가길 주저하며 서성였다. 그들의 눈에는 두려움과 당혹감이 역력했다. 내가 병실로 들어가자 환자는 내 흰 가운을 보고 안심하는 듯 보였다. 그러고는 견딜 수 없는

---

* 〔지은이〕 오피오이드는 수 세기 동안 통증 완화를 위해 사용된 강력한 진통제(통증완화제)다. 이 진통제는 뇌의 오피오이드 수용체에 결합하여 통증 신호를 차단하는 방식으로 작용한다. 뇌에 오피오이드 수용체가 있는 이유는 우리 몸이 통증을 차단하기 위해 엔도르핀으로 불리는 오피오이드를 자체적으로 만들어내기 때문이다. 엔도르핀은 한 번에 몇 분 동안만 작용하는 반면, 옥시콘틴 같은 합성 마약성 진통제는 수 시간 동안 작용하며 오피오이드 수용체에서 더 강력하게 결합한다. 최초의 오피오이드 계열 마약성 진통제는 양귀비에서 추출한 아편opium이었으나, 오늘날에는 다수의 마약성 진통제가 실험실에서 부분적으로 혹은 전체적으로 합성된다. 과학자들은 자연적으로 발생하는 마약성 진통제의 화학 구성을 변경함으로써 통증을 치료할 수 있는 새롭고 더 효과적인 마약성 진통제를 만들기 위해 노력하고 있다. 이러한 시도는 중독을 일으키지 않으면서 통증에 효과가 있는 마약성 진통제를 개발하고자 한다는 점에서 의미가 있지만, 엇갈린 결과를 낳고 있다.

통증에 대해 이야기를 쏟아내기 시작했다. 또한 중독성 처방 약물부터 헤로인 정맥주사에 이르기까지 자신이 다양한 형태의 오피오이드에 중독되어 있다는 사실도 거리낌 없이 인정했다. 그러나 그 사실은 그녀가 더 많은 진통제를 처방받는 데 전혀 걸림돌이 되지 않았다. "선생님, 저도 제가 중독자라는 것을 알아요. 하지만 제가 원하는 약을 주시지 않으면 저를 통증에 시달리도록 내버려둔 선생님을 고소할 거예요."

그때 나는 나와 내 동료 의사들이 '미친' 시스템에 갇혀 있다는 사실을 깨달았다. 오피오이드 진통제가 환자에게 해롭다는 것을 잘 알고 있음에도 명백한 중독 환자에게 더 많은 오피오이드 진통제를 처방해주지 않을 수 없는 현실. 나는 동료 의사들에게 오피오이드 진통제 투약량을 서서히 줄이고 환자를 중독 치료기관에 의뢰할 것을 권했다. 하지만 나의 권고는 하나도 받아들여지지 않았다. 그녀는 입원 기간 동안 계속해서 고용량의 오피오이드 진통제를 투여받았고, 한 달 후 똑같은 통증을 호소하며 다시 병원을 찾았을 때도 같은 치료를 받았다. 우리 모두가 멈출 수 없는 회전목마에 갇힌 것처럼 속수무책이었다.

중독성 처방약물의 대유행

이것은 결코 예외적인 치료 사례가 아니었다. 해당 사례는 이른바 뉴노멀이 도래했음을 보여주었다. 2011년 11월 1일, 주요 건강 위협으로부터 미국인을 보호하는 정부기관인 질병통제예방센터Centers for Disease Control and Prevention, CDC는 '중독성 처방약물의* 대유행prescription drug epidemic'을 선언했다. 질병통제예방센터는 이 대유행의 원인이 '의사들에 의해 더 널리 처방되고 있는 오피오이드 진통제와 일부 정신과 약물'임을 분명하게 밝혔다.[2] 1999년 미국에서 오피오이드 진통제로 인해 사망한 인구는 약 4000명에 달했으나,[3] 2013년에는 1만 6235명으로 증가해[4] 10여 년 만에 4배로 급증했다. 특히 오피오이드 진통제와 진정 작용이 있는 벤조디아제핀(ex. 바리움-성분명 '디아제팜')의 혼용이 과다 복용으로 인한 사망 원인의 상당수를 차지했다.[5,6]

의사의 처방을 통해 판매된 오피오이드 진통제의 약국 매출은 1999년에서 2010년 사이 4배로 증가했으며,[7] 이 시기 동안 처방 오피오이드로 인해 사망한 인구도 4배 증가했다. 2012년 한 해에 의사들이 처방한 오피오이드 진통제 양은 미국 성인 인구 전체가 한 달 동안 매일같이 복용할 수 있을 정도로 많았다. 지난 30년 동안 정신자극제stimulants(ex. 애더럴Adderall-성분명 '메틸페니데이트methylphenidate')**와 진정제sedatives(ex. 자낙

---

* 〔옮긴이〕'prescription drug'를 단순히 '처방약물'로 번역하지 않은 것은 저자가 이 용어에 '의사에게 처방받을 수 있는 약물 중에서 중독성을 띤 물질'이라는 특수한 함의를 담아내고 있기 때문이다. '중독성 처방약물'은 미국 마약단속국DEA이 고시하는 2~5급 규제약물scheduled drug II~V에 해당한다.

** 〔옮긴이〕중추신경계를 활성화해 집중력과 각성을 높이는 약물로, 주로 주의력결핍 과잉행동장애 치료에 쓰인다. 대표적으로 메틸페니데이트, 암페타민 계열의 약물이

스Xanax-성분명 '알프라졸람alprazolam')***의 처방이 증가한 것 역시 우려스러운 일이다.

2010년에는 역사상 처음으로 비의도적 약물중독unintentional drug poisonings****이 미국에서 사고 사망의 주요 원인이 되어 교통사고로 인해 사망한 인구를 넘어섰다.[7] 1999년부터 2013년까지 처방 오피오이드 과다 투여로 인해 사망한 인구는 모두 17만 5000명을 넘어섰다. 이 재앙은 지역과 인종을 가리지 않았으며, 비도시 지역에 거주하는 백인 중산층 사이에서 가장 큰 증가세를 보였다.[8]

규제약물과 중독성

오남용, 과다 사용 및 중독의 위험성이 가장 큰 약물들을 통칭하여 규제약물scheduled drugs 혹은 통제약물controlled drugs이라고 한다.

미국 식품의약국Food and Drug Administration, FDA은 '규제약물법Controlled Substance Act, CSA'에 따라 중독성 처방약물 일부를 '규제약물'이라는

있다.
*** 〔옮긴이〕 불안과 긴장을 완화하고 진정을 유도하는 약물로, 주로 불안장애·수면장애 치료에 사용된다. 벤조디아제핀 계열 약물(알프라졸람, 디아제팜 등)이 대표적이다.
**** 〔옮긴이〕 비의도적 약물중독이란 처방약, 일반의약품, 또는 기타 약물을 의도치 않게 과다 복용하여 발생하는 중독을 말한다. 잘못된 약물 사용, 복용량 착오, 서로 다른 약물들 간의 예기치 못한 상호작용 등에 의해 발생할 수 있다.

범주로 분류했다. 규제약물이란 중독 가능성 혹은 생리적 의존 가능성이 있는 약물을 말한다. FDA는 규제약물을 대상으로 1급부터 5급까지 등급을 매겼다. 1급이 가장 중독성이 강하고, 5급은 가장 약하다. 2급부터 5급까지의 모든 규제약물은 특정 상황에서 의학적 효과가 있다고 간주되므로 특수 면허를 가진 의사라면 처방할 수 있다. 그러나 1급의 경우, 연방 분류에 따르면 의학적 유익성이 없으므로 그 어떤 경우에도 의사가 처방할 수 없다.

1급 규제약물로는 헤로인, LSD로 알려진 리세르산디에틸아미드lysergic acid diethylamide, 흔히 엑스터시라고 불리는 3,4-메틸렌디옥시메트암페타민methylenedioxymethamphetamine, 그리고 마리화나 등이 있다. 미국 연방정부는 마리화나를 1급 규제약물로 분류하고 있지만, 20개 이상의 주에서 의료용 마리화나 지정 판매소를 통해 널리 유통되고 있다. 주정부와 연방정부의 규제가 정면으로 충돌하는 상황인 것이다.

2급 규제약물에는 대부분의 오피오이드 진통제가 포함된다. 통상적으로 의사들은 한 번에 한 달 분량 이하의 2급 규제약물을 처방할 수 있으며, 반복조제refill는 허용되지 않는다. 대표적인 약물로는 모르핀, 아편, 코데인, 하이드로코돈(상품명 '바이코딘'), 하이드로몰폰(상품명 '딜라우디드'), 메타돈(상품명 '돌로핀Dolophine'), 메페리딘meperidine(상품명 '데메롤Demerol'), 옥시코돈(상품명 '옥시콘틴' '퍼코셋'), '펜타닐'(상품명 '수블리메이즈Sublimaze' '듀라제식Duragesic') 등이 있다. 1990년대와 2000년대에 바이코딘 계열 약물의 광범위한 오남용이 심각한 문제로 부상했을 때, 해당 약물은 2013년 '안전처방법 Safe Prescribing Act'에 의거해 3급에서 2급 규제약물로 좀 더 엄격하게 재분류되었다.

중독성이 강하다고 알려진 정신자극제는 2급 규제약물에 속한다. 이 약물들은 주의력결핍 과잉행동장애 attention deficit hyperactivity disorder, ADHD 치료에 가장 흔히 사용되며, 대표적으로 암페타민 amphetamines(상품명 '덱세드린 Dexedrine' '애더럴')과 메틸페니데이트 methylphenidate(상품명 '리탈린 Ritalin')가 있다.

3급 규제약물에는 부프레노르핀 buprenorphine(상품명 '서브옥손 Suboxone'), 케타민 ketamine, 데포 Depo(장기 지속형 주사) 형태의 테스토스테론 Testosterone과 같은 단백동화 스테로이드가 포함된다. 2급 규제약물과 달리, 3급 규제약물은 의사가 제한적으로나마 반복조제처방전을 발급할 수 있다.※

※ 〔옮긴이〕 미국에서는 처방약 반복조제 제도가 1951년 '더럼-험프리 개정안 Durham-Humphrey Amendment'을 통해 도입되었다. 이는 의사의 승인하에 처방전을 반복하여 사용하는 것을 허용한다. 일반적인 처방전은 발행일로부터 1년 동안 유효하며, 이 유효 기간 내에서만 반복조제가 가능하다. 1년이 지나면 처방전은 무효가 되어 의사에게 새로운 처방전(재처방 또는 갱신)을 발급받아야 한다.
반복조제의 유형에는 크게 두 가지가 있다. 첫 번째는 치료 지속을 위한 반복조제로, 의사가 처방전에 리필 가능 횟수를 명시하면 환자가 약국과 협의하여 정기적으로 약을 조제받는 일반적인 방식에 해당한다. 두 번째는 응급 반복조제로, 주말이나 공휴일 등 긴급 상황으로 의사와 연락이 원활하지 않을 때 약사가 환자의 치료 중단을 막기 위해 단기간 약을 연장하여 조제해주는 방식이다.
다만, 약물의 오남용 위험도를 고려해 리필 가능 기간 및 횟수에 엄격한 제한을 적용한다. 오남용 위험이 가장 높은 2급 약물은 반복조제가 불가능하며, 매번 새로운 처방전을 발급받아야 한다. 3급 및 4급 약물은 처방전 작성일로부터 6개월이 지난 경우 혹은 총 5회를 초과한 경우 반복조제가 불가능하다(둘 중 먼저 도래하는 기준 적용). 오남용 위험

4급 규제약물에는 불안 및 불면증 치료에 사용되어 진정수면제sedative hypnotics로 분류되는 약물들이 포함된다. 벤조디아제핀은 진정수면제류에 속하는 약물로 알프라졸람(상품명 '자낙스'), 클로나제팜(상품명 '클로노핀'), 디아제팜(상품명 '바리움'), 로라제팜(상품명 '아티반'), 미다졸람midazolam(상품명 '버세드'), 테마제팜temazepam(상품명 '레스토릴') 등이 여기 해당하며 이외에도 다양한 약물들이 있다. 또 다른 4급 규제약물로는 카리소프로돌(상품명 '소마')과 졸피뎀(상품명 '앰비엔')이 있다.

5급 규제약물은 주로 제한된 양의 오피오이드 성분을 포함한 제제로, 100밀리리터당 200밀리그램 이하의 코데인을 함유한 기침약(미국 상품명 '로비투신Robitussin AC' '코데인 함유 페네르간Phenergan')[*]이 대표적이다.

대부분의 처방약물은 중독성이 없다고 간주되기 때문에 규제약물로 분류되지 않는다. 그러나 처음에는 규제약물로 분류되지 않았더라도 시간이 지나면서 중독성이 있다는 사실이 밝혀져 규제약물로 재분류되는 경우도 있다. 1995년 미국에서 울트람Ultram이라는 상품명으로 승인된 중추성 진통제 트라마돌이 그 경우에 해당한다. 약물 관련 응급실 방문 추세를 관리감독하는 연방정부 운영 국가 감시 시스템인 약물남용 경

이 낮은 5급 약물은 의사의 승인대로 반복조제가 가능하며, 3급 및 4급 약물에 적용되는 6개월 및 5회 제한을 적용받지 않을 수 있다.

[*] 〔옮긴이〕 코데인을 함유한 기침약 중 한국에서 시판되고 있는 것으로는 코대원정, 코데날정, 코데닝정, 코푸정, 코대원시럽, 코푸시럽, 코데날시럽 등이 있다.

고 네트워크Drug Abuse Warning Network, DAWN에 따르면 1995년부터 2002년까지 트라마돌과 관련한 응급실 방문이 165%(1만 2000건 이상) 증가했다고 한다.⁹ 2014년 미국 마약단속국Drug Enforcement Agency, DEA은 트라마돌을 4급 규제약물로 재분류함으로써 의사와 소비자에게 트라마돌의 중독 가능성을 경고했다.¹⁰ 복용 직후에는 오피오이드 진통제 효과가 제한적이지만 곧 체내에서 빠르게 대사되어 강력한 진통 효과를 나타내기에 중독성이 있는 오피오이드 진통제라고 할 수 있다.**

엉킨 그물망: 과잉 처방에 내몰리는 의사, 중독의 덫에 빠지는 환자

이 책은 환자들의 생명을 구하고 고통을 덜어주기 위해 의업을 행하고자 한 선의의 미국 의사들이 어떻게 그들을 죽음에 이르게 하는 약을 처방하는 지경에 이르렀는지, 그리고 질병과 부상으로 치료받으려고 한 환자들이 어떠한 경로로

** 〔옮긴이〕 문제적이게도 한국에서는 2002년경부터 중추성 진통제 트라마돌과 아세트아미노펜 성분의 복합제가 비마약성 진통제로 소개되고 있다. 따라서 정형외과, 신경외과 등 근골격계 통증과 관련된 진료 현장에서 해당 약물(상품명 울트라셋, 원트란, 트라마롤, 트라펜, 파라마셋)을 빈번히 처방한다. 한국 식품의약품안전처 의약품통합정보시스템에서는 이 약제들에 대해 "트라마돌은 모르핀형μ-opioid의 정신적, 육체적 의존성을 유발할 수 있다"고 명시하고 있지만 국내 마약법상 마약류로 분류되어 있지 않은 상황이다. 심지어 국내에서 비대면 진료를 통해서도 손쉽게 처방이 이뤄지고 있다.

자신을 구원해주리라 믿었던 약에 중독되었는지 이해하려는 시도이다. 더 중요하게는 이런 질문을 던질 수 있다. '이런 위험한 약물에 대해 더 잘 알게 되었는데도 왜 우리는 이를 계속 처방하고 소비하고 있는가?'

나는 정신과 의사이자 중독의학 전문가로서 20년 동안 환자를 진료한 임상 경험을 바탕으로 이 책을 집필했다. 또한 전국적으로 의사, 간호사, 약사, 사회복지사, 병원 관리자, 보험사 임원, 언론인, 경제학자, 옹호자뿐만 아니라 환자와 그 가족을 대상으로 인터뷰를 진행했다.

이어지는 1장의 내용은 나의 환자 짐의 이야기를 중심으로 기술된다. 그의 이야기는 중독성 처방약물 문제가 얼마나 심각하고 복잡한지 잘 보여줄 뿐만 아니라, 오피오이드 진통제 처방에 내려진 대대적인 단속 조치 전후 시기를 아우른다. 따라서 그의 이야기를 통해 이 대유행에 대처하기 위한 우리의 몇몇 시도들이 어떤 변화를 만들어냈는지, 그 외의 다른 시도들은 어떤 식으로 새로운 문제를 불러일으켰는지 살펴볼 것이다. 또한 저스틴, 카렌, 샐리, 메이시, 다이애나 등 다른 환자들의 이야기 역시 깊이 있는 묘사로 중간중간 삽입되어 있다. 이들의 이야기를 통해 중독성 처방약물 대유행의 특정 측면을 분명히 보여주고 자세히 설명하고자 했다. 인물의 이름만 각색되었을 뿐 이야기는 모두 사실이다. 나의 환자들은 자신의 이야기를 독자 여러분에게 들려주는 데 기꺼이 동의했다.

이 작업을 하면서, 의사와 환자가 자신의 의지를 넘어 통제할 수 없는 거대한 힘에 의해 중독성 처방약물을 과도하게 처방하고 소비하도록 내몰리는 거대한 그물망에 갇혀 있다는 것을 깨달을 수 있었다. 이 그물망의 엉킨 가닥을 하나씩 풀어가야만 이 문제를 해결하고 빠져나갈 길을 찾을 수 있을 것이다.

1장

중독이란 무엇인가

위험 요인
그리고
회복의 열쇠

1

1952년, 햇빛 찬란한 캘리포니아에서 태어난 짐은 아버지에게 술 마시는 법을 배웠다. 그의 아버지는 '석 잔의 마티니로 점심을 해결하는' 사람이었고, 큰 병에 담긴 올드 그랜드 대드 버번 위스키를 스트레이트로 즐겨 마셨다. 짐은 그 위스키 병의 모양을 기억한다. 보통의 위스키 병보다 더 큰 그 병에는 말쑥한 중년의 플라이낚시꾼이 그려져 있었다. 무릎 위에 낚싯대를 올려놓은 채 한 손에는 위스키 잔을 들었으며, 눈에는 장난기 어린 미소가 어렴풋이 서려 있었다.

짐의 부모님은 '샌프란시스코 옐로우 캡'이라는 택시회사를 운영하고 있었다. 어머니는 배차를 하고, 요금대로 수금이 되었는지 확인하고 장부를 관리하면서 그 작은 회사를 꾸려갔다. 그러면 아버지는 무슨 일을 했을까? 그가 하는 일이라고는 점심을 먹으러 외출하는 것이 전부였다. 그는 아침마다 정장에 넥타이를 매고 동네 술집에서 '친구들'을 만났다. 짐은 이런 역할 분담이 부모님에게 잘 맞았다고 생각한다. 아버지는 '보살핌받기'를 좋아하는 사람이었고, 그런 일을 기꺼이 해주는 사람들을 찾아내는 특별한 재주가 있었다.

짐이 열네 살이 되자 아버지는 가끔 짐을 점심 자리에 데리고 갔다. 높다란 의자에 앉아 남자 어른들의 이야기를 들을 수 있었고, 그에게도 음료가 주어졌다. 아직 석 잔의 마티니를 비울 정도는 아니었지만, 오후 내내 한 잔 정도는 마실 수 있었다.

'알코올중독자'라는 단어가 짐의 삶에 들어오기 훨씬 전, 그리고 과거를 돌아보고 그가 알코올중독자였음을 깨닫기 수십 년 전까지, 아버지는 짐의 영웅이었다.

고교 졸업 후 짐은 링컨기술학교에 진학해 자동차 수리를 배웠다. 졸업 후에는 아버지의 도움으로 자동차 정비소를 마련할 수 있었다. 당시는 1970년대로 캘리포니아에서 온실가스에 대한 인식이 확산되고 있었다. 짐은 샌프란시스코 베이 지역에서 차량 스모그 검사의 수요가 증가할 것으로 판단하고 스모그 검사 면허 시험에 응시하기로 했다. 짐은 스모그 관리 자격증 시험공부를 열심히 했다. 합격 소식을 들었을 때 가장 먼저 아버지에게 알렸다.

아버지는 외쳤다. "축배를 들자!"

아버지는 지역 경찰서장과 막역한 사이였다. 서장은 지역사회의 저명인사였는데, 더 중요한 건 그가 캠핑카를 소유하고 있다는 사실이었다. 합격을 축하하며 주말 골프를 즐기기 위해 짐과 아버지, 서장, 아버지의 또 다른 친구 케니는 베이 지역에서 몬테레이 반도까지 캠핑카를 몰고 떠났다. 서장이 운전을 하고 다른 사람들은 뒷좌석에 앉아 술을 마셨다. 그들은 캠핑카가 집을 나서 첫 번째 커브를 돌 때부터, 골프장의 모든 그린을 지나는 동안, 그리고 집으로 돌아오는 길 내내 술을 마셨다.

특히 그 여행의 다음과 같은 한순간이 짐의 기억 속에 생생하다. 서장은 운전 중이었고 짐과 아버지, 케니는 뒷좌석에서 기분 좋게 취해 있었다. 짐은 자신의 시험 점수와 새로 차릴 자동차 정비소를 생각했다. 그는 욕실과 주방은 말할 것도 없고, 푹신한 카펫, 접이식 소파와 테이블, 회전의자가 있을 뿐만 아니라 체크무늬 실내 장식과 맥주잔 거치대가 있는 캠핑카를 둘러보며 충만한 행복감과 미래에 대한 희망을 느꼈다. 그 순간 짐은 이렇게 생각했다. '내 인생은 완벽해. 이게 바로 진짜 1등석 인생이지.'

그때 이후로 짐은 20년 동안 그 순간을 되찾기 위해 애쓰며 살았다.

스모그 검사를 받으려는 차량들로 예약이 하루 종일 꽉 차면서, 짐의 사업은 순식간에 호황을 누렸다. 돈이 벌리고 사업이 커지면서 짐은 매일 술을 마시기 시작했다. 과도한 물질 사용은 인생의 어려움을 헤쳐나가기 위한 방식, 즉 일종의 자가치료 self-medication 에 해당한다는 통념[11]과 달리 짐의 음주는 오히려 삶이 잘 풀릴 때 더 늘어갔다. 처음에는 저녁 술로 시작되었지만, 얼마 지나지 않아 짐은 점심시간마다 어김없이 길모퉁이에 있는 바로 향했다. 바에서 거의 오후 내내 술을 마셨고, 그러다 차량 예약을 펑크 내기 일쑤였다.

그래도 초창기에는 좋은 날들이 더 많았다. 어느 날은 롤스로이스 한 대가 그의 가게 앞에서 고장이 났고, 차주는 하루의 기간을 주며 수리를 맡기고 갔다. 짐은 차를 고친 뒤 야구선수 행크 에런과 꼭 닮은 사촌에게 전화를 걸어 최대한 빨리 가게로 오라고 재촉했다. 술집에 있던 친구들에게도 전화를 걸어 행크 에런이 자신의 정비소에 왔으니 사인을 받으러 오라고 알렸다. 짐의 친구들은 롤스로이스에서 '행크'가 내리는 모습을 보자마자 환호성을 질렀다. 술을 마신 지 한 시간쯤 지나서야 그들은 속았다는 걸 눈치챘지만, 그때쯤에는 그 사실이 전혀 중요하지 않았다.

시간이 갈수록 음주는 짐의 건강과 사업에 악영향을 미쳤다. 아침에 몸을 덜덜 떨면서 일어났고 언제 첫 잔을 마실 수 있을지 그 시간을 손꼽아 기다렸다. 가게는 점차 엉망이 되어갔고 짐은 점점 신용을 잃었다. 결국 10년도 채 되지 않아 가게를 고철 값에 팔아야 하는 지경에 이르렀다. 그는 이렇게 말했다. "술과 함께 사업도 다 말아먹었어요." 아직 서른 살도 되지 않은 나이였다.

사업이 망한 뒤 짐은 부모님이 운영하는 옐로우 캡 택시 회사에 취직했다. 고장 난 택시를 수리하는 일을 하기로 한 것이다. 술 마시는 습관은 여전했지만, 사업 운영의 압박감은 사라졌다. 사장 아들이었기에 특권을 누렸다. 늦게 출근하거나 일찍 퇴근해도 아무도 뭐라고 하지 않았다. 그는 많은 사람이 일을 대신해주었기에 자신이 일을 훨씬 적게 할 수 있었다고 인정했다. 그는 자동차 수리는 잘 하지 않고 대부분의 시간을 밀브레에 있는 그린힐스 컨트리클럽에서 보냈다. 그곳의 회원이던 아버지 덕분에 짐 역시 쉽게 회원권을 얻을 수 있었다. 짐은 이 골프 클럽을 '골프장이 딸린 술집'이라고 불렀다.

짐은 이 클럽에서 친구를 사귀었다. 모두 자신과 같은 술꾼들이었다. 그들은 함께 어울려 골프를 쳤고, 그러다 이긴 사람이 술을 샀다. 그리고 진 사람들도 술을 샀다. 그다음에는 '다람쥐들도 술을 샀다'*. 당시에는 짐도, 골프 클럽의 여러 술 친구도 자신에게 음주 문제가 있다고 생각하지 않았다.

40대 초반으로 들어서며 짐은 더 이상 클럽에서 집으로 운전해서 가는 것이 안전하지 않다고 느꼈다. 수년 동안 음주 운전을 했지만 안전하지 않다고 느낀 적은 없었다. 그러나 이제는 그 자신도 너무 취해서 운전을 할 수 없는 때가 있음을 인정했다. 짐은 골프 클럽을 돌아다니며 집에 데려다줄 사람을 찾곤 했지만, 얼마 지나지 않아 친구들은 하나둘 핑계를 대

---

* 〔옮긴이〕술을 마시기 위한 핑곗거리가 점점 늘어나면서 터무니없는 상황에 이르게 된 것을 가리키는 비유적 표현이다. 즉 승자와 패자가 술을 산 후에는 아무런 기준 없이 또 다른 사람(혹은 가상의 존재인 다람쥐)까지 술을 사게 된다는 뜻으로, 과도하게 술을 마시는 환경과 분위기를 풍자하고 있다.

며 그를 태워주지 않았다.

짐은 간신히 집으로 돌아오긴 했지만, 집에 들어서자마자 정신이 흐릿해진 상태로 침대에 쓰러졌다. 아침에 눈을 뜨면 자신의 차를 어디에 뒀는지 기억하느라 애를 먹었다. 스스로 운전해서 온 것인지, 누군가가 태워준 것인지 헷갈렸다. 집 앞 도로에 차가 보이지 않을 때면 택시회사의 운전사에게 전화를 걸어 클럽까지 데려다달라고 부탁했고, 그 때문에 아침 10시쯤 텅 빈 주차장에 버려진 자기 차 옆에 홀로 서 있는 일이 잦아졌다.

친구들도 하나둘 떠나갔다. 돈도 거의 바닥났다. 무엇보다 술을 마셔도 전과 같지 않았다. 스물두 살 때 캠핑카를 타고 해안가로 골프 치러 가던 때의 짜릿한 쾌감을 되찾으려 노력했지만 무얼 마셔도, 아무리 많이 마셔도, 누구와 함께 마셔도 다시는 그때의 경험으로 돌아갈 수 없었다. 술은 짐에게 순수한 즐거움이 아닌 외롭고 비참한 상태를 안겨주었다. 25년 가까이 줄곧 이어진 과한 음주의 결과였다.

짐이 마흔일곱이 될 무렵, 컨트리클럽에서 가장 가깝게 지내던 친구 한 명이 술과 코카인 과용으로 사망했다. 그 일은 이미 술을 끊어야겠다고 진지하게 생각하기 시작한 짐에게 새로운 동기를 심어주었다. 그는 죽고 싶지 않았다. 하지만 어떻게 끊을 수 있을까? 상상조차 하기 어려웠다.

길 건너편에는 짐이 '래리 더 라이미Larry the Limey'라는 별명으로 부르던 한 남성이 살고 있었다. 래리는 제2차 세계대전 당시 영국 공군에 참전했던 용사이자 자칭 '개과천선한 술꾼'으로 익명의 알코올중독자들 모임에 적극적으로 참여하고 있었다. 어느 날 래리가 짐에게 다가와 말했다. "짐, 나아질 방법이 있어." 그는 수요일 밤마다 열리는 남성 알코올중독자 모임에 짐을 초대했다. 짐은 그곳을 찾아갔다.

그러나 금세 그 모임에 반감을 드러냈다. 그는 이렇게 생각했다. '나 같은 사람은 그린힐스 컨트리클럽 바에 앉아 있어야 해. 그런데 지금 외로운 주정뱅이들이 모여 있는 이 음침한 지하실에서 뭘 하고 있는 거지?' 자신은 이 '술꾼'들과 다르다고 생각했지만, 그와 별개로 실험 삼아 이 모임에 나가보기로 했다. 어떤 곳인지 한번 경험해보자는 마음이었다. 가끔은 취한 상태로 참석하기도 했는데, 다른 이들은 전혀 개의치 않았다. 모임의 회원 자격 요건에도 어긋나지 않았다. 그저 '술을 끊고자 하는 마음'만 있으면 충분했기 때문이다. 짐은 놀랍게도 그 모임에 가는 수요일에는 다른 요일에 비해 술을 마시지 않는 경우가 더 많다는 사실을 깨달았다. 그 외의 시간에는 여전히 대부분 취해 있었지만 말이다. 결국 짐은 래리 더 라이미의 초대로 가게 된 수요일 밤 남성 모임에 빠지지 않는 단골이 되었다. 그리고 쉰 살이 되던 해, 마침내 술을 완전히 끊기로 결심했다. 짐은 말했다. "술을 끊는 건 제 인생에서 가장 힘든 일이었지만, 그래도 익명의 알코올중독자들 모임 덕에 가능했습니다."

술을 끊은 첫해, 짐은 자신의 기분이 상당히 나아졌다는 것을 깨닫고는 놀랐다. 운동을 시작했고 골프 클럽에도 거의 매일 나갔지만, 바에 앉아 술을 마시는 대신 골프 실력을 향상시키는 데 집중했다. 10대 시절부터 취미로 삼은 드럼 연주를 다시 시작하면서 새 드럼 세트를 구입하고 밴드에도 합류했다. 금주 초기에 짐은 큰 해방감을 느꼈다. 마침내 술을 팔지 않는 곳에도 가게 되었고, 그곳에서 술을 마시지 않는 이들과 함께 어울리며 충분히 즐겁게 보낼 수 있었다.

부모님이 옐로우 캡 택시회사를 매각했지만, 짐은 계속해서 총책임자 자리를 유지했다. 술을 끊고도 뛰어난 업무 성과를 보였기 때문이다. 짐은 그간 소홀했던 아내와 아이들과 더 많은 시간을 보냈고, 더 일찍 그들 곁에 있어주지 못한 것을 후회했다. 뉴 밀레니엄이 시작되었고, 행복한 삶이 앞으로도 10년은 지속될 것 같았다. 중독성 처방 진통제가 그를 찾아오기 전까지는 말이다.

중독이란 무엇인가

현대 의학에서 의사는 다양한 유형의 정신질환을 정리한 《정신질환의 진단 및 통계 편람 Diagnostic and Statistical Manual of Mental Disorders, DSM》에 의거해 중독 addiction[+](물질사용장애[++]를 일컬음)을

[+] 〔옮긴이〕 의학에서 중독은 두 가지 의미를 지닌다. 하나는 'addiction'의 의미로,

진단한다.[12] 우리는 중독의 진단 기준을 '3개의 C'로 수월하게 기억할 수 있다. 'Control'(통제), 'Compulsion'(강박행동), 'Consequences'(결과)가 바로 그것이다. '통제'는 통제할 수 없는 사용, 특히 의도한 것보다 더 많은 물질을 사용하는 것을 말한다. '강박행동'은 물질을 얻고 사용하고 물질로부터 회복하는 데 오랜 시간과 많은 에너지, 정신(정신적 자원)을 소모하는 것을 말한다. '결과'란 지속적인 사용이 초래하는 사회적, 법적, 경제적, 대인관계적, 도덕적 혹은 영적 영향을 말한다. 짐은 통제 불능의 물질 사용(스스로 운전할 수 없을 때까지 음주를 함), 강박적 물질 사용(매일 음주를 함), 물질 사용의 결과(스모그 검사 사업 손실) 모두에 해당한다는 점에서 확실히 알코올에 중독된 상태였다.

짐은 중독을 진단하는 데 필수는 아니지만 이와 관련이 있는 생리 현상인 의존dependence과 금단withdrawal 증상을 보이기도 했다. 생리적 의존이란 신체가 생화학적 평형을 유지하기 위해 약물에 의존하게 되는 과정이다. 기대 용량을 섭취하지 못

특정 물질의 반복적이고 증가된 사용 때문에 그 물질이 부족할 경우 증상으로 인한 고통과 저항하기 어려운 충동이 발생하는 상태를 가리킨다. 다른 하나는 'intoxication'의 의미로, 특정 물질로 인해 기억력, 지남력, 기분, 판단, 행동, 사회적 혹은 직업적 기능 중 하나 이상의 정신적 기능이 저하되는 가역증후군을 가리킨다. 본문에서 'addiction'과 'intoxication'을 구분할 필요가 있는 경우 원어를 병기했다.

◆◆ 〔지은이〕 '중독addiction'이라는 용어는 현재 변화의 흐름 속에 있으며, 일각에서는 좀 더 심각한 형태의 물질사용장애를 지칭할 때만 이 용어를 사용해야 한다고 주장한다. 또한 모든 중독 질환이 섹스, 도박, 인터넷 중독과 같이 물질을 포함하는 것은 아니다. 여기에서는 간결성을 위해 '중독'을 '물질사용장애' 대신 사용했다.

하거나 적정한 간격으로 약물을 복용할 수 없게 되면 우리 몸은 생화학적으로 불균형 상태에 빠지며, 이는 금단 증상과 징후로 나타난다. 금단은 해당 물질이 몸에 상당 기간 존재하다가 사라졌을 때 나타나는 생리 증상으로 물질에 따라 그 양상이 다양하다. 지나치게 단순한 설명일 수도 있지만 일반적으로 특정 물질에 대한 금단은 해당 물질에 대한 중독intoxication과 반대되는 특징을 띤다. 예를 들어 알코올중독의 증상으로는 도취감euphoria, 이완relaxation, 심박수 감소, 경미한 혈압 저하, 진정(혹은 수면) 등이 있고, 알코올 금단 증상으로는 불쾌감dysphoria, 초조agitation, 안절부절증restlessness 또는 떨림tremor, 심박수 증가, 혈압 상승, 불면증 등이 있다. 어떤 중독성 물질이든지 오랫동안 습관적으로 사용하다 갑작스럽게 중단하면 생리적 금단이 없더라도 불면증, 불쾌감, 자극과민성이나 불안과 같은 심리적 금단이 나타난다. 알코올과 같은 일부 물질의 경우 금단으로 경련 발작이 일어나거나 사망에 이를 수도 있다.[13]

신경과학자들에 따르면, 중독은 뇌의 보상회로에 발생하는 장애이다. 종의 생존은 쾌락을 극대화하고(ex. 배고플 때 음식 찾기), 고통을 최소화하는 데(ex. 유해 자극 피하기) 달려 있다. 쾌락을 추구하고 고통을 피하는 것은 적응적이고 건강한 행동이다. 중독성 약물 복용으로 경험하게 되는 강렬한 쾌락과[14] 그 즐거운 경험의 기억[15] 및 그것을 재경험하고픈 욕구가 약물의 재사용을 유도한다. 시험에 합격한 후 짐이 경험한 마법 같은 캠핑카 여행은 이를 잘 보여주는 대표적 사례다. 실제로,

추후 물질사용장애를 겪게 되는 많은 이들이 약물이나 알코올을 처음 접했을 때 생생히 느낀 긍정적 감각을 떠올린다.

뇌의 보상회로가 처음처럼만 반응해준다면 얼마나 좋을까. 하지만 중독성 물질을 오래도록 과다하게 사용하면, 불행히도 뇌는 생화학적인 변화를 겪게 된다. 그로 인해 원하는 효과를 얻기 어려워지고, 같은 반응을 얻기 위해 더 많은 양이 필요해진다. 이를 '내성'이라고 한다.[16,17] 중독에 취약한 사람은 더 많은 물질을 얻고, 내성을 극복하고, 처음의 효과를 다시 느끼기 위해 자신의 모든 자원을 쏟아붓는다. 심지어 음식이나 배우자 찾기, 자녀 양육 같은 자연적인 보상마저도 포기한다. 시간이 지날수록 해당 물질 자체가 자신의 생존에 반드시 필요한 것이라고 착각하게 된다.[14] (중독의 신경적응 neuroadaptation에 대한 자세한 내용은 5장을 보라.)

사회적 맥락과 문화 역시 약물 및 알코올 사용장애 진단에 중요한 역할을 한다.[18] 교차 문화 연구 cross-cultural studies는 짐과 그의 골프 친구들만큼 혹은 그 이상으로 술을 마셔도 그 행동을 병적으로 여기지 않는 '술에 관대한 문화 wet cultures'가 세계 곳곳에 널리 퍼져 있음을 지적한다.[19] 일부 민족지학자들은 산업화 이전의 소규모 사회에서는 중독성 있는 알코올 소비가 이렇게까지 만연하지 않았다고 주장한다.[20]

중독을 촉발하는 위험 요인

중독에 관한 한 늘 이런 질문이 따라붙는다. 왜 어떤 사람들은 약물과 알코올에 노출되어도 별다른 문제 없이 절제하며 사용하는 반면, 또 다른 이들은 중독에 빠져 비극적이고 때로는 생명에 위협이 가해지는 결과를 겪게 되는가? 중독의 원인이 아직 분명하게 밝혀지지는 않았지만 수십 년간 축적된 증거들은 몇 가지 위험 요인을 가리키고 있다. 이 위험 요인들은 유전, 양육, 주변 환경 세 가지로 범주화될 수 있다.

① **유전**nature: 중독에 대한 취약성이 한 세대에서 다음 세대로 유전 암호를 통해 전달된다는 강력한 근거가 있다. 데이터에 따르면 중독된 부모나 조부모 같은 생물학적 친척이 있는 경우 중독을 경험할 위험이 높아지며, 이러한 유전 요인은 전체 위험도의 50~70%를 차지한다.[21] 이는 현재 알려진 우울증 등 다른 정신질환에서 나타나는 유전 기여도(30%)에 비해 높은 비율이다.[22] 약물을 사용하는 가정에서 태어났으나 다른 환경에서 자란 입양아 연구에서도 드러났듯이, 중독의 유전적 위험은 양육 환경과 무관한 것으로 밝혀졌다.

중독 취약성이 유전 암호로 전달되는 구체적인 기전은 알려져 있지 않으며, 다양한 형질을 암호화하는 여러 유전자가 관여하는 복잡한 유전 작용이 관여할 가능성이 높다. 감정 조절 이상(보통 때보다 강하고 오래 지속되는 감정 경험)과 충동성(결과를 충분히 고려하지 않고 즉흥적으로 행동하는 경향)이라는 두 가지 특성의 경우 유전적 요인이 상당한 영향을 미치는 것으로 보이며,[23] 추후에 중독이 발생할 위험과 깊은 관련이 있었다.[23-26] 윌리엄 이아코노William Iacono와 그의 공동연구자들은 중독을 보상 신경 시스템과 충동적 행동이 아닌 성찰적 행동을 가능케 하는 신경 시스템 사이의 상호작용으로 설명했다.[23]

　　뇌를 가속 페달과 브레이크가 달린 자동차로 생각하면 중독의 기전을 쉽게 이해할 수 있다. 뇌에서 감정을 처리하는 변연계는 가속 페달과 같아서 개인으로 하여금 행동하고 움직이도록 이끈다. 미래를 계획하는 부분인 뇌의 전두엽은 자동차의 브레이크에 해당하며, 언제 속도를 줄이거나 멈추고 스스로를 재평가해야 할지 알려준다. 중독은 뇌가 가속 페달이나 브레이크를 제대로 제어하지 못하는 근본적인 문제에서 비롯되는 것으로 보이며, 주로 과도한 가속 혹은 브레이크상의 결함과 같은 이유로 발생한다.

　　② **양육 환경**nurture: 중독성 물질을 사용하는 모습을 보고 자라거나, 심지어 그것이 권장되는 가정에서 자란 아이들은 물질사용장애를 겪게 될 위험이 크다.[27] 짐의 가정이 바로 그런 경우였다. 또한 일탈적인 또래들과 어울리는 청소년들은 중독성 물질을 사용할 가능성이 더 높다.[28] 어린 시절의 트라우마 역시 중독 위험을 높인다. 부모와 자녀 사이의 심한 갈등, 부모의 무관심과 부족한 관리[29,30] 역시 발달 과정에서의 위험 요인에 해당한다.[31,32] 반면, 짐의 부모는 아들을 지지해주었고 애정이 넘쳤으며, 그의 삶에도 적극적으로 관여했다. 아이

러니하게도, 술을 많이 마시던 아버지와의 친밀성이 오히려 짐으로 하여금 술과 복잡한 관계를 맺도록 하고 추후 중독으로 고생하게 만들었을지도 모른다.

③ **주변 환경**neighborhood: 중독성 물질에 대한 단순 접근성만으로도 물질 사용 위험, 더 나아가 물질사용장애로 발전할 위험이 크게 증가한다. 만약 누군가가 골목길에서 약물이 거래되는 동네에 산다면, 그는 약물을 시험 삼아 사용해볼 가능성이 높고 결국 중독에 빠질 위험도 커진다. 베트남전쟁 당시의 미군 병사들이 그 고전적인 사례에 해당한다. 많은 병사들이 베트남에서는 정기적으로 헤로인을 사용했지만, 미국으로 돌아온 후에는 사용을 중단하거나 사용량을 크게 줄였다.[33]

위험 요인으로서 '주변 환경'은 오늘날 중독성 처방약물의 대유행과 특히 밀접한 관련이 있다. 1990~2000년대에 걸쳐 의사의 처방을 통해 중독성 약물의 접근성이 급격히 증가하면서, 이러한 약물을 처방받는 환자들의 중독 위험 역시 급증했다. 게다가 친구나 가족을 통해 해당 약물에 접근할 수 있는 더 많은 이들에게까지 그 위험이 확산되었다.

2014년 7월에 발행된 《이환율+ 및 사망률 주간 보고서 Morbidity and Mortality Weekly Report》에 따르면, 미국 의사들은 2012년 인구 100명당 82.5건의 오피오이드 진통제 처방과 37.5건의 벤

+ 〔옮긴이〕 특정 기간 동안 일정 인구집단에서 질병이 새로 발생한 비율 혹은 이미 질병을 가진 사람의 비율을 말한다. 즉 한 사회나 집단의 '질병에 걸려 있는 정도'를 나타내는 지표이다.

조디아제핀 처방을 내렸다.[34] 물질남용 및 정신보건 서비스국 Substance Abuse and Mental Services Health Administration, SAMSHA에서 수집한 자료는 대부분의 사람들이 의사 처방전을 통해 직간접적으로 오남용 처방약물을 얻었으며, 중독성 처방약물을 오남용하거나 중독된 사람 중에서는 단 4%만이 마약상이나 낯선 이에게서 중독성 처방약물을 구했다고 보고했다.[35] 2012년 《통증학회지 The Journal of Pain》에 게재된 한 연구에 따르면, 미국 내 특정 지역에서 오피오이드 처방률을 가장 잘 예측할 수 있는 요인은 부상, 수술 또는 통증 치료가 필요한 질환의 유병률이 아니라 진료 가능한 의사의 수로 밝혀졌다.[36]

회복의 길 모색하기

특정 물질에 이미 중독되었다면, 그 후 어떻게 사용을 중단할 수 있을까? 동물 실험을 통해 중독을 연구하는 신경과학자 로이 와이즈 Roy Wise는 중독된 동물이 약물 사용을 중단하는 방법은 단 세 가지뿐이라고 말한다. 약물을 더는 구할 수 없거나, 약물을 투여하기에는 육체적으로 심하게 지쳤거나, 죽는 경우가 그것이다.[17] 하지만 인간은 분명 동물과 다르며, 물질 사용을 시작하고 중단하는 데 심리적, 사회적, 영적 요인이 복합적으로 작용한다. 짐은 실제로 지쳐가고 있었지만 죽음에 가까워진 것은 아니었고, 술을 여전히 자유롭게 구할 수 있었다. 짐은 익명의 알코올중독자들 모임에 가입한 것이 자신을 변화시켰다고 믿는다.

30년간 축적된 과학적 증거들 역시 익명의 알코올중독자들 모임이 효과가 있음을 보여준다.[37] 그 모임이 모든 사람에게 항상 효과가 있는 것은 아니지만, 모임에 참여하는 사람들은 인지행동 치료cognitive behavioral therapy, CBT[+] 및 동기강화 치료motivational enhancement therapy, MET[++]와 같은 전문 치료를 받는 사람들만큼 혹은 그 이상의 효과를 얻는다. 게다가 무료로 참가할 수 있어서 비용 면에서도 훨씬 유리하다.[38] 특히 사회 관계망을 변화시킨다는 것은 모임이 발휘하는 효과 중 하나다. 익명의 알코올중독자들 모임은 술을 마시지 않고 서로를 북돋워주는 동료와의 사회적 접촉을 촉진함으로써, 즉 음주를 부추기는 요인을 줄이고 금주를 실천하는 역할 모델을 제공함으로써 행동에 변화를 일으킨다.[39] 사교적인 성격인 짐에게는 이것이 일리가 있었다. 짐이 술을 마시지 않기로 했을 때, 그는 단순히 술만 포기한 것이 아니었다. 그것은 남자들끼리 어울리는 방식에 대해 자신이 오랫동안 가지고 있던 근본적인 인식을 포기하는 일이기도 했다. 모임은 이 문제에 대한 해결책을 제시해주었

[+] 〔옮긴이〕 부정적이거나 비현실적인 사고 패턴을 수정하고, 감정과 행동을 조절하는 기술을 배우도록 돕는 심리치료 기법으로, 우울증, 불안장애, 중독 등 다양한 정신건강 문제를 치료하는 데 널리 활용된다.
[++] 〔옮긴이〕 환자가 스스로 변화의 필요성을 자각하도록 돕고, 치료와 회복 과정에 대한 내적 동기를 강화하는 단기 상담 기법. 주로 알코올·약물 사용 문제를 겪는 환자에게 적용된다.

다. 그에게 술이 없는 대안적인 사회적 관계망이 되어준 것이다. 짐이 처음 소개받은 모임의 구성원이 모두 남성이었다는 점도 사소한 부분은 아니었을 것이다.

그러나 이 모임과 같은 중독 자조 모임이 모든 사람에게 효과적인 것은 아니며, 그것만이 유일한 해결책도 아니다. 어떤 환자들에게는 개별 정신 치료가 더욱 도움이 되고, 또 다른 환자들에게는 약물 치료가 더 효과적이다. 대부분은 이런 치료 방법들을 조합해 사용하게 된다. 그리고 어떤 환자들은 전문적인 치료나 자조 모임의 도움 없이 스스로 회복하기도 한다.[40] 점점 더 명확해지고 있는 것은 중독이 대부분의 경우 평생 지속되는 싸움이며, 지속적인 치료나 관리가 필요하다는 사실이다.

2장

처방약물이라는 함정

중독으로 가는 새로운 관문

2

짐은 60세가 되던 2012년에 허리 부위 감염증을 앓게 되었다. 그는 베이 에어리어의 한 병원 응급실에 입원했고, 감염증을 치료하기 위해 항생제 정맥주사를 맞았다. 통증을 완화하기 위해 오피오이드 계열의 마약성 진통제인 모르핀 정맥주사도 맞았다.

주사를 맞자마자 통증이 사라졌고, 단지 그뿐만이 아니었다. 음주 초기에 느낀 익숙한 행복감, 활력이 넘치면서도 평온하고 맑은 정신, 걱정이나 의심이 없는 상태가 다시 찾아왔다. 그는 곧 그 힘에 굴복했다.

짐이 단 한 번의 투약으로 빠르게 모르핀에 중독된 사실에서 우리는 재활성화reinstatement와 교차중독cross-addiction 현상을 읽을 수 있다. 신경과학자들은 중독성 물질을 지속적으로 과도하게 사용해서 생긴 뇌의 변화가 수년간 물질 사용을 중단하더라도 회복될 수 없는 손상을 일으킨다고 추측한다. 이러한 비가역적 변화가 나타나는 것은 뇌가 중독 물질에 한 번이라도 노출되면 언제든 중독의 생리적 기전이 재발하기 쉬워서다.[41] 신경생물학자들이 '재활성화'라고 칭하는 이 기전이 중독자에게는 곧 '재발relapse'인 것이다.

재발은 이전에 중독된 적 있는 물질에 의해서만 나타나는 것이 아니다. 중독성 있는 약물은 모두 동일한 뇌 보상회로에 작용하기 때문에 어떤 중독성 물질이건 재발을 일으킬 수 있다.[42] 이를테면, 마리화나의 중독성 성분인 테트라하이드로칸나비놀tetrahydrocannabinol, THC에 반복적으로 노출된 후 일정 기간 THC를 투여받지 않은 동물은 이전에 THC에 노출된 적 없는 동물보다 더 빨리 모르핀에 중독된다.[43] 이러한 현상을 교차감작cross-sensitization 또는 교차중독이라고 한다. 짐이 한 번의 모르핀 주사로 경험한 강렬한 쾌감과 갈망은 적어도 부분적으로는 재발과 교차중독의 결과일 가능성이 높다.

중독 병력이 있으면 의사가 처방한 오피오이드에 중독될 위험이 커진다.[44] 하지만 중독 병력이 없는 일반적인 진료 상황에서도 오피오이드 진통제에 중독될 수 있다.[45] 게다가 짐처럼 며칠에서 몇 주에 이르는 단기간에 빠르게 중독되는 경우도 있다. 이는 1980년대, 1990년대 그리고 2000년대 초반까지 통증의학계가 오피오이드 사용을 독려하며 주장한 것과는 상반되는 결과다. 통증의학계는 통증 환자가 오피오이드 처방으로 중독될 위험은 1% 미만이라는[46] 잘못된 근거를 토대로 의사들을 안심시켰다(4장 참조). 최근의 한 연구에 따르면, 허리 통증으로 오피오이드를 장기간 처방받은 환자의 56%는 중독으로 인해 약물을 지속적으로 사용하게 되며, 여기에는 중독 병력이 없는 환자 역시 포함된다.[47]

중독에 대한 관문 가설gateway hypothesis은 합법 약물인 담배 및 알코올의 사용이 코카인과 헤로인 같은 '더 강한' 약물 사용으로 이어진다는 것을 설명하고 있다. 이러한 현상이 단순히 기회비용과 접근의 용이성 때문인지,[48] 아니면 약물 자체의 화학 구조에 기반한 근본적인 생물학적 원리 때문인지는[49] 여전히 논쟁 중인 사안이다.

오늘날에는 의사의 처방을 통해 '더 강한' 약물을 쉽게 접할 수 있게 되면서 관문 가설이 뒤집혔다. 중독성 처방약물은 중독성 물질에 노출되는 최초의 계기이자 미래의 중독적 사용으로 이어지는 첫 단계가 되고 있는데, 이러한 현상은 점점 더 많은 이들, 특히 젊은층을 중심으로 확산되고 있다. 내가 만난 환자인 저스틴의 사례는 의사가 처방한 강력하고 중독성 있는 약물이 어떻게 중독의 관문이 되는지 보여준다.

관문 약물 바이코딘: '좋은 기분'의 덫

저스틴에게는 중독과 관련된 유전적 위험 혹은 양육 환경과 관련된 전형적 위험 요인이 없었다. 그는 고학력의 상류 중산층 유대인 부모 밑에서 외동아들로 자랐다. 짐의 부모와 달리 저스틴의 부모는 흡연, 음주, 마약을 하지 않았고 중독의 가족력도 없었기에 그가 중독에 빠질 위험은 평균 정도의 수준으로 보였다. (널리 퍼져 있는 흔한 오해 중 하나는 유대인이 다른 민족에 비해 물질사용장애를 겪게 될 위험이 낮다는 것이다. 그러나 랍비 샤이즈 타우브Shais Taub가 훌륭한 저서 《우리가 이해하는 신: 유대인 영성과 중독으로부터의 회복God of Our Understanding: Jewish Spirituality and Recovery from Addiction》의 서문에서 언급했듯이 이러한 고정관념을 뒷받침해주는 데이터는 없다.)[50]

저스틴에게는 어린 시절의 트라우마도 없었다. 그의 부모는 사랑이 넘치고 자상했으며, 그의 행복에 헌신적이었다. 저스틴은 신체적으로도 건강했다. 통통하게 살이 찐 편이어서 가끔씩 체중 때문에 놀림을 받기도 했지만 따돌림을 당한 적은 없었다. 충동적이지도 않았고, 감정 기복이 심하지도 않았다. 오히려 감정 표현이 절제되어 있었다. 게다가 똑똑했고 학업도 수월했다. 그는 특히 과학을 좋아했다. 초등학교 4학년 때 소의 눈을 해부하고 옥수수 전분과 물을 섞어 (압력이 가해지면 액체처럼 흘러내리지만, 압력이 제거되면 단단한 고체로 변하는) '우블렉oobleck'이라는 독특한 물질을 만들었던 것을 생생히 기억하고 있다. 컴퓨터와 관련된 것은 무엇이든 관심이 많았으며, 특히 컴퓨터 조립과 비디오 게임에 관심이 많았다. 저스틴은 샌프란시스코 인근의 백인 중산층 주택가에 있는 부모님 소유의 단독주택에서 자랐다.

훗날 저스틴을 중독으로 이끈 위험 요인은 '환경'과 깊이 관련되어 있다. 여기서 환경이란 단순히 지리적 위치가 아니라 사회적 맥락, 문화, 기술이라는 더 넓은 의미의 환경을 가리킨다. 저스틴은 오늘날의 여느 10대들처럼 의사의 처방을 통해 오피오이드와 같은 규제약물에 일찍 노출되었고 그로 인해 약물에 '맛'을 들이게 되었다. 이후 학교 친구들을 통해서 그리고 온라인에서 사실상 무제한으로 약물에 접근할 수 있었다.

고등학교 2학년 때 저스틴은 사랑니를 뽑기 위해 치과에 방문했다. 치과의 진료용 의자에 눕자 치과의사가 마취제를 투여했고, 점차 의식이 사라지면서 흰 불빛이 서서히 어두워졌다. 깨어났을 때는 자신이 어디에 있는지를 깨닫는 데 잠시 시간이 걸렸다. 고음의 드릴 소리가 들리고 법랑질이 타면서 코를 찌르는 냄새가 났다. 그러자 자신이 사랑니를 뽑으러 왔다는 사실이 떠올랐다. 여러 사람의 손이 그의 입을 이리저리 벌리고 금속 드릴이 잇몸 주변에서 돌아가고 있었지만, 이전에 한 번도 느껴본 적 없는 엄청난 쾌감을 느꼈다. 그는 곧 다시 의식을 잃었다.

시술이 끝나고 마취약의 효과가 거의 다 사라진 뒤 대기실에 있는 동안 저스틴은 메스꺼움과 함께 입안의 욱신거림을 느꼈다. 마취제의 약효가 아직 조금 남아 있는 흐릿한 상태에서, 그는 치과의사가 바이코딘 진통제 처방전을 작성하는 것을 봤다. 치과의사는 통증이 있을 때마다 4~8시간 간격으로 한 알씩 복용해야 한다고 설명했다.

집에 도착하자마자 저스틴은 바이코딘 한 알을 복용하고 나머지는 침대 옆 탁자 위에 두었다. 입안의 통증이 금세 가라앉았고, 좋은 느낌의 잔향, 평소에 느끼는 것보다 훨씬 더 큰 쾌감이 온몸에 퍼지는 것을 느꼈다. 이내 침대에 누워 다시 깊은 잠에 빠져들었다.

그 후 며칠 동안 저스틴은 4시간마다 한 알씩 바이코딘을 복용했다. 겉보기에 그의 삶은 정상적이었다. 2000년대 중반의 캘리포니아의 공립고등학교를 다니며 평범한 일상을 보내는 여느 학생과 다를 바 없었지만, 정신적으로는 바이코딘의 영향력 아래에 있었다. 활력이 넘치고 걱정이 없었으며 완전한 편안함을 느꼈다. 저스틴은 DARE 프로젝트*의 일환으로 약물과 술의 위험성을 학생들에게 전하기 위해 3학년 교실을 찾은 남자 강사를 떠올렸다. 그 강사는 사람들이 기분을 바꾸기 위해, 다시 말해 '좋은 기분을 느끼기 위해' 약물을 복용한다고 말했다. 그때는 그 말이 경고처럼 들렸지만, 시간이 흘러 다시 생각해보니 완전히 기발한 생각처럼 느껴졌다.

---

* 〔지은이〕 약물 사용 교육의 의도치 않은 결과가 두드러지는 대목이다. 약물남용방지 교육Drug Abuse Resistance Education, DARE은 1990년대 말~2000년대 초 미국 전역에서 채택된 학교 기반의 예방 프로그램으로, 경찰관이 교실에서 학생들에게 약물 사용의 위험성에 대한 정보를 제공하는 방식으로 진행되었다. 하지만 DARE는 약물 사용을 효과적으로 예방하거나 지연시키지 못했으며, 저스틴의 경험에서 알 수 있듯, 오히려 약물 사용을 조장하는 일부 사례도 있었다. DARE는 약물 사용을 줄이기 위한 계몽적 성격의 대중 교육 캠페인을 시행하는 데 여러 어려움이 따를 수 있음을 보여준다.

저스틴은 반복 복용으로 서서히 사라져가는 좋은 기분을 유지하기 위해 바이코딘의 용량을 2배로 늘리기 시작했다. 약이 바닥나자 그는 어머니에게 여전히 통증이 있다며 다시 치과에 가서 추가 처방을 받게 해달라고 부탁했다. 사실 저스틴이 느끼는 통증은 충분히 견딜 수 있는 가벼운 수준이었다. 그가 진짜 원했던 것은 바이코딘이 주는 행복감을 더 오래 누리는 방법이었다. 어머니는 저스틴을 치과에 다시 데려갔고, 치과의사는 전혀 거리낌 없이 저스틴에게 한 달 치 약을 다시 처방해주었다. 저스틴은 반복조제가 이렇게 쉬운 일이고, 아무도 자신의 동기를 의심하지 않는다는 사실에 놀랐다.

미국사회를 휩쓴 과잉 처방 대유행

중독성 처방약물의 대유행은 무엇보다 과잉 처방의 대유행이라고 할 수 있다. '특효약과 명약potions and elixirs'을 처방하는 것은 언제나 의사의 업무 중 하나였지만, 오늘날 의사들은 치명적이지 않은 흔한 의학적 상태를 치료하기 위해 전례 없는 수준으로 중독성 처방약물, 특히 규제약물에 의존하곤 한다.

2012년 기준, 지난 12개월 동안 처음으로 중독성 처방약물을 오남용한 12세 이상의 미국인은 약 49만 3000명으로[35] 하루 평균 1350명에 달했다. 2011년에는 중독성 처방약물이 전체 물질중독의 4분의 1을 차지했다. 그중 17%가 오피오이드에서, 5%가 최면진정제에서, 4%가 각성제에서 비롯되었다.[35] 중독성 처방약물은 현재 미국에서 가장 많이 오남용되는 물질 중 하나로 알코올, 담배, 마리화나에 이어 4위를 차지하고 있으며, 10대 청소년들 사이에서는 무려 두 번째로 많이 오남용되고 있다.

청소년기는 중독성 처방약물에 대한 접근성이 증가하는 생애주기로, 그런 약물에 특히 더 취약하다. 게다가 뇌가 빠르게 성장해 가소성이 높아지는 시기인 만큼 만성적인 약물 노출로 인한 비가역적 뇌 변화에 신경학적으로 더 취약하다.[51,52] 청소년은 약물을 시험 삼아 사용해보라는 또래의 사회적 압력에도 더 쉽게 영향을 받는다. 가장 중요한 문제는 헤로인이나 메트암페타민의 등가약물 equivalents[*]을 알약 형태로 쉽게 구할 수 있게 되면서 경성 마약 hard drugs[**]과 연성 마약 soft drugs[***]의 경계가 흐릿해졌다는 점이다.

두 번째 반복조제의 기한이 다 되었을 때, 저스틴은 약을 더 요구하기 망설여졌다. 한 달 이상 매일 오피오이드를 복용했음에도 중단으로 인한 급성의 신체 금단은 겪지 않았다. 하

---

[*] 〔옮긴이〕동일하거나 유사한 치료 효과를 내서 서로 대체할 수 있는 약물을 말한다. 예를 들어, 약물의 화학적 성분은 다르더라도 약리 작용이나 효능이 같아 치료에 동일하게 사용될 수 있는 약물들을 포함한다.

[**] 〔옮긴이〕헤로인, 코카인, 필로폰 등 의존성과 중독성이 매우 강한 마약 혹은 마약류를 말한다. 일반적으로는 비강 내 흡입, 정맥주사 등 투여 방법이 침습적일수록 중독성이 강하다.

[***] 〔옮긴이〕대마초나 향정신성의약품 등 의존성과 중독성이 다소 약한 마약 혹은 마약류를 말한다. 보통 흡연이나 경구 복용 같은 비교적 비침습적인 방법으로 투여된다.

지만 그 딱 한 번의 오피오이드 사용으로 그에게 새로운 일이 벌어졌다. 저스틴은 다양한 중독성 처방약물을 시험해보기 시작했다. 이는 중독성 처방약물이 불법 약물보다 안전하다고 여기는 또래 친구들 사이에서 늘 있는 일이었다. 그는 학교 친구들에게서 대부분은 공짜로, 때로는 돈을 지불하고 약을 구했다. 친구들은 의사, 친척, 마약상 등 다양한 경로로 약을 구했다. 무엇보다 저스틴은 처방받은 오피오이드 진통제를 가장 좋아했다.

거의 대부분 학교에 있는 동안에만 약물을 복용했기 때문에 집에 돌아갈 즈음에는 약효가 전부 사라졌고, 따라서 부모는 이를 알아채지 못했다. 놀랍게도 교사들조차 눈치채지 못했다. 그러던 어느 날, 저스틴은 수업 도중 강력한 근육이완제인 소마를 복용했다. 그러자 약물의 효과가 느껴지면서 근육을 쭉 펴고 싶은 통제할 수 없는 욕구가 생겼다. 교실 맨 뒤에 앉아 있던 그는 상체를 책상 쪽으로 기울인 채 오른쪽으로, 왼쪽으로, 뒤쪽으로 몸을 뻗으며 빙빙 원을 그리기 시작했다. 그러다가 의자에서 미끄러져 넘어질 뻔했다. 그의 기억으로는 아무도 눈치채지 못했거나, 적어도 그의 그런 행동을 지적하는 사람은 없었다. 어찌 되었든 그런 행동이 눈에 띄지 않을 수 있다는 사실 그 자체가 당황스러운 일이다.

저스틴은 2006년에 고등학교를 졸업할 예정이었지만, 3학년 영어 수업에서 받은 낙제를 만회하지 못했다. 대신 그는 그 후 몇 년 동안 친구들과 어울리며 주로 대마초, 술, 서로 쉽게 주고받을 수 있는 중독성 처방약물을 사용하며 시간을 보냈다. 커뮤니티 칼리지*에서 몇몇 과목을 수강하기도 했지만, 별다른 열의는 보이지 않았다. 그러다가 2009년에 마침내 고등학교 학력 인정 시험에 합격했다.

저스틴의 부모는 고교 졸업 후 수년간 이어진 저스틴의 방탕한 생활을 어떻게 받아들여야 할지 몰랐다. 그의 아버지도 젊은 시절 주말에 대마초를 피우곤 했기 때문에, 저스틴은 부모님이 자신이 대마초를 피우는 것을 알고도 묵인했다고 생각한다. 하지만 저스틴의 부모는 그가 얼마나 자주 대마초를 사용하는지는 물론이고 심지어 다른 약물까지 사용한다는 사실을 전혀 알아채지 못했다. 저스틴이 피운 대마초가 1970년대에 그의 아버지가 접한 그 어떤 대마초보다 훨씬 강력하다는 사실도.

자녀의 약물 사용을 눈치채지 못하는 부모를 비난하기는 쉽다. 하지만 지난 수년간 자녀를 끔찍이 아끼는 부모들을 많이 만나온 입장에서, 섣불리 판단해서는 안 된다고 생각한다. 약물을 사용하는 아이들은 그 사실을 감추기 위해 온갖 방법을 동원하기 때문에 자녀를 주의 깊게 살피는 부모조차 그 징후를 놓칠 수 있다.

---

* 〔옮긴이〕 미국의 2~3년제 공립대학으로 학위 및 수료에 중점을 둔 평생교육을 제공한다.

온라인 불법 약국: 현대판 마약 밀매상

고등학교 졸업 후 약물을 구해주던 친구들과의 연락이 뜸해졌고, 대마초와 중독성 처방약물을 쉽게 구할 수 없게 되었다. 원래 위험한 것은 피하는 성격인지라 마약상을 찾거나, 꾀병으로 진료를 받고 약을 처방받거나(의료쇼핑), 노골적인 불법 행위를 하면서 약물을 얻는 일은 하지 않으려고 했다. 대신 그는 편리하고 저렴하며, 안전하고 편안한 데다 집을 떠날 필요가 없는 새 공급처를 발견했다. 바로 인터넷이었다.

당시 저스틴의 부모는 둘 다 직장에 출근한 상태였다. 저스틴은 커뮤니티 칼리지에 등록할 강좌를 찾거나 일자리를 구하기 위해 웹을 둘러볼 참이었지만, 자신이 여전히 가장 선호하는 약물인 '바이코딘'을 구글 검색창에 입력했다. 그러자 검색 결과로 여러 온라인 제약회사 링크가 떴다. 그는 톱텐메즈온라인Top Ten Meds Online이라는 사이트를 클릭했는데, 겉보기에는 합법적인 제약회사처럼 보였다. 해당 사이트가 함정 수사나 사기가 아닌지 알아보기 위해 확인 차 세이프오어스캠SafeorScam에 검색해본 결과 문제가 없다고 나왔고, 저스틴은 다시 '바이코딘'을 검색했다. 그러나 재고가 없었다. 이번에는 '오피오이드'를 검색했고, 기침약으로 판매되는 코데인을 찾아서 장바구니에 담았다. '진정제/최면제'를 입력해 바리움(성분명 '디아제팜')과 자낙스(성분명 '알프라졸람')도 추가했다. 결제 직전 해리성 마취제 케타민을 추가하고 신용카드 정보를 입력한 후 구매 버튼을 눌렀다. 주문한 '약물'을 수령하는 데 그 어떤 처방전도 필요하지 않았고, 일주일 만에 페덱스를 통해 배송받을 수 있었다.

사법 당국은 처방전 없이 규제약물을 판매하는 온라인 불법 약국의 존재를 1990년대 중반에 처음으로 확인했다. 이 시기는 특히 청소년들 사이에서 마약성 진통제의 오남용 및 과다 복용 사례가 급증하고 있다는 보고가 나온 무렵과 맞물린다. 이러한 웹사이트들은 '규제약물법'을 정면으로 거스르며 불법 사업을 벌인다.

처방전 없이 불법으로 규제약물을 판매하는 웹사이트들이 규제약물법을 위반하며 사업을 벌이고 있지만, 사법 당국이 이를 감시하거나 기소하기란 쉽지 않다. 로버트 포먼Robert Forman 등의 논문 〈남용 약물 공급처로서의 인터넷〉이 설명하듯, 서버는 우즈베키스탄에, 사업체 주소는 멕시코시티에 등록되어 있으며, 구매 대금은 케이맨제도의 은행에 예치되어 있고, 약물은 인도에서 배송되며, 웹사이트의 소유자는 플로리다에 거주하는 식이다. 특정 웹사이트의 소유자를 단속하고 기소하기 위해서는 여러 국가의 사법 당국과 협력해야 한다. 사이트의 전체적인 운영이 하루 만에 해체되고 흔적도 없이 사라졌다가 다른 곳에 다시 설립될 수도 있다.[53] 게다가 이들 사이트가 사용하는 마케팅 기법은 사이트를 찾는 일 자체를 어렵게 만든다. 이러한 불법 약물 판매 웹사이트 중 일부는 다른 공간으로 위장한다. 한 가지 예로 '온 가족을 위한 기독교 사이트'

라는 이름의 사이트는 '성경 공부 모임'과 '부활절 약물 세일-처방전 없이 코데인을 구매하세요'라는 링크로 연결된다.[53]

샬롯 월시Charlotte Walsh가 언급했듯, 오늘날 이루어지는 약물 거래의 국제적 특성은 과거의 아편전쟁에 새로운 양상을 더하고 있다. 불법 사이트 약사들이 현대판 마약 밀매상이 되어 버린 것이다.[54] 컬럼비아대학교에서 발간한 보고서는 이런 주장을 뒷받침한다. 이 보고서의 자료에 따르면, 2006년 전통적인 오프라인 약국에서 발행한 처방전의 11%에 규제약물이 올라 있었을 뿐 아니라, 온라인 불법 약국을 통해 유통된 약물 중에서도 규제약물이 95%에 달했다.[55]

인터넷은 단순히 규제약물을 파는 수동적인 창구가 아니다. 예를 들어 저스틴이 인터넷에서 한 번 약물을 구매하면 해당 사이트는 저스틴에게 새 제품이나 특별 할인을 알리는 이메일을 보낼 수 있다. 이렇게 되면 중독된 이들로서는 약물 사용을 끊기가 더욱 어려워진다. 이메일 주소를 변경하거나 필터링 프로그램을 사용하지 않는 한, 저스틴은 인터넷 마약상의 표적이 될 수밖에 없다.

저스틴은 처음에는 온라인 불법 약국을 통해서만 중독성 처방약물을 찾았다. 그러나 점차 '연구용 화학물질'이라는 이름으로 판매되는 실험적인 새 약물들에도 관심을 두게 됐다. 그는 웹사이트 라이프유니버스앤드에브리싱Lifetheuniverseandeverything에서 갈라져 나온 또 다른 웹사이트 파이프매니아Pipemania를 살펴보면서 새로운 불법 약물을 알게 됐다. 파이프매니아는 약물 사용자들끼리 자신이 사용하는 약물과 그 약물을 사용했을 때 느낌이 어땠는지 소통하는 인터넷 커뮤니티다. 여기에서 사람들은 새로 합성된 약물과 약물 조합에 대한 최신 정보를 공유한다. '연구자researchers'는 사이트 이용자들이 스스로를 칭하는 은어이며, '연구 결과research findings'는 약물 사용 경험을 일컫는 은어이다.

신종 합성 약물의 예로는 MXE라고도 하는 메톡세타민Methoxetamine이 있다. 이 약물은 케타민 유사체로, '연구용 화학 제품'이라는 이름으로 판매되며, 주로 환각과 해리 효과를 위해 사용된다. 또 다른 신종 인기 혼합물로는 젊은층이 주로 소비하는 퍼플 드랭크Purple Drank 또는 린Lean[*]이 있다. 이는 탄산음료인 스프라이트, 캔디류인 졸리랜쳐Jolly Ranchers[**]와 오피오이드 성분의 코데인을 섞어 만든다. 처방용 코데인을 구할 수 없는 경우에는 덱스트로메토르판 성분의 기침 완화 시럽을 구한다.

온라인 불법 약국 이외의 불법 약물 거래는 주로 인터넷상에서 익명성이 보장되는 은밀한 영역인 '딥 웹deep web'에서 이루어진다. 이러한 음지의 마약 판매 웹사이트는 대부분 비트

---

[*] 〔옮긴이〕 보라색 음료 형태의 불법 약물로, 복용 시 똑바로 설 수 없다고 해서 붙은 명칭이다. 주로 미국 남부의 힙합 문화에서 인기를 끌었으며, 그 위험성에도 불구하고 미국에서 여전히 대거 남용되고 있다. 코데인은 중추신경계에 있는 오피오이드 수용체에 결합하여 통증 신호를 차단하고, 기침 반사를 억제하며, 진정 효과를 유발한다. 코데인의 단기 부작용으로는 어지러움, 졸음, 시야 흐림, 변비, 호흡 억제 등이 있다. 장기적으로는 의존성 및 중독, 호흡 억제, 신경계의 손상 등의 부작용이 있을 수 있다.

[**] 〔옮긴이〕 강렬한 과일 맛과 단단한 질감으로 유명한 캔디 브랜드로, 가장 상징적이고 널리 알려진 제품으로 하드 캔디가 있다.

코인을 유일한 결제수단으로 사용하며, 구매자들에게 익명으로 전 세계의 마약에 접근할 수 있게 해준다. 이들은 법을 지키려는 시늉조차 하지 않는다. 지금은 폐쇄된 실크로드Silk Road는 그런 웹사이트 중 하나다. 영화 〈프린세스 브라이드The Princess Bride〉에 등장하는 인물인 '공포의 해적 로버츠'라는 가명을 사용한 30세의 로스 W. 울브리히트Ross W. Ulbricht가 이곳의 운영자로 알려졌다. 그는 최근 마약 밀매, 컴퓨터 해킹, 자금 세탁 혐의로 유죄 판결을 받았다.

바이코딘을 거쳐 헤로인으로

2012년 저스틴은 여전히 매일 혼자 약물을 사용하고 있었다. 그러면서도 커뮤니티 칼리지에 다니면서 '오라클'이라는 회사의 배송 부서에 취직했다. 새로운 직장을 갖게 되면서 그는 갑자기 부모님에게서 받던 용돈보다 훨씬 많은 돈을 손에 쥐게 되었다. 그해 여름 어느 날 밤, 그는 친구 집에서 열린 작은 파티에서 자신의 형이 헤로인 딜러를 안다고 이야기하는 사람과 만났다. 저스틴은 이전까지 헤로인을 사용해본 적이 없었다. 불법적인 '길거리 약물'과 마약상을 항상 멀리해온 그였지만, 이번에는 호기심이 일었다. 어떤 형태로든 인터넷에서 갈수록 더 구하기 어려워지는 오피오이드를 사용해보고 싶은 마음이 간절했다. 그는 친구들을 통해 미래에 사업 파트

너이자 동거인이 될 션을 만났다. 션은 헤로인 딜러였다. 저스틴은 헤로인 1그램을 샀고, 스스로에게 이렇게 말했다. '별거 아니야. 그냥 한번 시험해보는 거야. 괜찮을 거야.'

영국 런던에 있는 세인트메리병원 의과대학의 화학자 C. R. 알더 라이트C. R. Alder Wright는 1874년 세계 최초로 헤로인 합성에 성공했다. 라이트는 모르핀에 2개의 아세틸기를 추가해 디아세틸모르핀을 만들었지만 금세 잊혔다. 23년 후 독일의 펠릭스 호프만Felix Hoffmann은 헤로인을 다시 독자적으로 합성했다. 제약회사 바이엘Bayer의 제약사업부에서 일하던 호프만은 모르핀보다 중독성이 덜한 대체제를 찾으라는 지시를 받았다. 바이엘은 1898년부터 1910년까지 아스피린과 함께 중독성이 없는 (줄 알았던) 모르핀 대체제이자 기침억제제, 모르핀 중독 치료제로서 디아세틸모르핀을 판매했다. 바이엘은 '영웅적인' 혹은 '강한'이라는 뜻을 가진 독일어 'heroisch'에 착안해 디아세틸모르핀에 '헤로인heroin'이라는 명칭을 붙였다. 헤로인은 확실히 강한 약물이었다. 1900년대 초 미국에서는 헤로인 중독이 크게 유행했고, 그 결과 1914년 헤로인 및 기타 오피오이드의 판매와 유통을 통제하는 '해리슨 마약세법Harrison Narcotics Tax Act'이 통과됐다. 오늘날 미국에서 헤로인은 중독성이 강해 어떤 의료 목적으로도 승인되지 않는 1급 규제약물로 분류된다.

저스틴은 헤로인을 아껴서 가끔씩만 사용할 생각이었다. 하지만 두 달 동안 멈추지 않고 매일 헤로인을 사용했고, 오라클에서 일하며 모은 1600달러를 모두 탕진했다. 결국 그는 직장을 잃고 학교도 그만두었다. 둘 중 어느 것도 감당할 수 없는 상태였다. 이후 급성 헤로인 금단 증상을 겪었다. 그때의 경험을 그는 '죽을 것만 같은, 세상에서 가장 끔찍한 느낌'으로 기억한다. 그리고 이렇게 덧붙였다. "누구에게도 겪게 하고 싶지 않은 기분이에요. 설령 제일 싫어하는 사람일지라도요."

지난 한 달간 헤로인을 사용한 12세 이상 미국인의 수는 2011년에서 2013년 사이 28만 1000명에서 33만 5000명으로 증가했다. 이는 2002년의 16만 6000명에 비해 크게 늘어난 수치다.[56] 미국 질병통제예방센터에 따르면 같은 기간 헤로인 과다 복용으로 인해 사망한 인구 역시 늘었는데, 2012년에서 2013년 사이에만 39% 증가했다. 신규 헤로인 사용자의 대다수는 자신이 처음 노출된 오피오이드 형태로 '처방 오피오이드'를 꼽았다.[57] 이는 세대 간 변화를 명백하게 보여준다. 1960년대에는 오피오이드 사용자 80%가 처음 접한 오피오이드로 헤로인을 꼽았지만, 2000년대에는 오피오이드 사용자 75%가 중독성 처방 진통제를 오피오이드에 처음 노출된 계기로 언급했다.[58] 헤로인 사용 증가는 주로 18~25세 연령층에서 집중적으로 나타나고 있다.

저스틴은 션을 찾아가서 가진 돈은 없지만 헤로인이 절실하다고 말했다. 션은 저스틴에게 한 가지 제안을 했다. 자신을 위해 일을 해주면 그 대가로 헤로인을 저렴하게 공급해주겠다는 것이었다. 그뿐만 아니라 션은 저스틴이 자기 대신 헤로인 판매를 맡아주기를 원했다. 그러나 저스틴은 내키지 않았다. 션은 그 대신 '자신의 실험실lab'*에서 일해보는 게 어떻겠냐고 다시 제안했고, 저스틴은 그 제안을 받아들였다.

그 후 9개월간 저스틴은 대부분의 시간을 션의 집에서 보내며 그의 '실험실'을 관리했다. 션은 오클랜드 동부의 낙후된 동네에 있는 허름한 집에 살았다. TV, 플라스틱 식탁과 의자, 낡은 매트리스 몇 개 외에는 가구라고 할 만한 것이 없었다. 저스틴은 헤로인에 취해 수업을 제대로 따라갈 수 없게 되었고, 결국 학교를 그만두었다. 그는 부모님에게 '친구 집에 머무르고 있다'고 말했고, 부모님을 안심시키기 위해 2~3일에 한 번 본가에 들렀다.

저스틴이 처음 헤로인을 경험한 2012년 여름부터 중단을 시도한 2013년 봄까지 9개월 동안 션과 저스틴은 오후 1시경에 일어나 함께 가벼운 아침 식사를 했다. 그들의 식사는 음식이 아닌 헤로인이었다. 둘 다 정맥주사보다는 코로 흡입하는 방식을 선호했다. 이들은 매끄럽고 깨끗한 곳에 헤로인을 늘어놓고 마치 빵 바구니를 주고받듯 만족스러울 때까지 헤로인을 서로에게 건넸다. 때로 그들은 '용을 쫓는chasing the dragon' 방식으로 헤로인을 흡입했다. 이는 호일 위에 헤로인을 올려놓고 밑에서 성냥이나 라이터로 열을 가해 기화된 가루를 흡입하는 방식을 가리킨다. '용을 쫓는다'는 표현은 호일 위로 피어오르는 연기가 마치 전설 속 용의 꼬리처럼 보인다는 데서 유

---

* 〔옮긴이〕 마약을 제조하는 공간을 일컫는 은어이다.

래했다. 신화 속 생명체인 용이 담고 있는 신비한 느낌처럼 중독자들이 추구하는 고도의 쾌감을 뜻하기도 한다.

저스틴은 헤로인을 사용할 때 배고픔을 전혀 느끼지 않았다고 회상한다. 사실 그는 아무것도 원하지 않았다. 먹고 싶지도, 책을 읽고 싶지도 않았다. 씻고 싶지도, 운동하고 싶지도 않았다. TV를 보거나 심지어 좋아하는 비디오 게임조차 하고 싶지 않았다. 그가 살던 공간에는 가구 한 점 없었고, 냉장고도 음식 한 조각 없이 텅 비어 있었다. 그는 가족도 직업도 미래에 대한 희망도 없는 '쓰레기장'과 같은 곳에서 살고 있었다. 불법 마약 거래에 따른 법적 처벌의 위협이 항상 도사리고 있었음에도 '완전하다'고 느꼈다.

그는 모르핀으로 헤로인을 제조하며 시간을 보냈다. 화학물질의 고약한 냄새 때문에 눈이 따가워지면 션과 함께 현관으로 나가 잠시 쉬었다. 그들은 한두 시간마다 헤로인을 코로 들이마셨다. "우리가 유통책이었기 때문에 금단 증상이 나타날 때까지 기다릴 필요도 없었어요. 이미 취한 상태에서 더 세게 취하기 위해 계속 약을 썼지요."

중독 치료: 회복을 향한 첫걸음

2013년의 어느 봄날, 저스틴은 션의 집에서 판매용 헤로인을 작은 풍선 주머니에 나눠 담고 있었다. 그러다 문득 자신이 헤로인을 매일 사용한 지 정확히 9개월이 되었다는 사실을 깨달았다. "머릿속으로 이런 생각이 들었어요. '와 거의 1년이구나. 이대로 올해를 보내면 5년, 10년, 어쩌면 평생이 될지도 몰라.'" 그 순간 마약을 끊어야겠다는 결심이 섰다. 그렇지만 누군가의 도움 없이는 그 결심을 실천할 수 없을 거라는 사실 역시 잘 알고 있었는데, 오피오이드를 끊을 때 겪게 될 신체적 금단 증상 때문이었다.

그는 다시 인터넷으로 눈을 돌렸다. 새로 들어온 헤로인 뭉치가 아직 오븐에서 제조되고 있는 동안 저스틴은 노트북으로 헤로인 중독 치료법을 검색했다. 그는 오클랜드에 있는 메타돈 유지 치료 클리닉인 바트Bay Area Addiction Research and Treatment, BAART(베이 지역의 중독 연구 및 치료 기관)의 웹사이트를 발견하고 즉시 예약했다. (오피오이드 중독에 대한 오피오이드 작용제 치료인 메타돈과 서브옥손에 대한 논의는 5장을 보라.) 치료를 시작할 때 환자가 실제로 금단 증상을 겪고 있어야 한다는 지침 탓에 예약 몇 시간 전부터 헤로인 사용을 중단해야 했다. 따라서 클리닉에 도착했을 때는 이미 심각한 금단 증상에 시달리고 있었다. 그는 그곳에서 처음으로 메타돈을 처방받았다.

저스틴은 부모님께도 사실을 털어놓기로 했다. 다시 본가에서 생활해야 했고, 매일 아침 오클랜드까지 가서 메타돈을 복용해야 했으며, 작성해야 할 서류들도 산더미처럼 쌓여 있었다. 더는 부모님께 숨길 도리가 없었다.

메타돈 치료를 시작한 그날, 저스틴은 부모님에게 늘 헤로인을 경험해보고 싶었고, 어떻게든 감당할 수 있을 거라고 생각했지만 결국 헤어나오지 못했다고 솔직히 이야기했다. 그는 그 누구도 탓하지 않고 오직 자신을 원망했다. 부모님이 자식을 망쳐놓았다는 죄책감을 느끼고 있다는 사실도 알고 있었다. 그는 부모님과의 그 대화를 떠올리며 거의 울음을 터뜨릴 뻔했다. "부모님은 저를 지지해주셨어요. 항상 제 편이 되어주셨지요."

저스틴은 메타돈 치료를 열심히 받았다. 다시 커뮤니티 칼리지에 등록하고, 마약을 사용하지 않는 새 친구들을 사귀며 공부 모임에도 들어갔다. 그러나 바트 프로그램에 참여한 지 6개월 만에 중독이 재발했고, 재발은 흔히 그렇듯 심각했다. 그는 헤로인과 함께 크랙crack[+]도 피우는 지경에 이르렀다. 결국 바트의 메타돈 치료 프로그램을 그만두게 되었지만, 금단 증상을 완화하기 위해 길거리에서 메타돈을 사서 복용했다. 몇 달 동안 주말에는 크랙과 헤로인을, 주중에는 메타돈을

[+] 〔옮긴이〕 크랙은 코카인과 동일하게 코카인 하이드로클로라이드를 기반으로 하는 화학물질이지만, 형태와 사용 방법에 차이가 있다. 코카 잎에서 추출한 자극제인 코카인은 하얀 가루 형태(코카인 하이드로클로라이드)로 존재하며, 보통 코로 흡입하거나 용해시켜 주사제로 투입한다. 코카인 하이드로클로라이드를 베이킹소다와 섞은 뒤 가열해 만든 크랙은 '록rock'이라고 하는 작고 단단한 덩어리 형태의 결정체로 존재하며, 흡연을 통해 몸에 흡수된다. 크랙이라는 명칭은 코카인 하이드로클로라이드를 가열할 때 나는 특유의 소리에서 유래했다. 크랙은 피우는 즉시 효과가 나타나지만 지속 시간이 짧고, 코카인은 효과가 나기까지 좀 더 시간이 걸리지만 더 오래 지속된다. 크랙이 코카인보다 더 저렴해 주로 도시 빈민층들이 소비한다. 미국에서는 크랙이 코카인보다 더 엄격하게 규제되는 경향이 있다.

사용하며 간신히 수업을 버텼다. 그러던 어느 날, 메타돈을 구하지 못해 금단 증상이 나타나기 시작했다. "그때 깨달았어요. '나는 마약상의 손에 휘둘리고 있구나.'" 그는 메타돈과 유사한 약물로 오피오이드 중독 치료에도 사용되는 서브옥손을 친구에게서 구해, 헤로인을 구할 수 없을 때 메타돈을 사용한 것과 같은 방법으로 금단 증상을 극복하기 위해 사용했다.

하지만 저스틴은 지쳐가고 있었다. 헤로인, 메타돈, 서브옥손을 찾아 헤매는 것도, 불안과 금단 증상에 시달리며 약을 구할 수 있을지 걱정하는 것도 지쳤다. 거짓말을 하고 이중생활을 이어가는 것도 버거웠다. 저스틴은 이렇게 말한다. "약에 취하지 않은 척하면서도, 사실은 모두에게 비밀을 숨기고 거짓말을 해야 했어요. 그 거짓말을 기억하고 이어가야 하는 두 번째 삶을 사는 건 정말 힘들어요."

이번에 저스틴은 온라인상에서 서브옥손을 처방해줄 사람을 찾다가 나를 알게 되었다. 그의 이야기를 들은 나는 오피오이드 중독이 심각하다는 점을 고려해 서브옥손 처방이 적절하다고 판단했다. 하지만 서브옥손 치료를 받으려면 정기적으로 병원을 방문하고 소변 독성 검사를 통해 다른 약물을 사용하고 있는지 여부를 확인받아야 했다. 나는 그에게 다른 약물이 검출될 경우 진행하던 서브옥손 치료가 중단될 수 있음을 설명했다. 또한 중독 치료를 위해 다른 심리사회적 중재도 함께 받아보라고 권했다.

저스틴은 서브옥손 치료와 정기적인 경과 모니터링을 받

고 익명의 약물중독자들 모임Narcotics Anonymous, NA[+]에도 참여하기로 했다. 하지만 짐과 달리 저스틴은 12단계 프로그램[++]이 자신에

[+] 〔옮긴이〕 1953년 미국에서 설립된, 약물중독에서 회복을 목표로 하는 약물 의존자들의 국제적인 자조 모임이다. 이 모임은 중독자들이 서로의 경험을 공유하고, 서로를 지지하며, 마약과 약물 남용에서 회복하는 것을 목표로 한다. 익명성을 보장하고 12단계 프로그램을 기반으로 운영되는데, 온라인 및 오프라인에서 정기 모임이 있으며 회원들이 자유롭게 자신의 경험을 나누고 서로를 지원한다. 한국에서도 이 모임의 공식 웹사이트를 통해 모임 일정과 장소를 확인할 수 있다. 모든 회의는 개방되어 있으며, 약물중독 문제를 겪고 있는 누구나 자유롭게 참석할 수 있다. 참여 비용은 없으며, 자발적인 기부를 통해 운영된다. 홈페이지 주소는 다음과 같다. http://nakorea.org

[++] 〔옮긴이〕 '12단계 프로그램'은 원래 익명의 알코올중독자들 모임에서 개발한 회복 프로그램으로, 다른 여러 중독 회복 프로그램들에서도 채택하고 있다. 이 프로그램은 영적 원칙을 기반으로 하며, 단계적인 자기 성찰과 성장을 통해 중독에서 벗어나도록 돕는다. 한국의 익명의 약물중독자들 모임에서도 이 12단계 프로그램을 채택해 약물중독에서 회복할 수 있도록 돕고 있다. 12단계 프로그램은 영적 성장과 자기 성찰을 중시하며, 모임 내부에서의 지지를 통해 지속적인 회복을 도모한다. 각 단계의 내용은 다음과 같으며,《계요단주12단계 제2판》(김한오, 계요병원 알코올약물중독치료센터, 2004, 15쪽)에서 인용했다.

- 1단계: 우리는 중독에 무력했으며, 우리의 삶을 스스로 수습할 수 없게 되었다는 것을 시인했다.
- 2단계: 우리는 우리보다 위대하신 힘이 우리를 건전한 정신으로 돌아오게 해주실 수 있다는 것을 믿게 되었다.
- 3단계: 우리는 우리가 이해하게 된 대로의 그 신의 돌보심에 우리의 의지와 생명을 맡기기로 결정했다.
- 4단계: 우리는 면밀하게, 그리고 두려움 없이 우리 자신에 대한 도덕적 검토를 끝냈다.
- 5단계: 우리는 우리 잘못들의 정확한 본질을 신과 자신, 그리고 다른 사람에게 시인했다.
- 6단계: 우리는 신께서 이러한 모든 성격상의 결점을 제거해주시도록 모든 준비를 마쳤다.
- 7단계: 우리는 겸손한 마음으로 신께서 우리의 약점을 없애주시기를 간청했다.
- 8단계: 우리는 우리가 해를 끼친 모든 사람들의 목록을 작성하고 그들에게 기꺼이 보상할 마음을 갖게 되었다.
- 9단계: 우리는 누구에게도 해가 되지 않는 한 어디서나 그들에게 직접 보상했다.

게 도움이 되지 않는다고 느꼈다. 그에게는 맞지 않는 방식이었던 것이다. 결국 그는 몇 주 만에 모임을 그만두었다. 하지만 그 후로도 병원 진료는 규칙적으로 받았다. 가끔 벤조디아제핀을 마음대로 사용한 몇 번의 사소한 실수를 제외하면 다른 약물에 대한 양성 반응은 나오지 않았다. 최근 들어 그는 방을 정리하던 중에 침대와 벽 사이에서 오래된 바리움을 우연히 발견했다. 잠에 들기 위해 몇 주 동안 바리움을 복용하다가 중단했지만, 그 일에 스스로 죄책감을 느꼈다. 1년이 지난 지금도 저스틴은 여전히 잘 지내고 있다.

진짜 '용'을 찾아서: 다시 일상으로

저스틴은 자신이 중독에서 벗어날 수 있었던 이유를 서브옥손, 부모님과의 관계, 그리고 대화형 롤플레잉 테이블톱* 게임 덕분이라고 말한다. "서브옥손이 갈망을 멈추게 해줘서

- 10단계: 우리는 계속해서 스스로를 반성했고 잘못이 있을 때마다 즉시 시인했다.
- 11단계: 우리는 기도와 명상을 통해서 우리가 이해하게 된 대로의 신과 의식적인 접촉을 증진하려고 노력했다. 그리고 신이 우리를 위한 그의 뜻을 알도록 해주시고, 그것을 이행할 수 있는 힘을 주시도록 간청했다.
- 12단계: 이 단계들로 생활해본 결과 우리는 영적으로 각성했고, 약물중독자들에게 이 메시지를 전하고자 노력했으며, 생활의 모든 면에서도 이러한 원칙을 실천하고자 노력했다.

* 〔옮긴이〕 체스, 모노폴리와 같은 보드 게임, 각종 카드 게임, 롤플레잉 게임, 미니어처 워게임 등 테이블 위에서 즐길 수 있는 모든 종류의 게임을 포괄하는 용어다.

그 덕분에 정상적인 기분을 느낄 수 있어요. 이제는 거짓말을 하지 않아요. 롤플레잉 게임은 거리 생활에서 느꼈던 탈출감과 흥분을 대신 느끼게 해주기 때문에 큰 도움이 됩니다."

요즘 저스틴은 평일의 대부분을 공부하며 보낸다. 주말에는 여전히 컴퓨터를 하지만, 더는 온라인 불법 약국에 접속하거나 예전처럼 비디오 게임에 많은 시간을 쓰지 않는다. 대신 펜앤드페이퍼Penandpaper라는 사이트에 접속할 때가 훨씬 많다. 그곳에서 테이블톱 게임이나 롤플레잉 게임을 즐기는 사람들과 소통한다. 테이블톱 게임은 비디오 게이머들 사이에서 아주 인기 있는 게임을 모방하되, 비디오가 아닌 아날로그 방식으로 진행된다. 롤플레잉 게임의 온라인 버전도 있긴 하지만 저스틴은 사람들을 직접 만나 즐기는 것을 훨씬 더 좋아한다. 스토리가 더 재미있고 풍부해진다는 이유에서다.

토요일마다 정기적으로 모이는 5명의 테이블톱 게임 팀메이트들은 11시경에 저스틴의 집으로 와서 함께 하루를 보낸다. 협업 스토리텔링이 게임의 본질이다. 이들은 테이블에 둘러앉아 길게는 8시간 동안 함께 게임 속 캐릭터가 살게 될 세계와 그 세계에서 어떤 일이 일어날지에 대해 이야기한다. 스스로를 배우로 여기진 않지만, 때론 연극을 하듯이 어떤 장면을 연기하는 작은 역할극을 하기도 한다.

요즘 이들은 마법의 존재와 사이보그가 사는 미래 세계를 배경으로 하는 '섀도런ShadowRun'이라는 게임을 즐기고 있다. 저스틴의 캐릭터는 트롤과 비슷한 생명체이면서 강화된 로봇

이기도 하고 인공지능 능력을 탑재한 오크인 '제이-레즈J-Rez'다. 이 게임의 최신 스토리라인은 저스틴 자신의 삶과 묘하게 닮아 있어서 그의 또 다른 자아alter ego에 대한 이야기로 해석할 수 있는 여지가 있다.

제이-레즈는 범죄 조직의 여자 보스로부터 시애틀로 가서 노바코크Novacoke라는 새로운 합성 약물을 구해오라는 임무를 부여받는다. 그 후 시애틀에서 다른 조직의 구성원들을 만나게 되고, 노바코크를 만드는 데 필요한 연구용 화학물질을 전달하기 위해 함께 우범지역으로 들어간다. 그 대가로 그들은 약물 샘플을 얻게 되고, 그것을 보스에게 가져간다. 소포를 받자마자 폭탄이 폭발해 거의 죽을 뻔하지만, 제이-레즈의 로봇 강화 기능 덕분에 간신히 목숨을 건진다. 제이-레즈 일행은 동네를 샅샅이 뒤지고 문신을 해독하는 등 부지런한 탐정 수사를 통해 살인을 계획한 범인을 찾아낸다. 그 남자에게는 용으로 변할 수 있는 능력이 있었는데, 그 때문에 제이 레즈 일행을 따돌렸던 것으로 밝혀진다. 제이 레즈 일행은 '용을 쫓는' 다음 임무에 착수한다.

저스틴은 여전히 신화 속 생명체를 쫓고 있지만 이제 더는 중독성 약물을 필요로 하지 않는다.

중독의 관문이 활주로가 되다

요즘 청년들은 단순히 담배, 술, 마리화나만 경험하는 것이 아니다. 이들은 무엇이든 시도하려 한다. 특히 알약 형태라면 더욱 쉽게 손을 뻗는다. 불법 실험실에서 새로 합성된 화학 물질이 자신에게 어떤 영향을 미칠지도 모른 채 이를 복용하는 것이다. 학교 친구나 인터넷을 통해 약물을 구하거나, 때로는 화학 실험 키트를 이용해 직접 약물을 만들어내기도 한다. 단순한 호기심에서 시작한 일은 빠르게 중독으로 진행된다. '관문'이 '활주로'로 바뀌어버리는 것이다. 처음 처방받는 오피오이드, 정신자극제, 혹은 진정제가 어떤 이들에게는 평생 중독과 싸우는 삶에 올라타게 만드는 '탑승권'이 되기도 한다.

3장

통증과 심리적 다양성은 어떻게 질병이 되는가

대안적 서사를 거부하는 문화

3

앞서 이야기했던 내 환자 짐의 사례로 돌아가보자. 그는 허리 부위 감염증을 치료하기 위해 샌프란시스코 베이 지역의 한 병원에 입원했다. 담당 의사들은 그가 필요로 할 때마다 4시간 간격으로 모르핀을 투여하도록 처방했다. 이는 심한 통증을 겪는 환자들에게 흔히 적용되는 표준 처방이자, 간호사가 매번 의사에게 보고하지 않고 바로 진통제를 투여할 수 있어 의료진의 시간을 절약해주는 조치였다. 일부 환자에게는 이러한 처방이 친절한 돌봄일 수 있지만, 짐과 같은 환자에게는 독이나 다름없다.

간호사가 두 번째 모르핀을 가지고 왔을 때, 짐은 이미 그것이 무엇인지 알았다. 그는 주사를 맞을 생각만으로도 기분이 들뜨기 시작했고, 베개에 머리를 기댄 채 이미 정맥주사 라인이 연결된 왼팔을 내밀었다. 숨을 깊이 들이마시며 이렇게 생각했다. '이제 정말 기분이 좋아질 거야. 나는 환자고 이 약을 주는 건 의사들이니 모르핀 주사를 맞는다고 당황하거나 수치스러워할 필요는 없어.'

여기서 핵심은 '환자'라는 새로운 정체성이 짐에게 진통제 사용을 정당화하는 '자전적 서사autobiographical narrative'를 만들어냈다는 사실에 있다.

자전적 서사란 우리 자신이 살아온 삶에 관해 들려주는 이야기이며, 이는 인간 존재에게 숨 쉬는 것만큼이나 근본적인 요소다. 우리의 삶 이야기는 우리를 다른 사람들과 연결시켜주고, 경험을 조직하며, 시간을 구체화한다. 자전적 서사는 종교적 신념, 민족적 배경, 동시대의 역사적 사건 등 당대의 지배적인 문화로부터 깊은 영향을 받는다. 문화는 삶의 서사를 전달하는 준거틀을 제공할 뿐 아니라 경험 자체를 인식하고 기억하는 데 영향을 미친다. 제롬 부르너Jerome Bruner는 에세이 〈서사로서의 삶〉에서 이렇게 말했다. "문화적으로 형성된 인지적, 언어적 과정을 통해 자기 삶의 서사를 스스로 이야기할 때 지각에 의한 경험을 구조화하고, 기억을 조직할 수 있게 되며, 바로 그 삶의 '사건들events' 자체를 분할하여 목적을 부여하는 힘을 얻는다. 결국 우리는 우리가 삶에 관해 '말하는' 자전적 서사 그 자체가 된다"(694).[59] 즉 문화는 서사를 형성하고, 서사는 다시 경험을 형성한다.

통증에 시달리는 입원 환자가 되자 짐은 알코올중독 말기에 음주의 즐거움을 방해했던 죄책감과 수치심 없이도 모르핀이 주는 최고의 쾌감을 경험할 수 있었다. 짐의 이 새로운 서사를 가능케 한 것은 통증의 본질이나 의미와 관련한 이 시대의 새로운 문화적 규범이었다. 오늘날 통증 경험은 그 형태를 막론하고 위험한 것으로 간주된다. 이는 통증을 겪는 것이 미래의 더 큰 통증을 초래할 위험이 있다는 인식이 널리 퍼져 있기 때문이다.

통증은 저주다?

수천 년 동안 인류는 통증이 우리 삶에서 적어도 두 가지 유용한 기능을 한다고 이해해왔다. 첫째, 통증은 경고 시스템이다. 즉 무엇을 피해야 하고, 무엇을 피하지 말아야 하는지를 알려준다. 둘째, 통증은 정신적 성장의 기회다. "우리를 죽이지 못하는 것은 우리를 더 강하게 만든다"* "어둠이 지나면 새벽이 온다"와 같은 격언이 이를 반영한다. 그런데 오늘날에는 대체로 통증의 이러한 기능에 주목하지 않는다. 대신 현대 미국 문화에서는 통증을 철저히 피해야 할 저주로 여긴다. 이 새로운 인식은 통증이 영구적인 신경학적 손상을 일으켜 향후

---

* (옮긴이) 원문은 "What doesn't kill you makes you stronger"로, 19세기 철학자 니체의 격언 "Was mich nicht umbringt, macht mich starker"에서 비롯되었다. 수많은 영화 혹은 드라마의 대사, 노래 가사 등에 인용되었는데, 특히 켈리 클락슨의 〈스트롱거Stronger〉 후렴구, 영화 〈다크 나이트〉의 캐릭터인 조커의 대사 등으로 유명하다.

또 다른 통증을 유발하는 원인이 될 수 있다는 믿음에서 비롯되었다. 이 새로운 개념은 정신적 통증과 신체적 통증 모두에 적용되며, 중독성 처방약물의 대유행을 초래한 한 가지 주요한 원인이 되었다.

고통을 정신적 흉터로 보게 될 때

우리 문화에는 심리적 트라우마가 정신적 상처를 남기며, 이것이 결국 미래의 고통을 초래한다는 관념이 뿌리 깊게 박혀 있다. 그 대표적인 예가 외상후스트레스장애post-traumatic stress disorder, PTSD다. 이 범주에 따르면, 모든 외상은 그 종류를 막론하고 미래의 불안, 괴로운 기억, 자율신경계 기능 이상, 극단적이고 부적응적인 회피 행동 등의 증상을 유발할 수 있다. 캐나다의 철학자 이언 해킹Ian Hacking은 이러한 현상을 '경험의 트라우마화traumatization of experience'로 설명한다. 이는 과거의 사건을 고통스러운 흉터로 개념화하는 과정이다.

트라우마 개념은 1900년대 초 정신분석학에 획기적인 공헌을 한 프로이트로 거슬러 올라간다. 프로이트는 초기 아동기의 경험이 그 개인의 이후 삶의 행동에 영향을 미친다고 생각했다. 이러한 초기 경험과 그 경험이 우리의 감정과 행동에 미치는 영향을 인식하는 일은 의식의 영역 밖, 즉 무의식의 영역에서 일어날 수 있다. 의식하지 못하는 아동기의 외상이 여러 유형의 정신병리의 근원이 되는 것이다. 오늘날 우리는 과거의 경험이 현재의 행동에 지속적인 심리적 영향을 끼치며, 때로는 무의식적 영향 또한 끼칠 수 있다는 발상을 당연하게 받아들이지만, 이는 20세기 서양 사람들의 삶을 이해하는 방식을 바꾼 매우 급진적인 관점이었다.

참을 수 없는 통증의 무거움: 제거의 압박

신체 통증의 역할을 둘러싼 논의 역시 이와 유사한 변화를 겪어왔다. 200년 전만 해도 대다수의 의사는 신체 통증을 치유 과정의 바람직한 요소로 간주했다.[61] 특히 수술 중 통증은 심혈관 기능을 활성화하고 면역 반응을 강화하는 데 도움이 된다고 여겼다. 그러나 1850년대 중반에 이르러 통증 치료법이 발전하면서 그에 대한 인식도 변화하기 시작했다. 1855년 알렉산더 우드Alexander Wood가 개발한 모르핀 주입용 피하 주사기와 같은 혁신적인 도구가 등장하면서 더 효과적인 통증 치료가 가능해졌고, 더 많은 의사들이 오피오이드 진통제 사용을 옹호하기 시작했다.[61] 1950년대에는 의학계에서 '통증학'이라는 독립된 분야가 형성되었다. 오피오이드 합성을 가능케 하는 정밀 기술의 발전과 이러한 약물을 적극적으로 판매하려는 제약산업의 성장이 이를 주도했다. 특히 제약산업의 부상은 통증 치료가 하나의 전문적인 의학 분야로 정립되는 데 결정적인 역할을 했다. 이로 인해 통증 치료는 별도의 수련 과정과 전문의 자격board certification이 요구되는 세부 분야로 자리 잡게 되었다.

오늘날 통증은 환자가 견디기 힘든 감각으로 여겨진다. 환자들은 의사가 그저 통증을 완화하는 것이 아니라 완전히 없애주기를 바란다. 통증 치료에 대한 부담이 너무 심해서 통증을 치료하지 못한 의사는 임상 기술이 부족할 뿐만 아니라 윤리적 잘못을 저지른 것으로 간주된다. 게다가 오진malpractice에 대한 법적 책임도 져야 한다.

질병 혹은 손상과 무관하게 발생할 수 있는 만성 상태로서의 통증 개념 역시 20세기 후반에 등장했다. 1900년 이전까지 통증은 급성 질병이나 손상에 대한 반응으로 여겨졌으며, 만성(오랜 기간 지속되는) 통증이라는 개념 자체가 존재하지 않았다. 그러나 현대 의학에서는 질병의 진행이나 눈에 보이는 신체 손상이 없음에도 환자가 수개월 혹은 심지어 수년 동안 지속되는 신체 통증을 경험할 수 있다는 논의가 널리 받아들여지고 있다. 실제로 복합부위통증증후군, 척추수술실패증후군, 섬유근육통, 간질성 방광염, 근막통증증후군, 정관 절제술 후 통증, 외음부 통증, 골반통증증후군 등 다양한 유형의 만성통증증후군chronic pain syndrome 목록이 하루가 다르게 늘어나고 있다.

오늘날 우리는 뚜렷한 손상이나 질병이 없는 젊고 건강한 사람이 '코르페디니아corpedynia', 즉 전신 통증을 호소하며 도움을 요청하는 경우를 흔히 볼 수 있다. 여기서 '코르페corpe'는 신체를, '디니아dynia'는 전신 통증을 의미한다. 이런 환자들은 발가락 끝부터 속눈썹 끝에서까지 통증이 느껴진다고 호소하고, 그 원인을 감별하기 위해 정밀 검사를 받는다. 만일 통증의 기질적 원인이 밝혀지지 않는다 하더라도, 이제는 더 이상 1950년 이전처럼 환자를 정신과로 의뢰하지 않는다. 대신 섬유근육통과 같은 '만성 통증'과 관련된 진단 판정을 내린다.

심리적 손상과 마찬가지로 신체 통증 역시 즉시 치료하지 않으면 향후 통증을 유발할 가능성이 있는 것으로 알려져 있다. 이를 '중추 민감화central sensitization'라고 한다. 통증 연구자들은 통증 과민성, 그리고 전기생리학, 뇌영상기법으로 감지할 수 있는 뇌의 이차적 변화에 관해 논한다.[62] 즉 한 번 통증을 경험하면 뇌가 이후의 통증에 민감해질 수 있다는 연구자들의 가설은, 신체적 통증이 단순히 즉각적인 고통의 원인일 뿐만 아니라 앞으로 겪게 될 더 큰 고통의 원인이 될 수도 있다는 인식을 만들어냈다. 그 결과 통증을 즉각적으로, 완전하게 치료해야 한다는 압박이 더욱 커지게 되었다.

오늘날 우리는 '참을 수 없는 통증'의 기준이 전례 없이 낮아진 상태를 경험하고 있다. 현대화로 인해 삶이 점점 더 편리해지고 여가시간이 늘어나며 질병과 부상의 위협이 줄어들었지만, 아이러니하게도 우리는 그 어떤 형태의 통증도 견디지 못하게 되었다. 이 새로운 기준 탓에 신체적, 정신적 고통을 호소하는 환자들의 중독성 처방약물 처방과 소비가 늘어났다.

심리적 다양성은 어떻게 정신질환이 되는가

중독성 처방약물 대유행을 일으킨 또 다른 현대적 질환 서사*는 감정, 인지, 기질의 개인차를 갈수록 더 질병으로 규정하려는 경향에서 비롯되었다. 인간의 다양성을 질병으로 규정하게 되면, 자연스레 이 차이를 없애기 위한 치료가 필요하다는 결론에 이르기 마련이다. 생각, 감정, 행동이 화학적 수프chemical soup** 안에서 발생하는 신경세포의 활성화에 불과하다고 보는 정신질환에 대한 현시대의 관점이 이러한 생각을 뒷받침한다. 뇌의 화학작용을 조절하는 것이 차이를 정상화하는 새로운 방식이 된 것이다.

내가 진료한 환자 중 카렌의 사례를 보자. 그녀의 사례는 선천적 차이를 뇌의 병리로 인지하고 규정하는 방식이 시간이 지나 중독성 처방약물을 통한 치료로 이어지고, 그 치료가 결국 중독을 유발할 수 있음을 보여준다. 하지만 이 이야기를 통해 정신질환을 진단받고 규제약물로 치료받는 모든 사람에게 잘못된 진단이 내려졌다거나, 그렇게 해서 그들이 중독에

---

* 〔옮긴이〕 의료의 영역에서 질병disease은 흔히 의사에 의해 객관적으로 파악되는 신체적 병리 상태를 가리키고, 질환illness은 환자가 주관적으로 경험하는 건강 문제를 가리킨다. 따라서 질환 개념은 환자가 처해 있는 사회문화적 맥락을 중요하게 다룬다.
** 〔옮긴이〕 '화학적 수프'란 뇌 안에서 여러 신경전달물질이 뒤섞여 있는 상태를 비유적으로 가리키는 표현이다. '세로토닌이 부족해서 우울하다'는 식의 통념처럼 감정이나 행동을 단순한 화학적 불균형으로 설명하려는 관점 혹은 사람의 마음을 단지 화학물질의 혼합물로 보는 시각을 비판할 때 쓰인다.

빠지게 되었다고 말하려는 것은 아니다. 실제로 어떤 이들에게는 타고난 차이에 병명을 붙이고, 약물을 포함한 적절한 치료를 제공하는 것이 도움이 되기도 한다. 카렌의 이야기는 그저 하나의 경고 사례일 뿐이다.

1980년대 중반에 다정하고 유복한 부모 밑에서 태어난 카렌은 건강하고 행복한 아이였다. 어린 시절 어떤 질병의 징후도 보이지 않았으며, 부모는 그녀를 친절하고 사교적인 아이, 그리고 운동에 뛰어난 재능이 있던 아이로 기억한다. 초등학교에 입학한 후에도 쉽게 친구를 사귀었으며, 공놀이를 잘하고 털털한 성격으로 운동장에서 대장 노릇을 했다. 하지만 또래 친구들에 비해 읽은 내용을 이해하거나 기억하는 데 어려움을 겪었다. 학교 심리상담사는 카렌에게 비특이적 '학습장애'가 있다고 진단했다. 진단이 내려지자, 카렌의 부모와 학교는 카렌이 이 '장애'를 극복할 수 있도록 적극적으로 지원했다. 개인 교사, 교육 전문가, 심리상담사의 도움 속에서 그녀의 읽기 능력은 점차 향상되었다.

카렌은 중학교에 진학한 뒤에도 줄곧 공부를 어려워했지만, 농구 코트에서만큼은 습득 능력이 뛰어났다. 고등학교에서는 일류 농구 선수가 되어 몇몇 대학으로부터 영입 제안을 받기도 했다. 그러나 카렌은 보수적인 집안 전통에 따라 학업에 집중하기 위해 대학에서는 농구를 포기했다. 2005년 큰 기대감을 품고 대학에 입학한 카렌은 그때까지 익숙하게 누려왔던 지원 체계 없이 홀로 서야 했다. 이수해야 하는 수업이 무척 많았고 학습 내용은 전보다 훨씬 더 어려워졌지만, 더 이상 개인 교사의 도움조차 받을 수 없었다. 전례 없이 많은 자유시간을 누리게 되었음에도 그 시간을 어떻게 효과적으로 활용해야 할지 알지 못했다. 학업에 집중하는 것이 쉽지 않았고, 책을 읽는 일은 여전히 부담스러웠다.

대학 생활 첫 2년 동안 겪은 어려움에도 불구하고 학업 과정에는 나름대로 잘 적응했다. 특히 처음 몇 년간은 그럭저럭 좋은 성적을 얻었다. 하지만 카렌은 욕심이 있었고, 3학년이 되면서 미술사와 그래픽 디자인을 복수 전공하기로 결정했다. 수강 과목이 늘고 부담감이 생기자 금세 지쳤다. 더 많은 수업을 들으면서도 잘하는 친구들을 보며 왜 자신은 그렇게 하지 못하는지 답답해했다.

당시 카렌의 절친한 친구 둘은 주의력결핍 과잉행동장애 ADHD와 비슷하지만 과잉행동 증상이 동반되지 않는 주의력결핍장애Attention Deficit Disorder, ADD* 진단을 받고 애더럴이나 리탈린 같은 정신자극제를 복용하고 있었다. 카렌은 자신이 늘어난 수업량을 소화하지 못하는 것이 어쩌면 주의력결핍장애 때문일지도 모른다고 생각했다. 그녀는 정신과 진료를 받고 검사를 받아보기로 결심했다.

카렌은 정신과 의사를 만나 어린 시절에 관한 일련의 질

---

* 〔옮긴이〕 현재 통용되는 정신질환 진단 기준인 《정신질환의 진단 및 통계 편람 제5판DSM-5》에서는 '주의력결핍장애'라는 진단명 대신 주의력결핍 과잉행동장애의 아형subtype으로 분류된 '주의력결핍 우세형'이라는 진단명을 사용한다.

문에 답했다. 집중력, 가만히 앉아 있기, 정리 정돈, 업무 수행 능력 등에 관한 것들이었다. 의사는 단 한 번의 면담만으로 주의력결핍장애 진단을 내렸고, 1일 10밀리그램의 즉시방출형immediate release, IR 애더럴(이하 애더럴 IR)에 더해 15밀리그램의 지속방출형extended release, XR 애더럴(이하 애더럴 XR)을 추가 처방했다.

 FDA 2급 규제약물인 애더럴은 치료 효과가 있지만 오남용과 중독 가능성 또한 높다. '아이스ice' 또는 '크랭크crank'라는 명칭으로도 알려진 길거리 마약 메스암페타민methamphetamine⁺⁺과 분자 구조가 유사하다. 미군에서 성과 향상을 위해 수십년간 사용해온 약물로, 1980년대 이전까지는 주의력결핍장애 치료를 목적으로 처방하는 일이 흔하지 않았다. 하지만 1980년대 이후부터는 성인과 소아, 청소년에게 주의력결핍장애 치료제로 애더럴을 비롯한 정신자극제를 처방하는 것이 진료 관행이 되었다. 1991년에서 2010년 사이, 정신자극제 처방 건수는 미국 전역에서 10배 증가했고,[63] 5~18세 학령기 아동 대상의 정신자극제 처방 건수는 1990년에서 1995년 사이에만 3배 가까이 증가했다.[64]

 카렌은 애더럴을 복용하자마자 즉시 효과를 느꼈다. 집이나 도서관에서 한 번에 몇 시간씩 앉아 공부할 수 있었고, 공부한 내용을 더 잘 기억할 수 있었다. 그리고 이런 반응이 자신이 받게 된 주의력결핍장애 진단을 입증해준다고 생각했

⁺⁺　〔옮긴이〕 한국에서는 흔히 '필로폰' '히로뽕'으로 불린다.

다. 이는 정신의료계에 만연한 일종의 '역방향 논리'이다. 즉 '어떤 약을 먹고 상태가 나아진다면, 그 약이 치료하는 질병을 앓고 있음이 분명하다'고 보는 것이다. 그러나 실제로는 주의력결핍장애가 없더라도 거의 누구나 정신자극제를 복용하면 집중력과 수행력이 향상될 수 있다. 마찬가지로 벤조디아제핀 계열 약물인 자낙스(성분명: 알프라졸람)는 불안증이 없는 사람에게도 긴장을 완화해주고, 최면진정제 앰비엔(미국 내에서의 상품명으로 성분명은 졸피뎀)은 불면증이 없는 사람에게도 수면을 유도하며, 오피오이드 계열인 바이코딘(미국 내 상품명으로, 마약성 진통제인 하이드로코돈과 비마약성 진통제인 아세트아미노펜 복합 성분으로 이루어짐)은 통증이 없는 사람에게도 주관적인 만족감을 높여줄 수 있다.

우리 모두는 정신적으로나 신체적으로 다르게 태어난다. 오늘날 미국 문화에서는 그 차이에 너무나 쉽게 질병이라는 이름을 붙이고 약물로 치료하려 하는 경향이 두드러진다. 카렌이 학습 능력에서 보인 차이는 어린 시절부터 뇌의 병리적 문제로 규정되었다. 또래에 비해 읽기를 어려워했던 것은 '학습장애'로 불렸고, 대학에서 경험한 학습의 어려움 역시 주의력결핍장애로 진단되었다. 그렇다고 해서 카렌이 읽기나 학업 능력에서 겪은 상대적 어려움을 부정하려는 것은 아니다. 그러나 이러한 차이를 '장애disability' 혹은 '질환disorder'으로 받아들이는 우리 문화는 암묵적으로 대안적 서사를 거부하고 있다. 그런 대안적 서사에는 개개인이 가진 기질과 능력의 차이가 가치 있는 것이며 따라서 존중받아야 한다는 시선, 그리고 인간의 차이를 오직 생물학적 원인으로만 환원하지 않고 사회학적 맥락, 실존적 맥락에서는 물론 심지어 영적 맥락에서도 이해해야 한다는 관점 등이 있다.

대학교 정신건강 클리닉에서 대학생과 대학원생을 대상으로 상담을 진행하는 한 노련한 심리학자는 이에 대해 다음과 같이 설명했다. "제가 주로 상담하는 20~30대 내담자들은 사춘기 시절 진단받은 정신질환을 자기 정체성의 일부로 받아들입니다. 이들은 약물을 복용하고 있으며, 삶의 스트레스로 인해 자신의 '질병'이 다시 활성화될까봐 두려워합니다. '질병'이 악화되는 것은 거의 항상 삶에 닥친 고난 때문이지만, 그럼에도 이들이 가장 먼저 선택하는 해결책은 언제나 약물을 조정하는 것입니다."

토머스 사스Thomas Szasz는 《정신병의 신화》에서 정신질환을 증명하는 특정 해부학적 표지나 분자 표지가 없으므로 정신질환은 존재하지 않는다고 선언한 바 있으며, 이 선언으로 널리 알려져 있다.[65] 사스는 정신질환자에 대한 강제입원과 마찬가지로, 정신질환이란 '치료 국가 the therapeutic state'의 주체인 국가가 시민들에게 가하는 사회적 통제수단에 지나지 않는다고 주장했다. 나는 정신질환이 존재하지 않는다는 사스의 의견에는 반대한다. 생물학적 표지가 없다고 해서 질병이 존재하지 않는 것은 아니기 때문이다. 루카 클라크Luca Clarke가 사스의 작업을 비판적으로 다룬 논문에서 밝혔듯,[66] 말라리아의 원인은 오랫동안 밝혀지지 않았다가 분자생물학의 발전으로 처음 발견되었다. 그럼에도 우리는 말라리아 감염 증상을 보이는 환자와 마주했을 때 그가 말라리아에 걸렸다고 추측할 수 있었다. 이와 유사하게 조현병, 정신병적 조증, 심한 강박장애 등이 측정 불가능하고 현미경으로도 식별되지 않는다 해도 환자들은 여전히 뇌의 질환으로 고통받고 있다. 그럼에도 우리는 모든 일탈적 행동을 정신질환으로 분류할 경우 개개인을 사회적 기준에 억지로 끼워맞추게 될 수 있음을 지적한 사스의 문제의식에 주목할 필요가 있다. 과거 정신질환으로 분류되었다가 1873년에야 해당 분류에서 제외된 동성애만 보더라도 알 수 있다.[67]

오늘날에는 일탈 행동뿐만 아니라 개인들 사이에 존재하는 미묘한 차이까지 정신질환에 포함된다. 무언가에 적응하지 못하는 것뿐만 아니라 탁월한 능력을 보이지 못하는 것까지 정신질환으로 설명하고 있다. 따라서 이제는 학습 능력이 평균 이하인 학생이나 남들과 다른 특이한 은둔자도 정신질환 진단을 받을 위험이 있다. 어떤 사람들에게는 정신질환 진단을 받는 것이 의심의 여지 없이 도움이 된다. 이를 통해 다른 방법으로는 얻을 수 없을 자원에 접근할 수 있고 자신의 다름을 이해할 수 있는 틀을 갖게 되어 오명이나 수치심에서 벗어날 수도 있기 때문이다. 하지만 내가 염려하는 것은 단지 차이를 진단하는 것을 넘어, 그 차이를 단지 알약으로 '치료'하려는 성급한 접근이다. 특히 그 약물이 중독의 위험성이 있을 때는 더욱 경계해야 한다.

　물론 이런 접근법이 성행하게 된 데에는 의사들, 특히 정신과 의사들의 책임도 크다. 지난 30년간 정신과 의사들은 환자의 정서적 고통, 정신과적 증상, 혹은 삶의 위기를 다루는 과정에서 갈수록 더 정신활성제psychoactive drugs에 의존하는 경향을 보였고, 심리치료는 다른 이들의 몫으로 넘겨버렸다.[68] 그렇다면 정신과 의사들이 정신분석을 비롯한 다양한 대화 치료법을 버리고 '마법의 알약'을 선택한 이유는 무엇일까? 이는 한편으로 이들이 인간 행동을 '화학적 수프 안에서 신경세포가 활성화되는 현상'으로 축소해 바라보는 생물학적 관점에 완전히 빠져들었기 때문이며, 동시에 약물을 처방하는 것이 이들에게 경제적 이익을 안겨주기 때문이기도 하다(8장 참조).

　이러한 패러다임 전환은 화학물질을 통해 더 나은 삶을 얻을 수 있다는 약속을 적극적으로 받아들인 젊은 세대, 특히 밀레니얼세대(1980~2000년 출생)를 만들어냈다. 1998년에서 2008년 사이, 지난 한 달간 처방전이 필요한 의약품*을 하나 이상 복용한 미국인의 비율이 44%에서 48%로 증가했다. 2개 이상의 의약품을 복용한 비율은 25%에서 31%로, 5개 이상을 복용한 비율은 6%에서 11%로 증가했다. 2007년에는 미국 어

---

* 〔옮긴이〕 여기서는 'prescription drug'이 '심신에 처방되는 모든 의약품'이라는 포괄적 의미로 쓰이고 있다는 점을 고려해 예외적으로 '의약품'이라는 번역어를 채택했다. 나머지 본문에서는 'prescription drug'를 '중독성 처방약물' 혹은 '처방약물'로 번역했다.

린이 5명 중 1명, 60세 이상 노인 10명 중 9명이 지난 한 달간 최소 하나 이상의 의약품을 복용했다고 보고했다. 청소년에게 가장 많이 처방된 의약품은 중추신경자극제[*]였으며, 중년 성인에게는 항우울제가 가장 많이 처방되었다.[**] 2008년 미국에서 처방된 전체 의약품 지출액은 2341억 달러로, 1999년 지출액의 2배를 넘었다.[69]

오늘날 많은 청년들이 중독성 처방약물 복용을 대수롭지 않게 여긴다. 아침에는 기분을 돋우기 위해 각성제인 애더럴을 복용하고, 점심에는 운동으로 발생한 부상을 치료하기 위해 오피오이드 진통제인 바이코딘을 복용한다. 저녁에는 마음의 긴장을 풀기 위해 '의료용' 마리화나를 사용하고, 밤에는 잠들기 위해 벤조디아제핀계 약물인 자낙스를 복용한다. 처음에

---

[*] (옮긴이) 정신자극제라고도 하며 주의력결핍 과잉행동장애 치료제로 알려진 약물군이다. 중추신경계를 자극해 뇌를 활성화한다고 알려져 있다. 대표적인 성분으로 메틸페니데이트가 있다.

[**] (옮긴이) 청소년층에서 나타나는 주의력결핍 과잉행동장애 진단의 증가 혹은 중년 성인층에서 우울증 유병률의 증가는 과도한 정신과 약물 처방의 한 가지 이유가 될 수 있다. 한 번 약을 처방받게 되면 수개월에서 수년에 걸쳐 장기 복용이 이뤄지는 사례가 많고, 진료 현장에서 약덜기 deprescribing가 제대로 이루어지기 않기 때문이다. 약덜기를 실천하기 위해서는 충분한 상담 시간과 의료진에 대한 적절한 보상이 있어야 한다. 또한 효과적인 비약물적 치료 접근 역시 중요하다. 《모슬리 약덜기 가이드라인The Maudsley Deprescribing Guideline》에 따르면, 항우울제의 중단을 고려해야 하는 경우는 다음과 같다. 1) 약물로부터 더 이상의 이득이 없을 때, 2) 치료 과정이 완료되었을 때, 3) 항우울제의 재발 예방 효과에 대한 확신이 없을 때, 4) 환자의 선호도를 반영하여, 5) 환자가 대안적 치료를 원할 때, 6) 부작용으로 인해 환자의 삶의 질이 떨어질 때. Horowitz M, Taylor DM. *The Maudsley Deprescribing Guidelines: Antidepressants. Benzodiazepines, Gabapentinoids and Z-drugs*. Wiley-Blackwell; 2024.

는 의사에게 처방을 받지만, 점점 가족이나 친구, 심지어 마약상을 통해 손쉽게 약물을 구하는 지경에 이르게 된다. 오늘날 10대 청소년의 26%는 처방받은 정신자극제를 '좋은 학습 보조 영양제good study aid'쯤으로 여긴다.[70] 대학 졸업반 학생의 3분의 2는 치료 목적 이외의 용도로 정신자극제를 처방받으며, 31%는 대학 재학 기간에 처방받은 정신자극제를 한 번 이상 복용한다.[71] 청소년의 처방 정신자극제 중독 또는 오남용 사례는 1998년과 2005년 사이에 76% 증가했다.[72] 현재 중독성 처방 약물은 마리화나에 이어 미국에서 두 번째로 많이 오남용되는 약물이 되었다.[73]

젊은 환자들은 내게 대놓고 묻곤 한다. "선생님이 처방해주신 약이 친구에게서 얻거나 길거리에서 구한 약과 효과가 비슷하다면, 도대체 다른 점이 뭔가요?" 나는 처방약물은 합법적이며 안전하다는 등 복잡한 변명을 늘어놓지만 사실 정답은 이렇다. "큰 차이는 없습니다." 처방약물에 익숙해진 젊은 세대가 맞이한 예상치 못한 결과는 안타깝게도 중독이라는 악순환의 덫이다. 이 같은 중독의 확산은 전례 없는 규모로 우리를 덮치고 있다.

중독의 연료가 되는 치료제

카렌은 밤늦게까지 자지 않으면서 공부하기 시작했다. 애더럴을 복용하면 능률이 극도로 높아져서 더 오래 공부할 수 있었기에 잠자는 시간조차 아깝게 느껴졌다. 새벽 2시까지 잠들지 않는 날도 빈번했다. 주말에도 학교에 남아 과제에 몰두하느라 친구들과의 만남마저 포기했다. 점차 학업만이 그녀에게 유일한 보람으로 남게 되었다. 친구들은 카렌이 고립되어 가는 것을 안타까워했지만, 교수들은 뛰어난 성취를 보이는 그녀에게 칭찬을 아끼지 않았다.

카렌은 2009년 대학을 졸업한 후 인테리어 장식 전문가가 되기 위해 뉴욕의 디자인학교에 진학했다. 그녀는 구글에서 자신을 주의력결핍장애 치료 전문가로 내세우는 정신과 의사를 찾았다. 카렌은 클리닉에 방문해 진료비를 현금으로 지불하고* 하루에 한 번 애더럴 XR 20밀리그램과 애더럴 IR 20밀리그램을 복용하도록 처방받았다. 의사는 진단을 분명히 하거나 용량을 특정하기 위한 다른 정보나 과거 기록을 요구하지 않았다. 상담 시간은 15분 미만이었다.

심지어 새로 만난 정신과 의사는 '필요할 때마다', 즉 증상이 있을 때마다 얼마든지 애더럴 IR을 복용할 수 있다고 말했

---

* 〔옮긴이〕 미국에서는 병원비를 현찰로 지불하는 것이 일반적이지 않다. 대부분 민간보험 또는 정부 지원 프로그램인 메디케어나 메디케이드를 통해 병원비를 정산하며, 보험이 없거나 보험 적용이 되지 않는 특정 치료를 받을 때는 신용카드, 직불카드, 수표 등으로 결제하는 것이 일반적이다. 하지만 정신과 진료의 경우, 기록이 남는 것을 꺼리거나 보험 청구를 피하기 위해 환자가 의도적으로 현금 결제를 선택하는 경우가 있다. 특히 카렌이 경험한 오남용 가능성이 큰 약물을 쉽게 처방해주는 클리닉이라면 현금 결제를 선호할 가능성이 크다. 8장 도입부에 등장하는 '약물남용 진료소' 역시 그 한 가지 사례다.

다. 이 조언에 따라 카렌은 공부나 업무에 어려움을 겪을 때뿐만 아니라 불안, 슬픔, 좌절감, 지루함 등 부정적인 감정으로 힘들 때도 약을 복용했다. 그러면 기분이 나아지고 활력이 생겼다. 그녀는 이를 주의력결핍장애가 자신이 겪는 고통의 원인이라는 증거로 받아들였다.

그 후 2년간 같은 의사에게 진료를 받으면서 카렌의 애더럴 복용량은 점차 증가했다. 애더럴 XR 25밀리그램을 하루에 한 번, 애더럴 IR 20밀리그램을 하루에 두 번 복용했다. 이는 대학 시절 처음 처방받은 용량의 2배가 넘는 수준이었다. 진료 시간은 매우 짧았고, 때로는 10분도 채 되지 않았다. 카렌은 별다른 말을 하지 않았다. 다만 자신이 얼마나 잘 지내고 있는지, 애더럴이 일상에서 얼마나 많은 도움을 주는지 강조하는 것이 전부였다.

그러나 이제 와서 돌아보면, 카렌이 말한 것과 다르게 그녀의 실제 삶은 무너지고 있었다. 잠을 거의 자지 않았고, 온종일 일에 매달렸으며, 친구들과도 거의 만나지 않았고, 데이트도 전혀 하지 않았다. 회의나 수업에 빠지는 일도 잦았고, 늘 막판에 일정을 취소했다. 사회적 상황에서 한 번도 경험하지 못한 극심한 불안을 느꼈다. '공부를 한다'는 명목으로 집에서 혼자 보내는 시간이 점점 더 늘어났다.

"공부한다는 핑계로 애더럴을 복용했어요. 저는 성공해야 했고 공부를 하기 위해선 애더럴이 필요했어요. 애더럴을 복용하지 않았을 때 더 잘했다는 사실을 깨닫지 못한 채 말이지요."

애더럴과 같은 정신자극제가 기억력과 주의력을 향상시키는 효과가 있음을 입증한 연구는 있지만, 그것이 추상적 사고나 창의력에 미치는 영향에 대해서는 거의 연구된 바가 없다.[74] 실제로 특정 작업을 수행하는 데 고도의 집중력을 발휘하는 능력과 자유롭게 사고를 확장하며 새로운 연결을 만들어 내고 창조하는 능력은 서로 상충할 수 있다.

하니프 쿠레이시Hanif Kureishi는 《뉴욕타임스》에 기고한 에세이 〈산만함의 예술〉에서 다음과 같이 말한다.

> 때로 다른 것으로 주의를 돌릴 때 일이 더 잘 풀리기도 한다. 글을 쓰다가 막혔을 때 차를 우려낼 수도 있고, 주전자가 끓기를 기다리는 동안 좋은 아이디어가 떠오를 수도 있다. 문장을 억지로 써내려갈 수는 없는 노릇이다. 영감이 떠오를 때까지 기다려야 한다. 보통은 시간이 필요하다. 방해 요소로 생각되는 것들이 때로는 풍성한 무의식 속에서 무언가가 작동할 공간을 만들어주기도 한다. 사실 산만함이란 유용한 것 그 이상이다. 깨달음에 가까울 수도 있고, 꿈만큼이나 풍부하고 다층적인 의미를 지닐 수도 있다. 어쩌면 그러한 방해 속에 진정한 흥분과 창조의 순간이 숨어 있을지 모른다.[75]

2011년 초, 카렌에게 약물 재처방이 필요했을 때 담당 정신과 의사는 자리를 비운 상태였다. 약이 절실했던 그녀는 구글에 스스로를 '주의력결핍장애 전문 정신과 의사'라고 광고하는 또 다른 의사를 찾아가 진료를 받았다. 이미 무슨 말을 해야 할지 잘 알고 있던 카렌은 손쉽게 새 처방전을 받을 수 있었다. 이제 그녀에게는 같은 약을 처방해주는 정신과 의사가 두 명이 되었다.

"그 당시 저는 두 의사에게 같은 약을 처방받는 것이 잘못된 일이라고 생각하지 않았어요. 지금 돌이켜보면 정말 이상하지요. 저는 그저 병을 치료하려면 그 약이 꼭 필요하다고, 살아남기 위해서는 어쩔 수 없다고 제 자신을 속였던 거예요. 하지만 사실 저는 음식과 잠은 물론이고, 심지어 제 윤리관보다도 약을 더 우선시하기 시작했어요."

2011년 7월, 카렌은 부모님과 함께 살며 일자리를 찾기 위해 캘리포니아로 돌아갔다. 그 후 3년 동안 그녀의 삶은 수많은 의사, 수많은 애더럴 처방, 그리고 그 처방을 얻기 위해 여러 의사들을 교묘히 속이는 일로 가득 채워졌다. 이때부터 그녀는 어떤 의사에게든 자신의 애더럴 복용량을 하루 한 번의 XR 50밀리그램(《의사용 의약품 참조서 Physicians' Desk Reference, PDR》에✛ 기록된 애더럴 XR의 1일 최대 권장량은 20밀리그램이다)과 하루 두 번의 IR 20밀리그램으로 보고했다. 상대하는 의사가 그렇게

✛ 〔옮긴이〕약물 정보를 쉽게 참고할 수 있도록 미국의 의사들이 집필한 책으로, 2017년 71번째 발간을 마지막으로 PDR이라는 약어는 유지하되 'Prescriber's Digital Reference'로 명칭을 변경했다. 현재는 웹사이트(http://PDR.net)를 통해 미국에서 FDA 허가를 받고 의사의 승인 아래 처방받을 수 있는 대부분의 약물 정보를 확인할 수 있다.

많은 용량의 처방을 꺼릴 때면, 카렌은 언제나 기꺼이 낮은 용량으로 시작할 것을 약속한 뒤 시간이 지나면서 더 많은 용량을 처방받을 수 있도록 의사를 설득했다. 그녀가 의사들에게 점차 더 많은 용량을 얻어낼 때 쓴 핵심 전략은 약물을 복용할 때 자신의 생활 능력이 얼마나 향상되는지 혹은 복용하지 않으면 그 능력이 얼마나 떨어지는지 강조하고, 의사의 도움에 얼마나 감사한지 덧붙이는 것이었다. 그녀의 관점에서는 어느 것도 거짓이 아니었다. 그녀가 만들어낸 질환 서사는 확고한 설득력이 있었다. 여러 의사로부터 중복 처방을 받거나 약을 잃어버렸다며 거짓말을 해서 추가 처방을 받아내는 것쯤은 지금껏 그녀와 의사들이 오랜 시간 함께 직조해온 더 큰 이야기에 존재하는 사소한 흠결에 불과했다. 큰 이야기란 그녀가 주의력결핍장애를 앓고 있으며, 애더럴이 그 질병에 효과적인 치료제라는 것이었다.

    2013년 카렌은 세 명의 서로 다른 의사에게 애더럴을 동시에 처방받아 하루에 최소 150밀리그램의 애더럴 XR과 120밀리그램의 애더럴 IR을 복용했다. 보험 적용이 한 달에 한 번으로 제한되었던 탓에 부족한 비용을 충당해야 했고, 그래서 부모님의 돈을 훔치기 시작했다. 약값을 감당하려면 한 달 평균 1200달러가 필요했다. 그녀는 부모님에게 그 돈을 '세면도구와 화장품'을 사는 데 썼다고 거짓말했고, 부모님은 그 말을 곧이곧대로 믿었다. 2014년 1월에는 자신의 아파트를 꾸미기 위해 아버지의 신용카드를 훔쳐 인테리어 소품을 판매하는 온라인 쇼핑몰에서 2만 5000달러를 결제했고, 속도 위반으로 딱지를 끊기도 했다. 지금 카렌은 그런 행동들이 모두 강박적인 애더럴 복용 때문이라고 시인하지만, 당시 부모님은 카렌이 재정 관리를 제대로 하지 못해 벌어진 일로 여기며 이 문제에 대해 재무 전문가의 상담을 받아보라고 권했다. 그 누구도 돈을 훔치고, 과속을 하고, 충동적으로 물건을 구매하는 그 행위 배후에 애더럴 중독이 있으리라고는 상상도 하지 못했다.

결국 카렌은 재정 관리 문제를 상담하기 위해 정신과 의사를 찾아갔다. 의사는 중독성 처방약물 모니터링 프로그램 Prescription Drug Monitoring Program, PDMP을* 확인하던 도중 카렌이 여러 의사에게서 똑같은 처방을 반복해서 받은 사실을 발견했고, 그녀가 애더럴 중독임을 알아차렸다. 비밀을 들킨 것은 이번이 처음이 아니었다. 이전에도 그런 사실이 한 번 있었고, 당시 정신과 의사는 치료를 거부했다. 그러자 그 의사를 찾아간 것이었는데, 이번 의사는 부모님께 사실을 알려도 되는지 물었다. 카렌은 마지못해 동의할 수밖에 없었다.

---

* 〔옮긴이〕 마약성 진통제나 정신자극제, 벤조디아제핀 같은 중독 위험 약물의 처방·조제를 추적하는 미국의 전산 시스템이다. 이와 유사하게 한국에도 마약류 및 향정신성의약품의 처방·조제 내역을 확인할 수 있는 '의료용마약류 안전도움e' 웹페이지(data.nims.or.kr)가 있다. 하지만 미국의 PDMP와 달리 의사가 사용하는 처방 프로그램과 연계되어 있지 않고 접속 절차가 번거롭다. 중독성 처방약물의 전체 사용량을 한눈에 파악하기 어려울뿐더러, 처방하는 의사나 조제한 약국에 대한 정보도 포함되어 있지 않아 개선이 필요한 상황이다.

살아가는 법을 다시 배우다: 약물이 해결해주지 않는 것들

카렌은 부모님과 담당 정신과 의사의 최후통첩으로 내 진료실에 찾아왔다. 그들이 요구한 것은 단 하나, 중독의학 전문의에게 진료를 받으라는 것이었다. 나와 처음 만났을 때 카렌은 계속해서 주의력결핍장애만을 강조하며 자신의 애더럴 사용에 대해 질병을 조절하기 위한 정당한 조치라고 설명하려 했다. 나는 이런 경우에 늘 하던 말을 그녀에게도 해주었다. 처음에 어떤 이유로 약물을 쓰기 시작했든, 그리고 그것이 설령 의학적으로 타당한 목적이었다 할지라도, 지금은 이미 중독 단계로까지 악화되었고 중독 자체를 해결하지 않는 이상 원래 갖고 있던 문제 또한 결코 나아지지 않을 것이라고 말이다.[76] 우리는 서서히 애더럴 복용량을 줄여나가다 결국 완전히 중단했고, 그녀는 중독 치료를 위한 주간 치료 프로그램에 참여했다. 거기서 집단치료, 정신의학적 교육, 중독 극복에 필요한 기술 훈련 등을 받았다.

카렌은 1년 가까이 정신자극제를 전혀 사용하지 않고 지냈다. 하지만 애더럴 복용을 중단하는 과정은 결코 쉽지 않았다. 가장 큰 어려움은 그녀 자신의 서사를 새롭게 써내려가는 일이었다. 그녀는 자신의 한계를 약물로 없애려 하지 않고 세상 속에서 살아가는 법을 다시 배워야만 했다. 자신의 에너지 수준이나 주관적인 행복감, 창의성이 평범하게 오르내리는 것을 견뎌내야 했다. 때로 우울하거나 지칠 때, 지루하거나 화날 때, 슬프거나 무언가에 집중하기 어려울 때가 있더라도 그런 감정들을 마음대로 없앨 수 없다는 것을 받아들여야 했다. 그것들을 그저 견뎌내야 했다.

4장

거대 약물 카르텔

제약회사와 의학계의 결탁

… 4

짐은 병원 침대에 반듯하게 누워 가늘고 긴 투명한 튜브를 통해 모르핀을 맞고 있었다. 아무런 통증도 느끼지 않았지만, 다음 진통제 투여에 강박적으로 집착했다. 주사 맞을 시간이 다가오면 분과 초를 세다가 진통제를 더 달라고 간호사를 호출했다. 하지만 간호사는 순순히 약을 주지 않았다. 짐은 그녀가 묻는 말에 제대로 답해야만 했다. 약물을 투여하기 전에 간호사는 항상 같은 질문을 했다. "0이 통증이 전혀 없는 상태이고 10이 상상할 수 있는 최악의 통증이라면, 당신이 느끼는 통증은 몇인가요?"

짐은 자신의 음주 문제를 통제하거나 통제하려고 했던 사람들을 오랜 세월 교묘히 다뤄왔다. 그 과정에서 인간 심리의 특정 측면, 특히 거짓말을 하면서도 상대방의 신뢰를 얻어내는 법을 빠삭히 알게 되었다. 따라서 이번에도 그 기술을 활용했다. 입원한 지 사흘째 되는 날, 그는 실제로 거의 통증을 느끼지 않았지만 오피오이드 사용을 원했다.

'10'이라고 말하면 과장하는 사람으로 보일 것이고, '7'보다 적은 수를 말하면 모르핀을 맞지 못할 수도 있다고 생각했다. 그래서 이렇게 말했다. "통증이 정말 심해요. 7 정도 되는 것 같아요." 합리적인 듯하면서도 여전히 충분히 괴로워 보이는 수치였다. 짐의 능숙한 심리적 조작 덕분인지는 모르겠지만, '7'이라는 숫자는 매번 효과가 있었다. 짐은 일주일가량 입원해 있으면서 4시간마다 모르핀 정맥주사를 꾸준히 맞을 수 있었다.

자신에게 무언가 문제가 있다고 의심한 순간은 단 한 번, 어느 간호사와 대화를 나눌 때였다.

간호사가 말했다. "짐, 이 약을 너무 많이 쓰시는 것 같아 걱정돼요. 이 진통제 때문에 처음 왔을 때보다 상태가 더 나빠지는 사람들을 정말 많이 봤거든요. 약에 중독된 거예요. 그런 일이 당신에게 일어나지 않았으면 좋겠어요. 그러니 조금씩 줄여보면 좋을 것 같아요. 하지만 만약 아프다고 말씀하시면······," 그녀는 무언가 생각난 듯 말을 덧붙였다. "그럴 때마다 약은 꼭 챙겨드릴게요. 걱정하지 마세요."

멀리서 희미하게 울리는 경고음이 짐의 머릿속에서 들렸다. 하지만 그 소리는 미약하고 멀게 느껴져 또 한 번의 모르핀 주사에 대한 강렬한 갈망을 이기지는 못했다.

"감당할 수 있을 것 같아요." 그는 말했다. "그런데 통증 때문에 힘드네요."

짐과 간호사 사이에서 이뤄진 이 대화는 처방 오피오이드 중독 및 오피오이드와 관련해 급증하고 있는 사망률을 이해하는 데 핵심이 된다. 짐의 담당 간호사는 그가 너무 많은 오피오이드를 맞고 있다는 사실을 어느 정도 알고 있었다. 심지어 입원 중 투여한 오피오이드 용량 때문에 '처음보다 상태가 더 나빠진' 환자들을 봤다고 인정하기도 했다. 하지만 이런 우려에도 불구하고 간호사는 표준화된 지침을 따라야 한다는 압박을 느꼈다. 즉 환자가 통증을 호소하는 한 오피오이드의 과도한 사용은 문제될 것이 없다는 지침 말이다.

오피오이드 진통제의 대유행

1990년대와 2000년대를 특징지을 뿐 아니라, 다소 느려지긴 했지만 오늘날에도 여전히 빠르게 증가하고 있는 오피오이드 대량 처방은 의료 관행의 근본적인 변화를 나타낸다. 1980년 이전만 해도 오피오이드 진통제를 사용할 때 극도의 신중을 기울였으며, 심각한 부상이나 질병, 혹은 수술 도중 짧게만 처방했다.[77,78] 오피오이드가 단기적으로 통증을 완화해주는 효과가 있었음에도 의사들이 장기간의 사용을 꺼렸던 이유는 그것이 중독을 초래할 가능성이 있다는 것을 알았기 때문이었다.*

그러나 1980년대 초반, 의료계 전문가들은 오피오이드 진통제를 더 자유롭게 사용하는 쪽으로 견해를 달리했다. 인구 고령화와 더불어 복잡한 수술을 경험하고 치명적 질병으로부터 생존하는 사람들이 증가하면서 통증을 겪는 환자 수가 늘어났다. 동시에 미국에서는 호스피스 의료라는 새로운 움직임이 나타나 생애 말기에 더욱 적극적인 완화 치료를 제공해야 한다는 주장이 제기되었다.

통증으로 고통받는 환자들의 삶을 개선하려는 선의의 노력으로 시작된 일은 곧 마약성 진통제인 오피오이드 과잉 처방의 대유행으로 이어졌다. 거대 제약회사Big Pharma, 특히 옥시콘틴과 같은 오피오이드 진통제 제조사인 퍼듀 파마Purdue Pharma가 이 대유행에서 핵심 역할을 했다. 하지만 모든 책임을 거대 제약회사에만 돌리는 것은 지나치게 단순한 해석이다. 제약업계는 학계 의사, 전문 의학회, 규제기관(주의료위원회연맹Federation of State Medical Boards과 의료기관평가합동위원회) 및 FDA와 공모해 의사들의 처방에 영향력을 행사했다. 의도적이었든 아니었든 간에, 이렇게 다양한 집단이 각자의 목적을 위해 의료 과학을 조작하고 왜곡했다.

---

* 〔지은이〕 미국은 이미 20세기에 두 차례의 오피오이드 대유행을 겪었다. 첫 번째는 헤로인이 [마찬가지로 바이엘에서 출시한] 아스피린과 함께 가벼운 질병 치료제로 판매되던 1900년대 초였다. 두 번째는 베트남전쟁과 맞물린 1960년대로 이 시기의 대유행 역시 당시 대부분 불법이었던 헤로인과 관련되어 있었다. 오피오이드에 대한 이러한 과거의 경험 때문에 의료계는 역사의 실수를 반복하는 것이 내키지 않았다.

학계 의사의 책임: 중독성을 외면하고
진통제를 옹호하는 의사들

2000년 이전에는 환자에게 추천하는 의약품과 의료용품을 제조하는 회사로부터 의사가 선물, 식사, 금전적 보상, 여행 및 기타 서비스를 제공받는 것이 일반적인 관행이었다.✢✢79 그러나 의사에게 영향력을 행사하려는 이 공공연한 시도는 이후 전국의 병원 및 기타 의료기관에서 금지되었다. 무료로 증정하는 펜이나 제약회사 직원과의 30분짜리 만남도 처방 행위에 부당한 영향을 미칠 수 있다는 점이 인식되었기 때문이다.《미국의사협회지 Journal of the American Medical Association》에 게재된 한 분석에 따르면, 제약회사로부터 금전적 보상을 받은 의사는 해당 제약사 브랜드의 의약품을 처방할 가능성이 더 높았다.[80] 최근의 미연방 법률은 의약품 또는 의료용품 회사로부터 금전적 보상을 받은 의사들에게 그 사실을 공개하도록 요구한다. '선샤인법 Sunshine Act'은 제약업계에 과도하게 밀착되어 있는

✢✢ 〔지은이〕 제약업계는 환자인 소비자에게 직접 홍보하는 D2C 마케팅 광고 direct-to-consumer advertising에도 관여한다. 소비자는 더 나은 수면, 더 뜨거운 섹스(또는 중년 이상의 경우 모든 섹스), 통증 감소, 더 큰 기쁨을 홍보하는 제약회사 광고에 익숙하다. 이러한 광고에는 황홀한 여성이 봄날의 풀밭을 달리고, 그 여성의 어깨에 나비가 날아드는 장면이 자주 등장하며, "X라는 약이 당신에게 맞는지 의사에게 문의하세요"라는 문구로 끝나는 경우가 많다. 의사들은 어떻게 해서든 환자를 만족시키고자 하는 경향이 있기 때문에 이런 식의 광고는 약 처방하는 데 충분히 영향을 미칠 수 있다. 따라서 환자가 특정 약에 대해 문의하면 의사는 비슷한 다른 약보다 광고에 나오는 해당 약을 처방할 가능성이 높다.

의사들의 목록을 환자가 알 수 있도록 하기 위해 2014년 9월 기업이 의사에게 지급하는 10달러 이상의 모든 금액을 온라인에 공개하도록 의무화했다.[79] 이러한 변화로 인해 많은 의사들이 거대 제약회사로부터 공개적으로 선물을 받는 것을 꺼리게 되었다.

이에 거대 제약회사는 전술을 바꿔 대응했다. 의사에게 직접 특혜를 제공함으로써 처방에 영향력을 행사하는 대신, 학계 연구자들의 도움을 받아 자사 제품을 홍보하는 방법, 즉 자신들의 존재를 전면에 드러내지 않는 방법을 택한 것이다. 거대 제약회사는 자사 의약품에 유리한 연구 결과를 낸 연구자들(의사들)만을 선별해 이들을 '선구자thought leader'로 명명했다. 제약회사들은 '선구자'들이 전국을 돌아다니며 의학 콘퍼런스나 소위 정보 제공 세미나에서 자신의 연구를 발표하도록 비용을 지원했다. 제약회사는 선구자들의 메시지가 자사 브랜드와 노골적으로 연관되지 않도록 주의했다. 그들은 종종 선구자들에게 거액의 강연료를 제공했고, 어떤 경우에는 의학 콘퍼런스/세미나를 진행하는 데 필요한 금액 전체를 지원금으로 제공하기도 했다. 제약회사는 제품을 홍보하는 동시에 자신들이 선발한 선구자의 학술 경력도 지원했다.

이 교묘하고도 믿기 어려울 정도로 강력한 방법, 즉 '약물을 실은 트로이 목마'는 환자를 진료하는 보통의 의사들에 대한 배신이다. 보통의 의사들은 학계 동료들이 편향되지 않은 연구를 제시하리라고 믿으며, 또한 학술대회에 참석할 때 주

최 측이 다양한 관점을 갖고 과학적으로 타당한 견해를 대변하는 연사들을 초청하리라고 믿는다.

《뉴욕타임스》 저널리스트 배리 마이어Barry Meier는 자신의 저서 《페인킬러Pain Killer》[81]에서 거대 제약회사가 러셀 포테노이Russell Portenoy 박사를 '선구자'로 활용한 과정을 묘사한다. 제약회사는 포테노이 박사가 미국 전역을 돌며 다양한 통증 유형에 대해 더 자유롭게 오피오이드를 처방할 수 있음을 홍보하도록 지원했다. 그의 강연은 제약회사로부터 직접 후원을 받거나, 제약회사의 자금을 받아 의사 연수교육 프로그램을 운영하는 단체인 대너밀러 재단Dannemiller Foundation의 후원을 받았다. 포테노이 박사는 최소 12개 이상의 회사와 재정적 관계를 맺고 있었으며, 그중 대부분이 처방용 오피오이드를 생산하는 회사였다.[81]

포테노이 박사 등은 의사들에게 오피오이드에 대한 몇 가지 잘못된 견해를 전달했는데, 그중 첫 번째는 이 약물이 3개월 이상 지속되는 만성 통증 치료에 효과적이라는 것이었다. 단기 오피오이드 치료의 이점은 여러 임상시험에서 입증되었지만[82] 만성 통증 관리에 오피오이드 사용이 효과적임을 뒷받침하는 증거는 거의 없으며, 장기 사용 시 오히려 위험성이 이점을 능가할 수 있다.[83] '오피오이드 유발 통각 과민증opioid induced hyperalgesia, OIH'이라고 하는 역설적인 통증 증가가 바로 그 위험 중 하나다. 여기서 'hyper'는 '더 많은/과도한'을, 'algesia'는 '통증'을 뜻한다. 동물과 인간을 대상으로 한 연구에 따르면,

오피오이드를 장기간 사용할 경우 통증에 대한 민감도가 높아져 전에 없던 통증증후군이 발생할 수 있다.[84] 만성 요통 환자 6명을 대상으로 한 소규모의 전향적 연구*에 따르면, 경구 모르핀을 복용하기 시작한 6명 모두 4주 후 통각 과민증, 즉 통증에 대한 민감도가 증가했다.[85]

잘못된 견해 중 두 번째는 통증 치료를 위해서라면 오피오이드 용량을 얼마든지 높여도 된다는 것이었다. 하지만 실제로는 대부분의 경우 몇 주에서 몇 달 안에 오피오이드의 통증 완화 효과에 대한 내성이 생기며, 이 시점부터는 용량을 아무리 높여도 추가적인 진통 효과가 발생하지 않는다. 반면 용량이 증가할수록 부작용은 심해지고, 중독 위험 및 우발적인 과다 복용으로 인한 사망 위험도 높아진다.[83]

포테노이 박사는 1986년 캐슬린 폴리Kathleen Foley 박사와 함께 의학저널 《통증Pain》에 발표한 연구를 근거로 잘못된 주장을 펼쳤다. 오피오이드로 치료받은 만성 통증 환자 38명을 대상으로 한 이 연구에서 그들은 다음과 같이 기술했다. "오피오이드 유지 요법은 난치성 비암성 통증이 있고 약물 남용 병력이 없는 환자에게 안전하고 유익하며 더 인도적인 대안이 될 수 있다."[86] 이 주장의 취지는 오피오이드를 수술이나 부상 후

---

* [지은이] 전향적prospective 연구란 연구 시작 시점을 기준으로 대상자를 일정 기간 이후로 추적 관찰하며, 시간의 흐름에 따라 변화나 결과(ex. 질병 발생, 치료 반응 등)를 분석하는 연구 설계를 말한다. 이와 반대로 이미 일어난 사건을 과거 자료를 통해 살펴보는 연구는 후향적retrospective 연구라고 한다.

급성기와 생애 말기 완화의료 시 통증에만 사용해왔던 관행에서 벗어나자는 데 있었다. 또한 그들은 만성 통증을 치료하는 데 고용량의 오피오이드를 사용해도 된다고 주장하며, 호흡 억제 및 중독으로 인한 사망 위험을 피하기 위해 최소량 사용을 권장하던 기존 관행을 정면으로 부정했다. "우리는 최대 복용량을 설정해야 한다는 개념에 동의하지 않는다. 통증 치료에서 오피오이드 사용의 약리학적 원리는, 효과가 나타날 때까지 용량을 점진적으로 조절하는 데 기반을 두고 있다."[86]

하지만 포테노이와 폴리가 38명의 환자를 대상으로 진행한 이 검토는 신빙성 있는 과학적 근거로 보기 어렵다. 대상 환자 수가 충분히 많지 않았으며, 위약placebo을 복용하거나 물리치료와 같은 다른 통증 치료를 받는 비교군도 없었기 때문이다. 또한 이 연구는 전향적 연구가 아니라 후향적 연구로, 실시간으로 환자들의 반응을 수집하는 대신 환자들에게 과거 경험을 떠올리도록 요청했다. 따라서 회상 효과recall effects로 인해 편향된 결과가 도출되었을 가능성이 있다. 이 환자들은 오피오이드로 통증이 개선되었다고 답했지만 신체 기능상의 개선은 전혀 보고하지 않았다. 그럼에도 이 연구는 의료계에서 큰 유명세를 얻었으며, 연구의 출판 및 확산으로 인해 만성 통증 환자에 대한 오피오이드 처방률이 급격히 증가했다.[87]

포테노이 박사의 강연이 점점 더 많은 청중을 끌어모으면서 그는 자신의 견해를 뒷받침하는 다른 출판물을 자주 인용했다.[81] 그는 1980년 《뉴잉글랜드 의학저널New England Journal of

Medicine》의 '독자 편지'로 실린 〈마약류로 치료한 환자가 중독되는 경우는 드물다〉를 반복적으로 언급하며 자신의 주장을 강화했다. 이 서한에서 연구자들은 오피오이드로 통증 치료를 받은 1만 1882명의 입원 환자 중 단 4명 만이 중독 사례를 보였다고 보고했다.[46] 이 글은 여러 의사들과 의료 단체에 의해 널리 인용되었으며, 제약업계는 오피오이드 약제 광고에서 이를 빈번히 활용하며 '통증 치료를 위해 오피오이드를 복용한 환자의 중독률은 1% 미만'이라는 점이 입증된다고 주장했다.[81] 그러나 이 잘못된 견해는 가장 심각한 오류 중 하나, 즉 의사가 처방한 오피오이드는 중독 가능성이 없다는 잘못된 인식을 퍼뜨렸다.* 이는 오피오이드가 본래 가진 중독 가능성이 의사의 처방이라는 권위 아래 마법처럼 사라질 수 있다는 암시를 담고 있다. 하지만 이제 우리는 의사가 처방한 오피오이드 진통제 역시 길거리에서 구매한 헤로인만큼이나 중독성이 강하다는 사실을 알고 있다.

유사과학에 의해 퍼져나간 오늘날의 잘못된 견해 중 마지막은 '유사중독pseudoaddiction'이라는 개념이다. 의사들은 부적절

---

* 〔옮긴이〕《뉴잉글랜드 의학저널》의 해당 서한 웹페이지에는 다음과 같은 편집자 주가 달려 있다. "공중보건 측면에서 독자들은 이 서한이 오피오이드 요법에서 중독이 드물다는 증거로 과도하고 무비판적으로 인용되었다는 점을 알아야 한다." 다음의 문서는 이와 관련된 역사를 설명한다. Leung PTM & Macdonald EM & Stanbrook MB & Dhalla IA & Juurlink DN, "A 1980 Letter on the Risk of Opioid Addiction", *New England Journal of Medicine*, 2017 Jun 1;376(22):2194-2195.

한 통증 조절로 인해 약물 추구 행동drug-seeking behavior[++]을 보인 환자 1명에 대한 단일 증례보고case report를 바탕으로,[88] 오피오이드 진통제를 처방받은 환자의 약물 추구 행동을 중독이 아닌 통증에서 비롯되는 것으로 학습하게 되었다. 이 때문에 환자에게서 약물 추구 행동이 나타날 때 그 해결책으로 오피오이드 용량을 늘리는 것이 당연시되고 있다. 물론 많은 환자가 쇠약해질 정도로 심한 통증을 겪고 있으며, 그 경우 때로는 오피오이드 진통제의 용량을 늘리는 것이 적절한 개입일 수도 있다. 그러나 통증을 호소하면서 약물 추구 행동을 보이는 일부 환자는 오피오이드에 중독되어 있을 가능성도 있으며, 이들 중 몇몇은 적절한 통증 치료를 받지 못했을 가능성이 있다. 이런 환자를 돕기 위해 의사는 약물중독의 가능성을 간과하지 않아야 하며, 통증과 중독이라는 두 가지 병적 상태를 함께 인지하고 치료해야 한다.

2011년 책임 있는 오피오이드 처방을 위한 의사회Physicians for Responsible Opioid Prescribing, PROP[89] 웹사이트에 공개된 러셀 포테노이 박사의 인터뷰 영상을 보자.[+++] 그는 1990년대와 2000년대 초반에 오피오이드를 적극적으로 옹호했던 자신의 행적을 다음과 같이 묘사했다. "저는 1차 진료 의사들을 대상으로 수많은 강연

[++] 〔옮긴이〕 환자가 치료 목적이 아니라, 약물이 주는 쾌감이나 의존적 갈망을 채우기 위해 약을 얻으려는 행동을 뜻한다.
[+++] 〔옮긴이〕 해당 영상은 다음 링크에서 볼 수 있다. https://www.youtube.com/watch?v=-jG60K4rKhw

을 했습니다. 그중 제인 포터Jane Porter와 허셜 직Hershel Jick의 글은[46] 제가 자주 인용했던 데이터 중 하나에 불과합니다. 그 외에도 6~7가지 남짓, 어쩌면 10가지에 이르는 오피오이드를 옹호하는 다른 견해나 근거를 인용했지만, 그중 어떤 것도 신빙성은 없었습니다. 그렇지만 제가 하고자 했던 것은 이런 정보들을 종합해 1차 진료에 종사하는 사람들이 오피오이드를 이전보다 더 긍정적으로 느끼도록 일종의 서사를 구성하는 작업이었습니다. …… 오피오이드에 대한 낙인을 퇴치하는 것이 주된 목표였기에 우리는 근거를 뒷전으로 미루곤 했습니다."[89]

전문 의학회의 책임: 더 자유로운 진통제 사용?

가정의학과부터 정형외과까지 의학의 모든 분과에는 의사들 스스로 만든 학회가 있다. 학회의 목적은 해당 전문 분야와 소속된 의사들을 홍보하고, 이론적 측면에서 환자를 대변하는 데 있다.

1980년대부터 여러 통증학회에서는 통증 환자에 대한 더 나은 치료를 요구하며 캠페인을 벌였고, 통증 치료에서 오피오이드 진통제를 더 자유롭게 사용할 것을 주장했다. 이들의 의도는 겉보기에 숭고해 보였다. 그러나 자세히 들여다보면, 일부 통증학회는 제약회사의 재정적 보조를 받으며 편향된 입장을 취했다. 이들은 통증에 처방하는 오피오이드의 중독 위험을 축소하고 통증으로 고통받는 미국인의 수를 부풀리는 등 사실이 아닌 정보를 퍼뜨리는 데 기여했으며, 더 나아가 '통증 환자에게 오피오이드를 처방하지 않으려는 의사'를 낙인찍는 데도 일조했다.

미국통증재단American Pain Foundation은 통증 치료 의사들로 구성된 학회로, 2010년 그해의 기금 500만 달러 중 90%를 제약 및 의료기기 업계로부터 수령했다. 다른 통증학회가 거대 제약회사로부터 어느 정도 보조금을 받았는지는 불분명하지만, 2012년 《프로퍼블리카ProPublica》에서 발행한 한 기사에 따르면, 미국 상원의원 맥스 보커스Max Baucus와 척 그래슬리Chuck Grassley는 미국통증재단, 미국통증의학아카데미American Academy of Pain Medicine, 미국통증의학회American Pain Society, 위스콘신 통증 및 정책그룹Wisconsin Pain and Policy Group, 그리고 실용생명윤리센터Center for Practical Bioethics에 대한 조사를 시작했다. 이는 퍼듀 파마, 엔도 제약Endo Pharmaceuticals, 존슨앤존슨Johnson and Johnson 등의 제약회사들이 여러 의학회에 오피오이드 진통제 처방을 장려하도록 얼마나 영향을 미쳤는지를 밝히기 위함이었다.[90]

1995년에 설립된 미국통증의학회는 러셀 포테노이 박사를 초대 회장으로 임명했으며, 통증 치료를 위해 의사들에게 오피오이드를 더 많이 처방하도록 촉구하는 치료 지침을 발표했다. 이 학회는 의료계에 존재하는 자칭 '오피오이드 공포증opioiphobia'(오피오이드 처방에 대한 두려움)을 없애는 데 목표를 두었다. 미국통증의학회와 미국통증의학아카데미는 1997년에 공동 합의문을 발표하며, 통증 치료를 위해 처방된 오피오이드가 바로 그 오피오이드 중독을 일으킬 수 있다는 증거가 불충분하다고 주장했다.[91]

2011년 미국의학한림원The Institute of Medicine, IOM은 의회로부터 의뢰를 받아 〈미국에서 통증 완화하기〉라는 제목의 보고서를 발표했다. 이 보고서에서는 인구의 3분의 1에 가까운 1억 명의 미국인이 만성 쇠약성 통증으로 고통받고 있으며, 이로 인한 의료비와 생산성 손실로 매년 6000억 달러의 비용이 발생한다고 밝혔다.[92] 또한 통증 관리를 개선하기 위해 '문화적 전환cultural transformation'이 필요하다고 주장했다. 사실상 1억 명은 과장된 숫자로, 실제로는 약 2500만 명, 즉 미국 전체 인구의 약 15%가 쇠약성 통증을 겪는 것으로 추정된다.[93] 물론 2500만 명이라는 숫자도 여전히 상당하며, 이 환자들은 적절한 의료적 관심과 치료를 받을 자격이 있다. 그러나 미국의학한림원의 보고서가 요구한 '문화적 전환'은 이미 발생했고, 더 나아가 의사들이 과도하게 오피오이드를 처방하는 수준에까지 이르렀다.

2010년 국제통증연구협회International Association for the Study of Pain, IASP는 다음과 같은 권리 선언을 발표했다. "모든 환자는 나이, 성, 성별 정체성, 의학적 진단, 인종 또는 민족, 종교, 문화, 결혼 여부, 시민권 또는 사회경제적 지위, 성적 지향, 정치적 또는 기타 의견에 따른 차별 없이 통증 관리를 받을 권리가 있다. …… 적절한 치료에는 오피오이드 및 기타 필수 진통제를 포함한 통증 치료제에 대한 접근이 포함된다"[94] 정책 지침이라기보다는 환자 권리장전patient bill of rights에 가까운 이 성명은 오피오이드 요법에 대한 낙인을 없애는 캠페인이 통증에 오피오이드를 처방하지 않는 의사를 낙인찍는 캠페인으로 변질된 과정을 보여준다. 의사들은 비윤리적이고 차별적인 진료를 하지 않으려면 모든 형태의 통증에 점점 더 많은 양의 오피오이드를 처방해야 한다는 압박을 받게 되었다.

연방의사면허기구연합의 책임:
진통제 처방을 거부하는 의사는 처벌해야 한다?

연방의사면허기구연합Federation of State Medical Boards, FSMB은 미국과 미국 영토 내 70개의 전문의 자격증 위원회를 감독하는 국가기관이다. 이 기관은 다양한 기능을 수행하는데, 그중 하나는 의사를 감시하고 환자에게 위험하다고 판단되는 의사를 적발해 징계 조치를 내리는 것이다. 가장 심각한 징계 조치 중 하나는 의사면허 박탈이다.

1998년 연방의사면허기구연합은 통증 치료를 위해서라면 다량의 오피오이드를 처방하더라도 기소되지 않는다며 의사들을 안심시키는 정책을 발표했다. 2001년 캘리포니아주의 모든 의사는 면허 유지 요건으로 통증 치료에 관한 하루 과정의 교육을 이수해야 했다. 나아가 연방의사면허기구연합은 주state 의사면허기구에 통증을 제대로 치료하지 않는 의사를 처벌할 것을 촉구했고, 따라서 오피오이드 진통제를 거부할 경우 의사들은 의료위원회의 징계와 그에 따른 소송을 걱정해야 했다. 1991년 노스캐롤라이나주에서는 간호사가 통증을 적절히 해결하라는 의사의 지시를 따르지 않아 가족에게 750만 달러의 배상금을 지급했고(헨리 제임스 대 힐헤이븐 판례Henry James v. Hillhaven), 1998년 캘리포니아주에서는 의사가 환자의 통증을 적절히 관리하지 않았다는 이유로 그 가족에게 150만 달러의 배상금을 지급했다(버그만 대 에덴 메디컬 센터 판례Bergman v. Eden Medical Center).

연방의사면허기구연합은 오피오이드 진통제 사용을 장려하는 책을 출판하기도 했다. 해당 책은 퍼듀 파마, 엔도 헬스 솔루션Endo Health Solutions 등의 재정 후원(총 28만 달러) 및 퍼듀 파마의 고위 임원인 데이비드 해덕스David Haddox의 지원으로 제작되었다.[81] 연방의사면허기구연합 역시 1997년 이후 오피오이드 제약회사로부터 약 200만 달러의 지원금을 받았다고 인정했다.[81]

의료기관신임합동위원회의 책임: '통증 척도'라는 모순

흔히 의료기관평가합동위원회The Joint Commission, TJC*라 불리

---

* 〔옮긴이〕 참고로 국내 병원에서 활용되는 국제 인증 제도로는 국제의료기관평가

는 의료기관신임합동위원회The Joint Commission on Accreditation of Healthcare Organizations, JCAHO는 미국의 의료기관 및 프로그램을 인증하는 비영리 기관이다. 이 합동위원회는 1950년대에 환자의 호전 여부를 평가함으로써 병원을 개혁하려는 운동에서 출발했다. 이후 수년에 걸쳐 여러 의료 연합체를 하나로 통합해 권한을 강화했고, 2007년 '합동위원회'로 명칭을 단순화했다. 이 기관은 '의료기관이 환자를 돕도록 지원하는 것'을 사명으로 삼는다.

오늘날 다수의 병원과 클리닉은 운영 자격을 유지하기 위해 합동위원회로부터 필수적으로 인증을 받아야 한다. 최대 규모의 연방 기금 보험 프로그램인 메디케어 및 메디케이드 서비스센터Centers for Medicare and Medicaid Servicies, CMS의** 서비스 비용 지급 수준도 합동위원회의 인증에 따라 달라진다. 인증은 주기적인 평가를 통해 이루어지며, 병원들은 이를 준비하기 위해 막대한 시간과 비용을 들인다. 평가 비용은 병원이 합동위원회에 직접 지급한다.

평가는 병원이 '최적의 진료best practices'를 준수하는지 점검한다. 합동위원회는 최적의 진료에 대한 자체적인 기준을 다음과 같이 제시한다. "합동위원회는 의료 전문가, 의료 제공

위원회Joint Commission International, JCI 인증이 있다. JCI는 1994년에 TJC의 국제 부서로 설립되었으며, JCI 인증은 전 세계 의료기관을 대상으로 엄격한 국제표준 의료서비스 심사를 거친 의료기관에 발급하는 제도로 알려져 있다.

** 〔옮긴이〕 메디케어는 주로 65세 이상의 노인 및 특정 장애가 있는 사람들을 대상으로 하는 미국 연방정부의 의료비 지원 프로그램이며, 메디케이드는 저소득층을 위해 연방정부와 주정부가 공동으로 운영하는 의료서비스 접근성 보장 프로그램이다.

자, 세부 전문가, 소비자, 정부기관(메디케어 및 메디케이드 서비스센터 포함) 및 고용주의 의견을 수렴해 표준을 개발하고, 과학 문헌과 전문가의 합의를 바탕으로 위원회 이사진의 검토를 거친다. 새로운 표준은 환자의 안전이나 의료 품질과 관련이 있고, 건강 결과에 긍정적 영향을 미치며, 법과 규정을 충족하거나 초과하고, 정확하고 신속하게 측정할 수 있는 경우에만 추가된다."[95]

2001년 합동위원회는 '통증'을 심박수, 체온, 호흡수, 혈압과 함께 환자의 주요 신체 기능을 나타내는 '다섯 번째 활력 징후 fifth vital sign'로 지정했다. 그러나 통증은 기존의 활력 징후와 달리 객관적으로 측정할 수 없다. 이에 합동위원회는 통증 평가를 위해 '시각적 아날로그 척도 Visual Analogue Scale, VAS'를 활용하도록 권장했다. 이는 미소 짓는 얼굴부터 찡그린 얼굴까지 통증의 정도를 나타내는 그림과 함께, 1부터 10까지의 숫자로 통증을 평가하는 방식이다. 10은 사람이 견딜 수 있는 최악의 통증을, 1은 발가락을 살짝 부딪혔을 때 느낄 법한 경미한 통증을 나타낸다. 이처럼 통증을 정량화함으로써 의사들 사이에서 절차의 표준화가 가능해졌고, 새로운 표준을 도입하려면 '정확하고 신속하게 측정 가능해야 한다'는 합동위원회 자체 요구사항도 충족할 수 있게 되었다.

시각적 아날로그 척도와 수치화된 통증 척도는 언뜻 객관적인 것처럼 보이지만 전적으로 임의적인 측정 방식에 불과하다. 실제로 사람의 통증을 정확히 측정할 수 있는 방법 같은 것은 없다. 어떤 이는 다리가 절단되고도 통증 척도상 1에 해당하는 통증을 느낄 수도 있고, 또 다른 이는 단지 발가락을 차인 것만으로도 10에 해당하는 통증을 느낄 수 있다. 통증 척도의 사용이 치료 결과를 개선한다는 과학적 연구 결과 역시 부재한다. 반면 통증 척도의 사용이 오피오이드 처방과 사용을 증가시킨다는 사실은 데이터를 통해 확인되었다.[96,97]

합동위원회는 전국적인 규모의 통증 관리 교육 프로그램 pain management educational program에 착수해 병원에 교육 자료를 판매했고, 그렇게 해서 병원이 위원회의 다음 조사를 통과하는 데 필요한 통증 치료 기준을 충족할 수 있도록 했다.[98] 이 자료에는 통증의 시각적 아날로그 척도 카드와 포스터, 통증 치료에 더 자유로운 오피오이드의 처방을 장려하는 교육용 비디오가 포함되어 있었다. "일부 임상 의사들은 중독, 내성 및 사망 위험에 대해 부정확하고 과장된 우려를 하고 있습니다. …… 통증 조절을 위해 오피오이드를 투여할 때 중독이 심각한 문제를 일으킨다는 증거가 없음에도 이런 태도가 널리 퍼져 있습니다."[99] 그중 다수의 교육 자료는 마약성 진통제인 옥시콘틴의 제조사 퍼듀 파마가 제작해 합동위원회에 무료로 제공한 것이다.

2003년에 발간된 정부 감사 보고서는 합동위원회와 퍼듀 파마의 관계에 대해 다음과 같이 언급하고 있다.

옥시콘틴이 시장에 출시된 1996년부터 2002년 7월까지 퍼듀사는 직접 후원 또는 재정 보조금을 통해 2만 개 이상의 통증 관련 교육 프로그램에 자금을 지원했다. 의사에게 필수 연수교육Continuing Medical Education, CME 학점을 취득할 기회를 제공하는 프로그램 역시 해당 보조금으로 운영된다. 2001년과 2002년 퍼듀사는 병원에 근무하는 의사와 직원들에게 합동위원회의 병원 통증 관리 표준을 준수하는 방법을 교육하고 수술 후 통증 치료에 대해 논의하는 9개 프로그램을 전국적으로 지원했다. 퍼듀사는 합동위원회의 통증 관리 교육 프로그램에 자금을 제공한 단 두 곳의 제약회사 중 하나였다. 퍼듀사는 합동위원회와의 계약에 따라 특정 교육용 비디오와 통증 관리에 관한 책을 배포할 수 있는 유일한 제약회사로, 그 자료는 합동위원회 웹사이트를 통해서도 구매할 수 있다. 퍼듀사는 합동위원회와 함께 이러한 활동에 참여함으로써 병원에 쉽게 접근해 옥시콘틴을 홍보할 기회를 마련했을 가능성이 있다.[98]

2012년 합동위원회는 병원에서 오피오이드를 안전하게 사용할 수 있는 방안에 관한 보고서를 발간했다. 이 보고서는 입원 환자의 오피오이드 과다 복용 발생률을 낮추기 위한 환자 평가 및 관리 개선의 필요성을 공개적으로 인정했다.[100]

FDA의 책임: 중독성 처방약물의 시장화를 부추기다

　FDA는 미국 보건복지부 산하 기관으로 의약품의 안전성, 효과 및 품질을 보장하는 업무를 담당한다. 의약품이 시장에 출시되기 전 의약품을 승인하고, 의약품이 대중에게 보급된 후에는 그 안전성과 마케팅을 지속적으로 감시한다. FDA는 근거가 부족한 상황에서도 만성 통증 치료에 오피오이드를 홍보하는 제약회사들을 막지 못한 것은 물론이고, 그들이 시장에 출시하는 새로운 오피오이드를 더 쉽게 승인받을 수 있도록 함으로써 처방 오피오이드 진통제 대유행을 일으키는 데 일조했다.

　특정 약품에 대해 FDA 승인을 받고자 하는 모든 제약회사는 일련의 임상시험을 통해 해당 약품이 위약보다 우수하며, 설령 부작용이 따르더라도 그 위험보다 잠재적 혜택이 크다는 것을 입증해야 한다. 1990년대 후반 FDA는 선별 등록 enriched enrollment이라는 새로운 연구 프로토콜을 도입해 승인 체계를 가다듬었다. 이 프로토콜이 적용되면 연구 규모를 축소하고 의약품 개발 시간을 단축할 수 있을 뿐 아니라 제약업계의 개발 비용도 절감될 거라는 게 FDA의 설명이었다. 《위스콘신 센티널Wisconsin Sentinel》의 탐사 저널리스트 존 파우버John Fauber는 연구 요건 변경이 학계 출신의 통증의학 전문가들과 FDA 관계자들 사이에서 10년 이상 진행된 회의를 통해 내려진 결정이라고 분석했다. 초대받은 이들만 참석할 수 있는 이 회의에는 최대 3만 5000달러를 후원한 거대 제약회사 대표들이 참석했고, 이로 인해 "미연방 규제 당국과 규제 대상이 되는 제약회사의 상호작용을 둘러싸고 심각한 의문"이 제기되었다.[101] 선별 등록 프로토콜은 제약회사가 실질적인 효과가 없는 오피오이드를 승인받기 위해 쓴 속임수로 보인다.

어떤 약을 위약과 비교하는 전통적인 연구에서는 참가자를 무작위로 두 그룹 중 하나에 배정한다. 무작위 배정은 어떤 그룹도 다른 그룹보다 해당 약이나 위약 사용 후 더 나아지거나 더 나빠지는 경향을 보이지 않도록 보장하기 때문에 좋은 임상 연구에서는 기본적인 요건이다. 이러한 전통적인 연구 설계에서는 오피오이드가 만성 통증 치료에 별반 효과를 보이지 않았다. 이런 일이 발생하는 이유에는 여러 가지가 있다. 첫째, 오피오이드를 복용한 많은 환자가 어지럼증, 변비, 메스꺼움, 구토 등의 부작용으로 임상시험에서 중도 탈락했다. 둘째, 위약 그룹의 참가자들에게서 더 나은 결과가 나타났는데, 부작용이 없었다는 것이 부분적인 이유였다. 위약이 만성 통증에 꽤 좋은 약으로 판명된 것이다. 제약회사는 FDA 승인에 필요한 결과를 얻지 못하고 있었기에 당연히 좌절할 수밖에 없었고, 이 때문에 연구 설계가 수정되었다. 오늘날까지 사용되고 있는 그 새로운 설계가 소위 '선별 등록'이다.

선별 등록에서는 참가자의 절반에게 연구용 약물을 주고 나머지 절반에게 위약을 주는 대신, 연구자와 참가자 모두 약의 라벨을 통해 해당 약이 어떤 약인지 알 수 있는 '오픈 라벨 단계'를 만들어 참가자 전원에게 연구용 약물을 제공한다. 이 오픈 라벨 단계에서는 일반적으로 참가자의 절반 정도가 중도 탈락하는데, 부작용 혹은 오피오이드 과민증 때문이거나 오피오이드가 만성 통증에 그렇게 효과가 좋지 않기 때문이다. 남은 참가자들은 모두 오피오이드에서 어느 정도 효과를 보는 이들이다. 오픈 라벨 단계가 끝나면 모든 참가자는 오피오이드 용량을 줄이거나 중단하고, 그 뒤 다시 오피오이드 복용 그룹과 위약 그룹에 무작위 배정된다.

선별 등록 연구 설계는 한계가 있는 방식이다. 왜냐하면 만성 통증 환자 전체가 아니라 이미 오피오이드를 선호하는 만성 통증 환자들만을 연구 대상으로 삼기 때문이다. 또한 이 연구는 이중 맹검*도 아닌데, 경우에 따라 몇 주 또는 몇 달 동안 지속될 수 있는 오피오이드 금단 증상을 경험하는 참가자가 위약에 무작위로 배정되었을 때 증상이 계속 악화될 수 있기 때문이다. 오피오이드 복약 상태를 선호했는데 위약에 무작위로 배정된 많은 참가자들이 자연스레 중도 탈락하게 되고, 따라서 연구 약물 투여군보다 위약 투여군에서 중도 탈락률이 더 높아지는 것이다. 결과적으로 오피오이드 연구 약물이 위약보다 더 나은 것으로 판명돼 FDA의 승인이 이뤄졌다.

이런 비유를 들어 설명해볼 수 있을 것이다. 아이들이 점

---

* 〔옮긴이〕 연구 참여자와 연구자 모두가 어떤 치료를 받는지 모르게 하여, 기대나 편견이 결과에 영향을 주지 않도록 하는 임상시험 설계 방식이다.

심시간에 행복하면서도 얌전히 지낼 수 있게 하려면 미술과 공예를 하는 것보다 축구를 하는 것이 더 낫다는 가설을 실험을 통해 입증한다고 가정해보자. 3학년 전체 학생을 대상으로 무작위로 이름을 추첨해서 절반은 축구를 하게 하고 나머지 절반은 미술 공예 테이블에 앉아 인형을 만들도록 배정한다. 그리고 난 뒤 몇 가지 척도를 사용해 아이들이 두 가지 활동 중에서 무엇을 할 때 더 행복을 느끼고 원활히 참여했는지를 평가한다. 이런 방식이 전형적인 무작위 연구 설계다.

이제 이 방법 대신 2주간 매일 점심시간에 모든 아이들에게 축구를 하게 한 다음, 추후 다른 그룹으로 무작위 배정을 시행한다고 가정해보자. 축구를 좋아하거나 운동량이 많거나 에너지가 많은 아이는 이 방식을 좋아할 것이고, 선천적으로 운동신경이 없거나 에너지가 부족하거나 스포츠를 싫어하는 아이는 좋아하지 않을 것이다. 따라서 상당수는 단순히 참여를 거부하거나 심지어 점심시간에 축구에 참여하지 않게 해달라는 부모님의 의견서를 제출할 수 있다. 그 결과 2주가 되어갈 즈음에는 많은 아이들이 연구에서 중도 탈락해 절반가량만 축구를 하고 있을 수 있다. 모든 임상 연구에는 중도 탈락하는 피험자가 있기 때문에 시작 시기보다 훨씬 적은 수의 피험자가 남기 마련이다.

남은 아이들 대부분은 원래 축구를 좋아하는 아이들이다. 이제 이 아이들 중 절반을 축구에, 나머지 절반을 미술과 공예에 무작위로 배정한다. 축구에 배정된 아이들은 행복하겠지만, 미술과 공예에 배정된 아이들은 그다지 행복하지 않을 것이다. 이들은 축구를 하길 원하는 데다 몸이 점심시간에 운동하는 데 익숙해져서 가만히 앉아 있기 어렵다. 이로 인해 축구를 하는 아이들이 미술과 공예를 하는 아이들보다 훨씬 더 행복하고 더 나은 행동을 한다는 연구 결과가 도출되는 것처럼 보이고, 결국 지역의 모든 학교가 점심시간에 축구를 의무 활동으로 지정하게 된다.

　FDA는 처방 오피오이드 유행에 대응하기 위해 몇 가지 제한적인 혁신을 시도했지만, 한 걸음 앞으로 나아갈 때마다 두 걸음 뒤로 물러났다. 2014년 FDA가 1990년대와 2000년대 초반 대량으로 오남용된 진통제 중 하나인 바이코딘을 2급 규제약물로 재분류함으로써 의사가 해당 약물을 처방하기 어려워졌고, 환자 역시 처방을 받기 어려워졌다.[102] 그러나 한 해 전인 2013년 FDA는 바이코딘과 비슷하거나 더 중독성이 강한 장기 작용 진통제인 조하이드로를 승인했다. 한편 FDA는 오파나 같은 약물에 대한 시장 허가를 유지하고 있다. 오파나는 2011년에 '남용 방지용' 오피오이드로 승인되었지만, 주사제로 사용할 경우 그 중독성이 강한 것으로 나중에 밝혀졌다. 오파나 주사는 2015년 인디애나주 시골 지역에서 증가한 [후천성면역결핍증 Acquired Immunodeficiency Syndrome, AIDS을 유발하는] 인간면역결핍바이러스 Human Immunodeficiency Virus, HIV 유행 및 켄터키주, 테네시주, 웨스트버지니아주, 버지니아주에서 급격히 증가한 C형 간염 감염의 발생과 관련이 있는 것으로 최근에 밝혀졌다.

폭주 기관차의 탄생: 거대 제약사와 거대 의학의 결탁

2007년 퍼듀 파마의 최고 경영진 3명은 옥시콘틴에 실제보다 중독성이 덜하다고 '허위 표기'를 한 혐의로 유죄를 인정받았고, 퍼듀 파마는 6억 3400만 달러의 벌금을 납부했다. 이는 미국 법무부 역사상 제약회사가 낸 벌금 중 11번째로 많은 금액이었다. 2007년 퍼듀 파마가 낸 벌금 중 약 1억 6000만 달러는 연방정부와 일부 주에서 빈곤층을 위한 정부 의료 보험인 메디케이드 프로그램의 손해배상금으로 사용되었다.[103]

특히 처방 오피오이드 대유행으로 심한 타격을 입은 주 중 하나인 켄터키주는 유일하게 50만 달러의 환급을 거부하고 퍼듀 파마를 상대로 자체 집단 소송을 제기했다. 일리노이주와 캘리포니아주에서도 비슷한 집단 소송이 제기되었다. 퍼듀 파마에 대한 켄터키주의 소송이 재판에 회부되면 이는 전례 없는 주목을 받게 될 것이다. 퍼듀 파마는 지금껏 옥시콘틴과 관련해 재판에 소환된 적이 없으며, 옥시콘틴 사용과 관련된 400건 이상의 개인 상해 소송을 기각하는 데 성공했다. 켄터키주가 승소할 경우, 퍼듀 파마는 1990년대 거대 담배회사 Big Tobacco가* 집단 소송으로 인해 지불했던 수십억 달러에 버금가는 엄청난 벌금을 물게 될 것이다. 그러나 안타깝게도 1999

---

* 〔옮긴이〕 미국의 3대 담배 회사인 필립 모리스 USA, R.J. 레이놀즈, 로릴라드를 가리키는 용어로, 담배 산업 전체를 뜻하기도 한다.

년과 2013년 사이에 처방 오피오이드 과다 복용으로 사망한 17만 5000명과 그 전후에 목숨을 잃은 사람들을 생각하면 너무나 늦은 조치다.++

오피오이드 제조업체들이 미국 전역을 황폐화한 오피오이드 대유행의 주범인 것은 사실이지만, 그 책임을 거대 제약회사에만 물을 수는 없다. 의사들, 특히 학계 및 기타 고위직에 있는 의사들에게도 책임이 있다. 환자를 돕고자 하는 열의에서 시작되었으나 결국에는 길을 잃은 자신들만의 의제를 좇느라 위험성과 효능에 대한 증거를 무시했기 때문이다. 게다가 제약업계의 주장을 맹목적으로 따르고 잘못된 정보를 퍼뜨려 '규제'라는 본연의 임무를 다하지 못한 미연방 의사면허기구연합, 의료기관평가합동위원회, FDA와 같은 규제기관에도 책임이 있다.

거대 의학은 오피오이드 패러다임 전환의 원동력이었고, 거대 제약사는 은밀하고 강력한 배후였다. 거대 의학은 정당성을 제공했고, 거대 제약사는 그 메시지를 전달하는 데 필요한 자금을 제공했다. 양자의 협력이 성공을 거둬 오피오이드

++ (옮긴이) 켄터키주는 연방 차원의 다주多州 합의에 참여하지 않고 독자적인 집단소송을 선점했다. 2007년 퍼듀 파마에 대한 소송을 제기한 후 2015년 2400만 달러 합의를 이끌어냈고, 2025년 6월에는 7310만 달러의 추가 합의로 누적 10억 달러 이상의 보상을 받았다. 미국 50개 주와 5개 자치령의 법무장관은 2025년 6월에 퍼듀 파마 및 그 소유주인 새클러 가문과 74억 달러 규모 합의 원칙에 서명했으며(다주 합의), 일리노이주는 향후 15년에 걸쳐 약 1억 4880만 달러를 수령할 예정이다. 캘리포니아주 역시 동일한 합의 원칙에 서명했으며, 이로써 최대 4억 4000만 달러의 보상을 받게 된다.

대유행이라는 폭주 기관차가 탄생할 것이라고는 그 누구도 예상하지 못했다.

5장

약물을 찾는 환자들

비난 혹은
방치를 넘어
무엇을
할 것인가

5

짐은 감염 치료를 위해 퇴원 후에도 몇 달 동안 계속해서 항생제를 투여할 수 있는 말초삽입중심정맥관peripherally inserted central catheter, PICC을 삽입한 채로 퇴원했다. 그리고 몇 주 후 말초삽입중심정맥관이 또 다른 측면에서도 유용하다는 사실을 알게 되었다.

그는 아세트아미노펜과 중독성이 강한 오피오이드인 하이드로코돈의 복합제인 노르코 한 달 치를 처방받았다. 그러나 일주일 만에 4시간마다 2정씩 복용하라는 원래의 처방보다 더 많은 양을 복용하게 되었다. 3주가 지나자 한 달 치 약을 다 써버렸고, 같은 병원 응급실을 찾아 추가 처방을 요구했다.

입원한 지 6개월이 지났을 무렵, 짐은 하루에 모르핀 600밀리그램에 해당하는* 오피오이드를 복용하고 있었다. 이는 아기 코끼리 한 마리도 충분히 죽일 수 있는 용량이다. 오피오이드를 복용한 적 없거나 장기간 복용하지 않은 사람이 이 정도 용량을 복용하면 사망할 가능성이 크다. 하지만 짐의 몸과 뇌는 이미 오피오이드 효과에 대한 내성이 생긴 상태였고, 따라서 금단 증상을 막기 위해서는 매일 그만큼의 용량을 복용해야만 했다. 약효가 떨어지면 메스꺼움, 설사, 불면증, 흥분, 불안, 그리고 고통스러운 근육 경련 등의 오피오이드 금단 증상을 경험했다. 특히 근육 경련은 '중독·습관을 끊다'라는 의미의 영어 표현인 'kicking the habit'[**]의 기원이 되었다.

그는 허리 통증 때문에 복용하는 것이니 자신에게 오피오이드를 '누릴 자격이 있다'고 되뇌었다. 원한다면 내일이라도 당장 약을 끊을 수 있고, 얼마든지 마음먹은 대로 조절할 수 있으며, 이전에 중독됐던 술의 경우와는 같지 않을 거라고 말이다. 하지만 그와 동시에 머릿속은 오로지 어떻게 진통제를 구하고 복용할지에 대한 생각으로 가득 차 있었다.

2013년이 되자 짐은 하루에 몇 시간씩 여러 병원과 여러 의사를 찾아다녔다. 노르코, 옥시코돈, 옥시콘틴, 바이코딘, 퍼코셋 등 '오피오이드' 함유 약물을 처방받기 위해서였다. 그러

---

[*] 〔지은이〕 일반적으로 서로 다른 오피오이드 간의 비교는 경구용 모르핀 등가 용량을 추정하는 방식, 즉 모르핀 밀리그램 등가 morphine milligram equivalents, MME를 통해 이뤄진다. 예를 들어, 경구용 옥시코돈 10밀리그램은 약 15밀리그램의 경구용 모르핀, 즉 15MME와 거의 동일하다.

[**] 〔옮긴이〕 'kick'은 '금단 증상으로 몸부림치는 것'을 뜻하는 속어로도 쓰이는데, 이는 오피오이드 금단 증상 중 하나인 다리가 불수의적으로 차오르는 듯한 근육 경련에서 비롯되었다. 따라서 'kicking the habit'은 '습관을 끊다'라는 일차적 의미를 넘어 '금단의 고통 속에서 몸부림치며 약을 끊다'라는 확장적 의미를 나타내기도 한다.

면서도 같은 의사를 2주 이내에 다시 찾는 일은 피했다. '의료 쇼핑'은 짐과 같은 환자들이 중독성 처방약물을 구하기 위해 여러 의료기관을 돌아다니는 현상을 일컫는 말이다. 짐이 알아낸 기발한 방법은 '즉시 진료 가능'과 '예약 필요 없음'이라는 광고를 내거는 병원을 찾는 것이었다. 왜냐하면 이런 병원들은 이전에 치료받으러 온 적이 없는 환자들을 보는 데 익숙하기 때문이다.

짐의 평범한 외모는 유리하게 작용했다. 그는 주로 티셔츠와 트레이닝 바지를 입었고 언제나 매우 깔끔했으며 흰색 양말과 운동화를 신고 있었다. 검은색으로 염색한 짧은 머리는 어딘가 로널드 레이건을 닮은 듯 보였다. 키는 너무 크지도 작지도 않았고, 아주 뚱뚱하거나 아주 마르지도 않았으며, 지나치게 부유하거나 가난해 보이지도 않았다. 호감형의 평범한 외모를 지니긴 했지만, 그렇다고 기억에 남을 만큼의 인상은 아니었다.

그는 과장해서 증상을 말하고 객관적인 의학적 증거를 들며 자신의 의료적 주장을 입증하려 했다. 지팡이를 구해 절뚝거리는 것도 그럴듯하게 연습했다. 검사 결과가 적혀 있는 공식 퇴원 요약지 사본을 준비하고 말초삽입중심정맥관 라인이 잘 보이는 반소매 셔츠를 입었다. 항생제 투여가 필요하지 않게 된 지 이미 오래였지만, 여전히 정맥 내에 항생제를 투여한다고 의사에게 말하고자 했다. 말초삽입중심정맥관 라인은 이제 꼭 필요한 의료 장치라기보다는 소품에 불과했다. 병원을 방문할 때마다 이전 치료에 관해 설명하며 자신을 치료했던 의사들의 이름을 언급했는데, 그렇게 하는 것이 자신의 이야기를 정당화한다고 느끼기 때문이었다. 의사들이 그가 말하는 의사의 이름을 알아볼 때면, 그의 주장은 더 잘 먹혀들었다.

그는 무엇보다 호감을 사고 동정심을 불러일으키려고 노력했다. 특정 약물을 구체적으로 언급하지는 않았으며, 약물 선택은 의사들에게 맡기는 태도를 보였다. 대신, 허리와 다리에 심한 통증이 있다는 점을 강조하거나, 아픈 부위를 손짓하며 찡그린 표정을 짓곤 했다.

그는 의사들이 할 질문을 예상하고 철저히 준비했다.

"왜 이 문제를 주치의와 상의하지 않나요?"

"제 주치의 선생님은 은퇴하셨어요" 혹은 "그녀는 출산 휴가 중이에요" 혹은 "그는 통증을 치료하지 않아요".

"통증을 조절하기 위해 또 어떤 시도를 해보셨나요?"

"타이레놀, 이부프로펜, 아스피린, 침, 통증 주사, 물리 치료 등 다 해봤는데 아무 소용 없었어요."

"통증 관리의 장기 목표는 무엇인가요?"

"약을 먹고 싶지 않아요. 끊고 싶어요. 나아지고 싶어요. 그런데 지금은 통증이 너무 심해서 버티기가 힘들어요……"

짐은 원하는 약을 얻기 위해 여러 전략을 사용했다. 그는 매력적이고 온화한 태도를 유지했고, 의사에게 절대 처방을 강요하지 않았다. 하지만 그는 거짓말을 했다. 증상을 과장했고, 받지 않은 치료나 전혀 받은 적 없는 치료를 하고 있다고 주장했다. 또한 약을 끊겠다고 약속했지만, 그 약속을 지킬 생각은 없었다.

약물 얻어내기: 중독성 환자들의 전략

환자들은 다양한 전략으로 의사를 조종해서 자신이 원하는 약을 얻고자 한다. 중독성 약물을 찾는 환자들이 의사를 효과적으로 다루는 수많은 방법은 몇 개의 범주 또는 페르소나로 분류된다. 이렇게 분류하는 것은 약물을 찾는 환자를 비하하기 위해서가 아니라, 그들의 복잡한 행동 패턴을 기억하기 쉬운 방식으로 파악하기 위해서다.

① **아첨꾼**Sycophants: '아첨꾼' 유형의 환자들은 현재의 의사가 지금껏 만난 다른 의사들에 비해 얼마나 유능하고 자비로운지 강조하며 아첨한다. 환자 만족도 조사는 이러한 수법에 추가적으로 영향을 미치는데, 이 소통이 단지 의사와 환자 간의 관계를 넘어 더 큰 기관이 볼 수 있도록 공개되기 때문이다. 때로는 환자들의 평점을 유일한 기준으로 사용하는 웹 기반 의사 평가 플랫폼을 통해 인터넷 전체에 퍼질 수도 있다.

② **상원의원**Senators: '상원의원' 유형의 환자들은 필리버스터 기법을 사용한다. 이들은 의사와의 면담 시간 대부분을 처방과 무관한 주제에 대해 말하다가 의도적으로 면담 시간 끄트머리에 처방 이야기를 꺼낸다. 시간에 쫓기는 상황을 이용

해 의사가 얼른 처방을 내리도록 유도하는 것이다. 처방 요청에 응하고 처방을 내는 데는 1분도 채 걸리지 않지만, 처방 요청을 거절하는 데는 30분 이상 걸릴 수 있다. 이 경우 의사는 정해진 진료 시간을 맞추기 어렵다.

③ **전시형**Exhibitionists: '전시형' 유형의 환자들은 반복조제 요청 시 격렬한 감정과 극적인 행동을 보인다. 때로는 고통에 몸부림치고, 때로는 겹겹의 옷을 벗어 인공항문 주머니, 수술 흉터, 선천성 기형을 드러내기도 한다. 자신의 절박한 필요성을 보여주기 위해 이런 극적인 장면을 연출하는 것이다. 한 환자는 자신이 요청한 약을 처방할 수 있는 의사로서의 내 능력에 대해 이렇게 말했다. "저는 지금 불타고 있고, 당신은 소방호스를 들고 있어요."

④ **분실자**Losers: '분실자' 유형의 환자들은 약을 잃어버리는 데 놀라울 정도로 능숙하다. 이들은 놀라울 정도로 자주 약을 세탁기에 넣고 빨아버리거나, 낚싯배에서 떨어뜨리거나, 변기에 흘려보낸다. 흥미롭게도 물과 관련된 사고가 유독 빈번하다. 또한 호텔 방에 약을 두고 오거나, 주말 여행 중 수하물을 잃어버려 약을 분실하기도 한다. 심지어 반려동물이 약을 먹어버렸다는 이야기를 들은 적도 있다.

⑤ **주말 방문자**Weekenders: '주말 방문자' 유형은 자신을 가장 잘 아는 담당 의사가 자리를 비울 때 조기 반복조제나 용량 증량을 요청한다. 대학병원은 근무 외 시간에 경험이 부족한 수련의가 대신해서 진료 요청을 받을 가능성이 높아 특히 이

수법에 취약하다. 이들은 교대 근무가 일상화된 대형 의료기관을 노리기도 한다.

⑥ **의료쇼핑**Doctor Shoppers: '의료쇼핑' 유형은 동일하거나 유사한 처방을 받기 위해 여러 명의 의사를 동시에 찾아다니는 환자들을 가리킨다. 이들은 예약 없이 방문 가능한 병의원을 주로 찾아가며, 의사와 한 번 만나고 다시는 보지 않을 가능성이 높은 진료 환경을 선호한다. 응급실은 다양한 의사들이 근무하기 때문에 최적의 원스톱 쇼핑 장소이다. 한 연구에 따르면 오피오이드 처방전을 찾는 '의료쇼핑' 유형 환자는 주로 26~35세이고, 현금을 낸다. 많이 처방받는 약물은 옥시코돈(2.8%), 옥시몰폰(2.3%), 트라마돌(2.0%) 순이다.[104]

⑦ **환자 사칭**Impersonators: '환자 사칭' 유형은 여러 병원이나 의원에서 각기 다른 가짜 신분증을 사용하는 환자들을 말한다. '의료쇼핑'의 반대 개념으로, 여러 의사를 찾아다니는 대신 신분을 사칭해 스스로 다른 사람이 되어 행동한다.

⑧ **환상의 짝꿍**Dynamic Duo: '환상의 짝꿍' 유형은 두 명이 팀을 이뤄 내원하는 환자들을 가리킨다. 보통 환자와 환자의 모친이 짝을 이룬다. 어머니는 가장 흔한 상호의존자다.* 환자가 통증으로 몸부림치는 동안 울고 있는 경우가 많다. 이들이 함

---

* 〔옮긴이〕 중독의 맥락에서 상호의존이란 중독자가 아닌 주변 사람이 중독자의 문제에 지나치게 깊이 연루되고, 중독의 해결을 돕고자 하면서도 역설적으로 중독 상태를 유지하도록 부추기는 역학관계를 가리킨다. 상호의존은 중독자의 행동을 무의식적으로 강화하거나 지탱할 수 있는 환경을 제공하게 되는데, 그 때문에 중독 회복 과정에서 고려해야 할 중요한 요소로 여겨진다.

께하면 강력하고 설득력 있는 팀이 된다.

⑨ **쌍둥이**Twins: '쌍둥이' 유형은 의료인이거나 의사와 관련 있는 직업이나 사회계층에 속하는 환자들을 의미한다. 이러한 환자들은 자신이 다녔던 학교, 과거에 가졌거나 현재 가지고 있는 고위직, 공통으로 알고 있는 사람들에 대해 이야기하며 의사와 유대감을 형성하는 방법을 잘 알고 있다. 의료인인 경우에는 의료시스템에 대한 지식을 활용해 의사에게 특정 처방을 유도하기도 한다.

⑩ **시골 쥐와 도시 쥐**Country Mice and City Mice: '시골 쥐와 도시 쥐'는 약삭빠름의 양극단에 있는 환자 유형을 말한다. 시골 쥐는 순진한 척하며, 도시 쥐는 교활하다. 시골 쥐는 중독성 처방약물에 대해 아무것도 모르는 듯 행동하며 의사가 스스로 약을 권하도록 부드럽게 유도한다. 반면, 도시 쥐는 응급실로 달려가 베나드릴 체이서Benadryl chaser(베나드릴은 오피오이드 황홀감을 증가시키는 것으로 알려진 항히스타민제이다)와 딜라우디드 정맥주사 '푸시push'를 제외한 모든 진통제에 알레르기가 있다고 주장한다. 여기서 푸시란 오피오이드가 들어 있는 주사기를 한 번에 혈류로 주입해 곧바로 황홀감이 생기도록 하는 것을 뜻한다. 내가 인터뷰했던 한 전문 간호사는 도시 쥐 유형의 환자를 만난 경험을 들려주었다. 응급실에서 딜라우디드 정맥주사를 투여받은 그 환자는 이후 입원하여 병동으로 올라갔고, 그곳에서 경구용 혹은 항문 좌약형 오피오이드로의 전환을 완강히 거부했다. 결국 그는 추가 치료를 받지 않고 병원을 떠났다.

⑪ **괴롭힘**Bullies: '괴롭힘' 유형의 환자들은 정서적 또는 신체적 협박을 통해 의사에게 처방을 강요한다. 괴롭힘은 가장 효과적인 수법 중 하나다. 이들은 부정적인 후기, 소송 등 의사들이 가진 두려움을 정확히 파악하고 있다. 그리고 이 두려움을 교묘히 이용해 자신의 목적을 달성한다.

⑫ **인터넷 모방범**Internet Copycats: '인터넷 모방범' 유형은 인터넷을 통해 의사들에게서 약을 얻는 방법을 찾아낸다. 예를 들어, 구글에서 '의사에게 진통제를 얻어내는 속임수'라는 검색어를 입력하면 다음과 같은 결과가 나온다. "진짜 비결은 가난한 동네의 가난한 의사를 찾아가는 것이다. 의학 교과서에 나올 법한 요구사항 목록을 작성하고, 진료비를 현금으로 지급하면서 완벽한 환자가 되어보라. 갈 때마다 지난번보다 더 아프니 좀 더 많은 진통제를 달라고 요청하라. 의사들은 법적인 문제를 피하고 싶어 하며 감옥에 가거나 고소당하지 않기 위해 신경 쓰지만, 통증 관리 환자가 계속 온다고 해서 부담을 느끼지는 않는다." "섬유근육통fibromyalgia의 의학적 증상을 찾아본 뒤 의사에게 가서 그냥 거짓으로라도 그렇게 느낀다고 말하라. 섬유근육통은 진통제를 원하는 사람들을 위해 만들어진 의학 용어일 뿐이다."

⑬ **작은 기관차**Little Engines That Could: '작은 기관차'* 유형은 의

✼　〔옮긴이〕'The Little Engine That Could'는 1930년대에 나온 동화책《할 수 있다고 믿은 작은 기관차》에서 유래한 표현이다. 이 동화의 주인공은 작고 힘없는 파란 기관차로, "나는 할 수 있어"를 되뇌며 큰 기관차들이 포기한 짐수레를 대신 끌고 험한 언

사에게 자신이 거의 고비를 넘긴 것처럼 보이게 할 만큼의 호전 상태를 일부러 강조하면서도, 원하는 처방을 끌어내기 위해 지속적인 고통을 호소하는 환자들이다. 이들은 "정말 약을 끊고 싶어요"라고 말하면서도, 그렇게 하기 위한 실질적인 조치는 전혀 하지 않는다.

'꾀병' 개념을 넘어서:
약물을 찾는 환자를 어떻게 이해할 것인가

위와 같은 논의에서 '약물을 찾는 환자 drug-seeking patient'란 약물을 다른 사람에게 제공하거나 판매할 계획이 있는(약물을 유용하려는) 환자가 아니라, 치료 목적이 아닌 사용이나 중독적 사용을 위해 의사로부터 약물을 구하려는 환자를 의미한다.

'약물을 찾는 행위'를 설명할 때 흔히 나타나는 태도는 환자가 꾀병을 부린다고 비난하는 것이다. 정신질환을 설명하고 분류하는 데 가장 널리 사용되는 《정신질환의 진단 및 통계 편람》에 따르면, 꾀병은 '질병 회복과 관련 없는 어떤 실질적 이득을 위해 고의로 질병을 가장하는 것'을 말한다. 꾀병 환자는 따뜻한 식사와 쉼터(의학계의 속어로는 '세 끼의 식사와 간이침

덕을 넘는다. 저자는 이 상징을 비틀어 '곧 나을 것처럼 보이지만 실제로는 약을 멈추지 못하는 환자들'을 일컫고 있다.

대three hots and a cot'라고 한다), 장애급여 또는 비치료적 사용을 위해 중독성 처방약물을 구하려 한다. 꾀병 환자는 의사가 진료를 거부할 수 있는 몇 안 되는 경우 중 하나이다.

그러나 꾀병이라는 개념만으로는 '약물을 찾는 행위'를 완전히 설명할 수 없다. 약물을 찾는 환자들은 고의로 거짓말을 하고 의사를 교묘히 조종하며, 이는 의도적인 행동이다. 하지만 약물을 구하는 것만이 전부라면 길거리 마약상이나 온라인 불법 약국에서 더 신속하게, 때로는 더 저렴하게 약물을 구할 수 있었을 것이다.

따라서 중독의 관점에서 약물을 찾는 환자를 이해하는 것이 더 적절하다. 중독은 생존을 위한 기본적인 동기가 물질을 구하고 사용하려는 욕구에 '장악된' 상태다. 오늘날 중독을 설명할 때 흔히 사용되는 '조종당하는 뇌hijacked brain'라는 비유는, 약물을 찾는 환자들과 관련해 선택, 의지 및 도덕적 책임의 역할에 관한 중요한 철학적 질문을 불러일으킨다. 국립약물남용연구소National Institute of Drug Abuse의 소장이자 '조종당하는 뇌' 모델의 가장 적극적인 지지자 중 한 명인 노라 볼코Nora Volkow 박사는 약물을 찾는 중독 환자를 굶주린 사람이 음식을 찾는 상황에 비유했다. 그는 "사흘 동안 아무것도 먹지 않았다면 누구나 빵 한 조각을 얻기 위해 이전에는 생각도 해본 적 없는 일들, 즉 자신이 가지고 있는 도덕적 기준을 완전히 벗어난 행동을 할 수 있다"고 설명한다.

중독의 생화학적 메커니즘: 쾌락과 고통의 저울

'조종당하는 뇌' 개념을 뒷받침하는 신경과학을 이해하기 위해 뇌에 옛날식 평형 저울이 있다고 상상해보자. 이 저울 중앙의 받침점 위에 곧게 뻗은 금속 막대가 수평 방향으로 놓여 있으며, 막대 양쪽 끝에는 같은 무게의 저울 접시가 놓여 있다. 이 저울의 역할은 쾌락과 고통을 감지하고 전달하는 것이다. 막대가 왼쪽으로 기울면 뇌가 쾌락을 느끼고, 막대가 오른쪽으로 기울면 고통을 느낀다. 저울 접시 위에 아무것도 없으면 막대는 지면과 수평을 이루며 평형 상태를 유지하는데, 이는 쾌락도 고통도 느끼지 않는 항상성 homeostasis 상태를 나타낸다.

조지 쿱 George Koob 은 만성적인 중독성 물질에 노출되었을 때 뇌가 겪게 되는 신경적응적 변화를 연구한 신경과학자다. 그의 연구에 따르면, 저울의 이상적인 위치는 어느 한쪽이 다른 쪽보다 무겁지 않은 평형 상태다. 이 평형 상태를 달성하고 유지하기 위해 뇌는 생화학적 수준에서 스스로를 끊임없이 조정하거나 재조정한다. 초콜릿을 좋아하는 사람이 초콜릿 한 조각을 먹으면 이 비유적 저울의 막대가 왼쪽으로 기울어져 신경전달물질인 도파민을 방출해 쾌감을 전달한다. 하지만 저울은 다시 평형을 원한다. 결국 '뇌 속 그렘린들'*은 평형 상태

---

* 〔옮긴이〕 그렘린 gremlin 은 기계류에 침입해 오작동을 일으킨다는 전설 속 생명체로, 여기서 저자는 항상성을 지키려는 뇌의 반응을 그렘린으로 의인화하고 있다.

를 위해 저울의 반대편으로 뛰어오른다. 이는 곧 뇌가 만드는 도파민의 양을 줄이거나 도파민을 인식하는 신경세포 수용체를 감소시키는 작용으로 해석될 수 있다. 따라서 초콜릿을 먹었을 때의 즐거움은 오래가지 못하고 다시 평형 상태로 돌아온다. 뇌는 이제 초콜릿에 '적응'했고, 두 번째 조각은 첫 번째 조각만큼 맛있게 느껴지지 않는다.

약물과 알코올은 초콜릿보다 훨씬 많은 세포외extracellular 도파민을 방출한다. 약물과 알코올을 복용하면 비유적 저울의 막대는 초콜릿을 먹었을 때보다 훨씬 더 왼쪽으로 기울게 된다. 그 결과 개인은 단순한 쾌락이 아닌 황홀감euphoria, 즉 '도취된' 상태를 경험하게 된다. 건강한 뇌라면 저울을 다시 평형 상태로 되돌리기 위해 더 많은 '뇌 속 그렘린들'이 반대편에 올라타야 한다.

이제 중독성 물질이 며칠 또는 몇 주 동안 계속해서 소비된다고 상상해보자. 그렘린들은 평형을 유지하고 보상하기 위해 세포와 신경 수준에서 많은 조정을 하며 매우 열심히 일해야 한다. 그렇게 되면 시간이 지나면서 뇌의 기본값에 중대한 변화가 일어난다.

개인이 더 이상 물질을 섭취하지 않겠다고 결정하거나 그렘린들을 상대하기 충분한 양을 구할 수 없게 된다면 어떻게 될까? 왼쪽의 무게가 제거되면서 저울은 점차 오른쪽으로 기울기 시작한다. 그렘린들이 허둥지둥 내려오려 하지만, 그 수가 너무 많아 충분히 빠르게 내려오지 못한다. 그 결과 저울은 평형 상태를 넘어 계속해서 오른쪽으로 기운다. 저울이 오른쪽으로 기울면 개인은 고통을 경험한다. 이 고통은 급성 신체 금단의 형태로 나타나지만, 이보다 더 심각한 것은 우울, 불안, 과민, 불면과 같은 지연된 심리적 금단으로 인한 정서적 고통이다. 이러한 증상은 몇 주, 몇 개월, 때로는 몇 년 동안 지속되기도 한다. 그 고통은 너무 강렬하고 압도적이어서 반복적으로 약물을 사용하게 만든다. 이는 도취감을 느끼기 위해서가 아니라 저울을 균형 상태로 맞춰 정상적인 감각을 느끼기 위해서다. 쿱은 이를 '불쾌감 유도성 재발dysphoria-driven relapse'로 개념화한다.[17]

시간이 지나면(대개 몇 주에서 몇 달) 모든 그렘린들이 막대에서 내려와 저울이 다시 평형을 이루고 항상성이 회복된다. 그러나 그 시점에 도달하기 위해 일부 중독자들은 약물에 접근할 수 없는 제한된 환경에 머물러야 한다. 주거 치료 센터, 자연환경에서의 회복 캠프, 폐쇄된 치료 기숙학교 등이 그 예다. 중독 환자에게 종종 사용되지만 잘못된 접근법 중 하나는 변화 단계 모델Stages of Change Model(숙고 전 단계, 숙고 단계, 준비 단계, 행동 단계, 유지 단계)을 사용해 환자에게 중독을 멈추기 위해 '행동할 준비'가 되었는지 묻는 것이다. 저울이 여전히 오른쪽으로 기울어 있고 생각과 감정이 약물을 사용하려는 생리적 충동에 사로잡힌 상태에서 중독 환자에게 치료받을 준비가 되었는지 묻는다면, 환자는 자신의 진정한 생각과 감정이 아니라 중독의 목소리가 반영된 대답을 할 가능성이 크다. 나는 급성 금단 상태에서 중독 치료를 거부한 환자들을 수없이 보았다. 하지만 그들 중에는 단 사흘 만에도, 즉 급성 금단이 지나가고 나면 다시 진정한 치료 의지를 보이는 경우가 많았다.

하지만 기울어진 저울을 바로잡지 못해 보상 경로의 항상성을 전혀 회복하지 못하는 이들도 있을 수 있다. 장기간의 약물 사용으로 인한 돌이킬 수 없는 뇌 손상으로 저울이 사실상 고장난 경우 말이다. 이들의 저울을 다시 평형 상태로 되돌리는 한 가지 방법으로 장기적인 오피오이드 작용제(메타돈 또는 서브옥손) 치료가 도움이 될 수 있다는 이론적 근거가 있다.

중독 치료의 혁명: 금단의 간극을 메우는 메타돈 요법

오피오이드 사용장애를 치료하기 위해 오피오이드를 투여하는 치료 방식은 50년 전 미국에서 시작되었다. 부부 의사인 빈센트 돌Vincent Dole과 마리 나이스윈더Marie Nyswander는 1967년 획기적인 연구 결과를 발표했다. 실험실에서 만든 합성 오피오이드인 메타돈을 매일 투여함으로써 중증 헤로인 중독 환자의 삶을 개선할 수 있다는 것이었다. 헤로인은 몇 시간 만에 효과가 사라져 사용자가 고통스러운 오피오이드 금단 증상을 경험하는 데 반해, 메타돈은 하루 이상 효과가 지속되어 매일 한 번의 투여로 금단 증상의 간극을 메울 수 있다. 따라서 오피오이드에 대한 내성과 의존성이 생겨 오피오이드 없이는 정상적인 상태를 유지하기 어려운 사람들도 하루 한 번 메타돈을 복용함으로써 균형(항상성)을 유지할 수 있다. 돌과 나이스완더는 약물 추구 행동으로 삶이 잠식된 헤로인 중독자들이 메타돈을 통해 다시 일상생활에 집중할 수 있게 되는 변화를 관찰했다.

> 절도[약물을 훔치는 것]와 같은 약물 추구 행동은 중독이 확고해지고 마약성 약물로 황홀감을 경험한 이후에 관찰된다. 이러한 이상 반응이 사용자의 기본적인 성격적 결함 때문인지 혹은 약물 사용의 결과로 인한 것인지를 연구하는 가장 좋은 방법은 약물 갈망이 해소된 이후를 살피는 것이다. 메타돈 유지 프로그램에 참여해 헤로인의 황홀감 유발 효과를 차단당한 환자들은 학업과 직업에 에너지를 돌린다. …… 자립적인 사회 구성원이 되기 위한 이들의 노력은 약물 갈망 상태의 중독자들이 방종하다고 비난했던 사람들에게 깊은 인상을 준다. 약물 갈망을 차단하고 마약성 효과의 생성을 막으면 약물 추구 행동은 사라진다.[105]

돌과 나이스완더의 획기적인 연구는 오피오이드 중독 치료에 혁명을 일으켰고 많은 중독자의 삶을 개선했다. 오늘날 25만 명 이상의 미국인이 오피오이드 작용제 요법, 오피오이드 대체 요법, 오피오이드 유지 요법이라고도 불리는 이 메타돈 유지 치료를 받고 있다. 호주, 중국, 프랑스, 이란, 리투아니아, 말레이시아, 우크라이나, 영국을 포함한 여러 나라에서 수년간 실시된 연구들은 오피오이드 작용제 치료의 효과를 뒷받침한다.[106] 예를 들어, 노르웨이의 한 연구는 메타돈 치료를 받는 사람들이 메타돈 치료를 받지 않는 주사제 사용자보다 비치명적 과다 복용이 현저히 적고, 절도 범죄를 덜 저지르며, 약물 거래를 덜 하고, 헤로인을 적게 사용한다는 결과를 보여줬다.[107] 이 인구 집단에 대한 치료는 개개인의 삶을 개선하는 데 그치지 않고 범죄 감소, HIV 감염 및 간염 예방, 전체 사망률 감소를 통해 공익에도 기여한다. 치료받는 이들이 지속적인 약물 사용 중단에 도달하지 못하는 경우에도 이 점은 변하지 않는다.

오피오이드 작용제 요법은 비용의 측면에서도 효율적이다. 오피오이드 작용제 요법이 의료서비스 패턴, 중독 치료 서비스, 그리고 의료시스템 관점에서 비용에 어떤 영향을 미치는지를 분석한 미국의 한 연구에 따르면, 오피오이드 작용제 요법과 중독 상담을 병행한 환자들은 중독 치료를 거의 또는 전혀 받지 않는 환자들보다 훨씬 낮은 전체 의료 비용을 부담하는 것으로 나타났다. 오피오이드 작용제 요법을 받은 환자의 평균 의료 비용은 1만 3578달러였던 반면, 중독 치료를 받지 않은 환자가 지불하는 평균 의료 비용은 3만 1055달러로 2배 이상 높았다.[108]

그 효과성을 뒷받침하는 풍부한 근거가 있지만, 오피오이드 작용제 요법은 여전히 논란의 여지가 있다. 의사가 오피오이드 중독을 치료하기 위해 환자에게 오피오이드를 제공한다는 개념은 언뜻 잘 납득되지 않는다. 또한 메타돈 치료에는 몇 가지 걸림돌이 존재한다. 예를 들어, 메타돈 유지 클리닉에 매일 방문해야 한다는 점은 많은 사람들에게 낙인으로 작용한다. 게다가, 특히 메타돈 요법을 처음 시작할 때 우발적 과다 복용의 위험성이 높다는 문제도 있다.

서브옥손(부프레노르핀과 날록손의 복합제)은 메타돈을 제외하면 유일하게 오피오이드 중독 치료에서 FDA 승인을 받은 오피오이드 작용제이다. 서브옥손은 2000년 '약물중독 치료에 관한 법률Drug Addiction Treatment Act, DATA'이 통과된 후, 2002년 미국에서 오피오이드 중독 치료에 처음 사용되었다. 해당 법에 따라 의사들은 거의 한 세기 만에 처음으로 오피오이드 중독 치료를 위해 오피오이드를 진료실에서 처방할 수 있게 되었다. (오피오이드 중독 치료를 위한 메타돈은 '전문 메타돈 유지 클리닉'에서만 처방할 수 있다. 다른 의료시설에서는 통증 치료를 목적으로 할 때만 처방할 수 있다.)* 1914년 '해리슨 마약세법'이 오피오이드 중독뿐만 아니라 '유지 목적으로만' 오피오이드를 사용하는 행위도 범죄로 규정했던 탓에 의사들은 오랫동안 중독

---

* 〔지은이〕 오피오이드 중독 치료를 위한 메타돈은 메타돈 유지 클리닉에서만 투여할 수 있고, 통증 치료를 위한 메타돈은 특별한 면허 없이 어떤 진료실에서나 처방할 수 있다. 이는 현대 의료계의 고질적인 이중 잣대 중 하나이자 중독 치료가 어떻게 소외되고 낙인으로 작용하는지를 보여주는 또 다른 예시라고 할 수 있다. 메타돈 유지 클리닉의 메타돈이 아닌, 통증 완화를 위해 처방된 알약 형태의 메타돈은 1990년대와 2000년대에 높은 오피오이드 과다 복용 사망률의 주요 원인이었다.

치료에 오피오이드를 사용할 수 없었다.

메타돈과 달리 서브옥손은 중요한 이점을 가지고 있다. 의사의 처방전으로 한 달 분량을 받을 수 있어 매일 병원에 갈 필요가 없다는 것이다. 서브옥손은 호흡 억제에 대해 천장 효과_ceiling effect_[++]를 내기 때문에 메타돈 및 다른 오피오이드를 사용할 때 발생할 수 있는 호흡 억제로 인한 사고성 과다 복용의 위험이 없다. 헤로인, 모르핀, 메타돈과 마찬가지로 오피오이드 수용체에 결합하여 작용하지만, 다른 오피오이드와 동일한 정도의 강렬한 도취감을 일으키지는 않는다. 다른 오피오이드와 동시에 복용하면 오히려 그 효과를 감소시키거나 차단한다.[109]

부정, 현실을 가리는 방어기제

부정은 중독에서 흔히 나타나는 특징이며, 약물을 찾는 환자에게도 중요한 역할을 한다. 무엇보다 처방약물 오남용 문제에서 부정의 독특한 양상이 드러난다. 부정이란 현실의 일부를 무시하려는 방어기제로, 현실을 인정하는 것이 정신적으로 감당하기 어려운 무언가를 초래하는 상황에서 나타난다. 익명의 알코올중독자들 모임에서 부정_denial_이란 곧 '나조차

[++] 〔옮긴이〕 약물의 용량을 더 늘려도 효과가 일정 수준 이상으로 증가하지 않고 '천장'에 도달한 것처럼 멈추는 현상을 뜻한다.

도 내가 거짓말을 하고 있는지 모르죠Don't Even kNow I Am Lying, DENIAL'라는 구절의 두문자 약어다. 이는 약물을 찾는 환자들이 가진 자신의 행동을 정당화하려는 미묘한 심리를 잘 나타낸다. 그런 맥락에서 부정은 중독된 개인의 강박적 약물 추구를 일종의 도움 요청으로 합리화할 수 있도록 한다. 예를 들어, "저는 통증 때문에 이 약이 필요해요"라는 주장이 대표적이다. 이러한 환자들이 뒷골목이나 온라인 불법 약국에서 약물을 구하게 되면, 환자 역할에서 벗어나 더욱 분명하게 '약물중독자'라는 위치로 옮겨간다. 이는 환자로서의 정체성을 유지하면서 질병이나 부상 회복을 이유로 약물을 사용하는 것을 정당화하기 훨씬 더 어렵게 만든다.

하지만 약물을 찾는 환자들은 자신의 질환 서사에 대한 확고한 믿음으로 스스로 약물 사용에 대한 동기를 부여하기도 한다. 그들은 자신이 진짜로 아프며, 살아남기 위해 약물이 필요하다고 믿는다. 많은 경우 이들은 실제로 질병을 갖고 있으며, 치료가 필요한 고통스러운 의학적 상태에 있다. 이전에 자신의 질환 서사를 믿고 기꺼이 처방해준 의사들이 있었기에 자신에게 특정 약물이 필요하다고 더욱 굳게 믿게 되는 것이다. 의료계가 이러한 환자를 치료하는 방식을 바꾸기로 결정했다고 해서 환자나 의사가 그 서사를 수월히 혹은 기꺼이 벗어날 수는 없을 것이다.

중독 치료의 힌트: 죄수의 딜레마와 '눈에는 눈' 전략

중독성 처방약물에 중독된 환자들은 생리적으로 그 약물을 찾아 복용하려는 욕구가 강하기 때문에 이를 얻기 위해 의사를 조종하려 할 가능성이 크다. 한편, 의사 입장에서 자신이 처방한 약물이 어떤 환자에게 도움이 되고 어떤 환자에게 오남용이나 중독을 유발하는지 정확히 판단하기란 결코 쉬운 일이 아니다. 이러한 상황으로 인해 의사들은 행동경제학자들이 말하는 '죄수의 딜레마'에 빠진다.

죄수의 딜레마란 상호협력이 서로에게 유리하지만, 일방적 배신이 배신을 하는 사람에게 더욱 유리한 상황을 말한다. 경제학자들이 흔히 제시하는 고전적인 예는 각각 독방에 갇혀 서로 소통할 수 없는 두 명의 범죄자이다. 둘 다 침묵하면(상호협력) 둘 다 가석방되고, 둘 다 서로에게 불리한 증언을 하면(상호배신) 둘 다 2년의 징역형을 선고받는다. 한 사람이 다른 사람에게 불리한 증언을 하고 다른 한 사람이 침묵하면(일방적 배신), 증언한 사람은 풀려나고 침묵한 사람은 10년형을 선고받는다.

중독 가능성이 있는 약물을 오남용하거나 중독될 위험이 있는 환자(사실상 거의 모든 환자)에게 처방을 내리는 의사는 바로 그 죄수의 딜레마에 직면한다. 환자가 의사의 신중한 처방대로 약을 복용하면(상호협력), 환자의 고통은 치료되고 의사는 치료자로서 사명을 다할 수 있다.* 환자가 처방과 다르게 약을 복용하면(오남용 및 일방적 배신) 환자는 원하는 것을 얻지만 의사는 치료자로서 실패한 것이 된다. 의사가 치료를 거부하는 경우(반대 방향에서의 일방적 배신) 의사는 복잡한 환자에게서 벗어나지만, 환자는 치료받을 기회를 잃는다. 의사들은 그 어떤 교육이나 수련 과정에서도 이렇듯 복잡한 상황을 대비하는 기술을 배울 수 없다.

게임이론가 로버트 액설로드Robert Axelrod는 전 세계 학자들을 초대해 반복되는 죄수의 딜레마 토너먼트에서 경쟁할 수 있는 컴퓨터 전략을 고안하도록 했다. 그러자 복잡성, 공격성, 용서 능력 면에서 매우 다양한 프로그램이 출품되었고, 많은 참가자가 베이지안 모델Bayesian model과 메타 분석meta-analysis을** 사용해 미래의 움직임을 예측하려고 노력했다. 오랜 기간 반복해서 서로 다른 전략으로 대결을 펼친 결과, 탐욕적인 전략가들은 매우 저조한 성과를 낸 데 비해 이타적인 전략가들은 더 높은 성공 확률을 보였다. 한편, '항상 협력'이라는 비보복적 전략 역시 '비열한' 전략에 의해 조직적으로 악용되었을 때는 가장 성공률이 낮은 것으로 드러났다.[110]

---

* 〔옮긴이〕 의사의 처방을 무조건적으로 따르는 것은 답이 될 수 없다. 의사 또한 의존성 있는 중독성 처방약물 사용에 신중을 기해야 하는데, 마약성 약물 처방을 최소화하고 비마약성 약물을 활용하는 식으로 대안을 찾을 필요가 있다. 환자의 경우 증상 완화를 위한 자기 관리 방법을 일상에서 실천하는 것이 도움이 될 수 있다. 결국 의사와 환자 모두 자신이 '의존성'이라는 부작용에 노출될 수 있음을 의식해야 한다.
** 〔옮긴이〕 베이지안 모델은 새로운 정보가 주어질 때 기존 확률을 갱신해 예측을 개선하는 통계적 접근법이고, 메타 분석은 여러 연구 결과를 종합해 전반적인 경향이나 효과를 통계적으로 분석하는 연구 방법이다.

이 대회에서 우승한 전략은 아나톨 라포포트Anatol Rapoport가 제출한 '눈에는 눈Tit-for-Tat'이었다. 이는 제출된 전략 중 가장 단순한 것으로, [프로그래밍 언어인] 베이직BASIC으로 작성된 네 줄짜리 코드로 이루어졌다.[111] '눈에는 눈'은 상호협력으로 시작하지만, 배신이 발생할 경우 그에 상응하는 보복 조치를 하는 전략으로, 이 패턴은 상호협력이 다시 구축될 때까지 계속된다.

'눈에는 눈' 전략을 처방약물을 오남용하거나 중독된 환자의 경우에 적용하면 다음과 같이 진행된다. 먼저 의사는 환자를 성심껏 치료하기로 하고, 환자도 해당 처방대로 약물을 복용하기로 동의한다(상호협력). 환자가 이에 협력하고 약을 처방대로 먹는 한, 의사는 계속 약을 처방한다. 그러나 환자가 다른 의사에게 오피오이드를 중복으로 처방받으면(일방적 배신) 의사는 즉시 대응에 나선다. 예를 들어, 약을 4주 치 대신 1주 치만 처방하고, 환자로 하여금 한 달 동안 매주 내원해 소변 약물검사를 받게 한 뒤에야 그다음 1주 치 약을 (3회) 반복 조제해주는 것이다. 유념해야 할 점은, 그렇게 한다고 해서 의사가 환자를 꾸짖기만 하고 아무런 조치도 하지 않는 것은 아니라는 것이다. 즉 이는 '보복의 부재absence of retaliation'에 해당하는 상황이 아니며, 동시에 계약을 어겼다는 이유로 환자를 치료에서 완전히 배제하는 방식도 아니다. 의사는 배신의 수준에 상응하는 보복 조치를 내리되, 환자가 올바른 방향으로 행동을 수정하면 보복을 멈춰야 한다.

중독성 처방약물 오남용 환자의 임상 상황에서 '눈에는

눈' 전략을 적용한 사례를 다룬 연구는 아직 나오지 않았지만, 다른 약물 사용자 집단의 데이터는 이 전략이 적어도 단기적 차원에서는 잠재적 유용성이 있음을 시사한다. 형사 사법의 감독 아래 있는 사람들(재판을 앞두고 있거나 집행유예 또는 가석방 상태에 있는 사람들)은 일주일에 한 번 이상, 때로는 더 자주 약물 검사를 받는데, 검사에 불참하거나 소변 검사에서 양성 반응이 나오면 24시간 동안 구금되는 제재를 받는다. '수반성 관리contingency management'로도 알려진 이 신속하고 표적화된 개입은 약물 사용을 줄이면서 약물 중단을 촉진하는 것으로 나타났다. 반면, 약물 사용 또는 약물 소지에 대한 가혹하면서도 구체적이지 않은 형사 처벌은 대개 효과적인 억제책이 되지 못한다.[106]

6장

직업환자라는 역설

환자에 머물도록 떠밀리다

짐은 처방전을 받기 위해 의사들을 찾느라 시간을 허비해야 했고, 그러다 보니 직장에 출근할 수 없었다. 그는 몸이 회복되면 직장에 복귀할 수 있다는 약속을 받고 병가를 냈다. 이는 다른 직장인들이 누릴 수 없는 행운이었다. 짐은 연방정부가 지급하는 장애급여를 신청할까도 생각했지만, 그렇게 하는 대신 저축해둔 돈으로 생활했다. 장애급여를 **신청하지 않음으로써** 짐은 의도치 않게 회복의 길을 열었는지도 모른다. 그를 끝내 중독 치료로 이끈 요인 중 하나는 생활비를 벌기 위해 다시 직장으로 돌아가야 하는 상황이었다. 반면 내가 만나는 많은 장애급여 수급 환자들은 계속해서 급여를 수령하기 위해 질환 상태에 머물러야 하는 함정에 빠진다. 이는 중독성 처방약물의 소비를 부추기고 중독 치료를 받을 기회를 가로막는다.

생존을 위해서는 환자로 머물러야 한다?

수요일 오전의 평범한 외래 진료 시간이었다. 샐리가 휠체어를 타고 안내견과 함께 진료실로 들어왔다. 그녀는 자신이 복용하는 다양한 약물에 대해 자세히 설명하기 시작했다. 감정 문제와 관련해서는 푸로작과 자이프렉사, 수면을 위한 클로노핀과 앰비엔, 갑작스런 불안과 관련해서는 자낙스, 뇌전증 약으로 라믹탈, 하지불안증후군 치료제 리큅, 진통제로 옥시코돈, 돌발성 통증에 바이코딘, 더 큰 돌발성 통증에는 모르핀, 근육 경련에는 바클로펜, 그리고 주의력결핍장애를 위해서는 애더럴을 복용하고 있었다.

샐리는 29세의 나이에 대부분의 85세 노인들보다 더 많은 약물을 복용하며 치료를 이어가고 있었다.

진료기록부를 살펴보니, 신경과 의사들조차 샐리가 휠체어를 사용할 수밖에 없게 된 '하지 쇠약'을 전혀 설명하지 못했고, 발작에 대한 분명한 근거도 찾아내지 못했다는 것을 알 수 있었다. 샐리의 주관적인 증상 호소 외에는 진단을 뒷받침할 객관적인 의학적 증거가 없었다.

게다가 그녀는 복용하는 여러 약물로 인해 비만, 잇몸병, 성기능 장애, 당뇨병, 진통제와 자낙스 중독 등 다수의 부작용을 경험하고 있었다. 이렇듯 약물 이상 반응이 나타나고 원래의 증상도 거의 완화되지 않는 상태였지만, 치료 약물을 바꾸는 데 전혀 관심이 없었다. "의사 선생님, 저는 아파요. 그런데 나아질 기미가 없어요. 할 수 있는 건 다 해봤는데 이게 제가 얻을 수 있는 최선이에요." 내가 샐리에게 해줄 수 있는 일은 반복조제를 해주고 월 800달러의 사회보장장애소득Social Security Disability Income를 계속 수령할 수 있도록 장애 관련 서류에 서명해주는 것뿐이었다.

샐리는 내가 점점 더 자주 만나게 되는 유형의 환자를 대표한다. 이들은 질환에서 회복하기 위해서가 아니라 '환자'라는 정체성을 확인받기 위해 의사의 진료실을 방문한다. 이들은 진단이 모호한 질환에 시달리며, 하루에 10~20가지나 되는 약물을 복용한다. 또한 처방약물중독을 포함해 도움을 받기 위한 의료적 개입에서 비롯되는 부작용으로 인해 고통받는다. 그들의 진료기록부는 '약물 추구drug-seeking' '이차 이득secondary gain'* '치료 비순응noncompliance'** '신체화somatic'*** '조기 반복조제early refill' '약물 과다 사용medication overuse'과 같은 표현으로 가득하다. 이는 의사들이 그들의 동기를 의심하고 있고, 자신이 어떻게 도와야 할지 몰라 당황하고 있다는 사실을 은연중에 드러낸다. 중요한 것은 이 환자들 대부분이 가난하고 교육 수준이

---

* 〔옮긴이〕 병이나 증상을 통해 관심·돌봄 같은 심리적 보상이나 경제적 보상·책임 회피 같은 환경적 이득을 얻는 경우를 일컫는다.
** 〔옮긴이〕 환자가 의료진이 권고한 약물 복용이나 치료 지침을 따르지 않는 경우를 말한다. 최근에는 환자의 책임만을 부각하는 뉘앙스를 완화하기 위해 '치료 불이행nonadherence'이라는 표현도 함께 사용한다.
*** 〔옮긴이〕 심리적 고통이나 갈등이 신체 증상으로 나타나는 현상을 가리킨다. 특별한 의학적 원인이 없음에도 통증, 피로, 소화불량 등 신체적 불편을 호소하는 경우가 이에 해당한다.

낮으며 연방정부가 지급하는 장애급여에 주로 기대 생활하고 있다는 사실이다. 다시 말해 그들은 환자가 직업이나 다름없는 사람들, 즉 '직업환자professional patients'인 셈이다.

직업환자는 단순히 질환을 가장하는 데 그치지 않는다. 환자로서의 사회적 역할을 받아들인다. 사회적 역할은 개인이 창조하는 것이 아니다. 그것은 특정 시간과 장소, 특정 사회 안에서 문화적 관습, 사회적 규범, 경제적 보상이 결합해 유기적으로 형성된다. 모든 사회적 역할에는 그에 따른 권리와 의무 그리고 책임이 따른다. 20세기 후반 사회학자 탤컷 파슨스 Talcott Parsons는 현대사회에서 '환자'와 '의사'가 수행하는 각각의 사회적 역할을 설명하며, '환자'의 주된 책임은 "낫기 위해 노력하는" 데 있고, 의사의 주된 책임은 "질환과 장애를 최소화하는" 데 있다고 주장한 바 있다.[112]

파슨스가 환자와 의사의 사회적 역할에 관해 처음 글을 쓴 때로부터 60여 년밖에 지나지 않았지만, 그의 아이디어는 현재 증가하고 있는 환자 집단에 더 이상 적용되지 않는다. 지난 30년 동안 미국사회와 의료 분야에 변화가 일어난 탓에 환자들은 더 이상 반드시 나아지기 위해 노력할 의무가 없어졌고, 의사들 역시 질환과 장애를 최소화하기 위해 책임을 다할 필요가 없어졌다. 실제로 오늘날 질병의 유지는 하나의 생존 수단이 되었고, 환자들을 아픈 채로 머물게 하는 것은 그들을 돕는 새로운 방법이 되었다. 특히 가난한 환자들은 장애 상태를 유지해야만 재정적인 지원을 받을 수 있다.

증가하는 장애급여 수급자 수

경제학자 데이비드 오터David Autor와 마크 더건Mark Duggan의 연구 〈사회보장장애보험 수급자 수 증가: 확산되고 있는 재정 위기〉에 따르면, 1957년 이후 사회보장장애보험Social Security Disability Insurance, SSDI을 적용받는 성인의 수가 20배 가까이 증가했다. 1957년에는 약 15만 명의 비고령 성인이 사회보장장애보험을 통해 장애 소득을 받았다. 사회보장장애보험은 질환으로 인해 현재 일할 수 없지만 과거 직장에서 사회보장세를 납부한 사람들을 재정적으로 지원하는 세 가지 주요 연방정부 프로그램 중 하나다. 해당 수급자 수는 1977년 말에 이르러 280만 명으로 증가했다.[113] 이와 유사하게, 나머지 두 개의 대규모 정부 지원 장애 프로그램인 저소득 또는 빈곤층 장애인을 위한 생활보조금Supplemental Security Income, SSI과 군 복무 중 장애를 입은 군인을 위한 재향군인장애보상Veterans Disability Compensation, VDC의 지급액도 지난 몇십 년 동안 엄청나게 증가했다.

최근 장애급여 청구에서 가장 많이 증가한 부분은 정신질환과 만성 통증성 질환이다. 1983년에는 심장질환과 암이 사회보장장애보험을 통한 장애보험 지급에서 가장 큰 비중을 차지했다면, 2003년에는 정신질환과 근골격계질환(ex. 허리 통증)이 1983년 비율의 약 2배인 25%와 26%로 가장 큰 비중을 차지했다. 아동의 경우 정신질환이 생활보조금 대상 장애의 주요 원인으로, 20년 전보다 35배 증가해 뇌성마비나 다운

증후군과 같은 신체적 장애를 크게 앞지르고 있다. 재향군인의 경우 가장 흔한 정신질환이 외상후스트레스장애로, 1999년부터 2004년 사이 장애급여 지급액이 약 150% 증가해 재향군인장애보상을 통해 지급된 전체 급여액의 21%를 차지했다.[114] 역설적으로 1984년 이후 50세에서 64세 사이 성인의 전반적인 건강 상태는 나아졌다.

그렇다면 왜 그 어느 때보다 많은 미국인이 장애급여를 신청하고 수령하고 있는 것일까? 이에 대해 오터와 더건은 장애 프로그램이 일차적으로 의학적 장애에 대한 보험이 아니라, 일부 수급자들에게 실업 가능성에 대한 보험으로 기능하게 되었기 때문이라고 주장한다(87쪽).[113] 그들은 지난 수십 년 동안 사회보장장애보험 정책에서 나타난 두 가지 주요 변화를 이러한 현상에 기여한 요인으로 지적한다.

첫째, 1980년대 초부터 사회보장장애보험의 금전적 가치가 꾸준히 상승했으며, 특히 저소득 노동자들에게는 취업을 하는 것보다 장애 상태로 남아 있는 것이 더욱 유리하게 느껴졌다. 1996년 통과된 복지개혁법안 welfare reform bill은 각 주정부로 하여금 복지 수급자 수를 줄이고 이를 연방정부에 보고하도록 했는데, 이것이 주정부 측에 빈곤층을 '장애인' 범주로 이동시켜 복지 통계를 개선하려는 동기를 부여했을 가능성도 있다.

둘째, 1980년대 중반 미국 의회의 '장애심사법 disability screening laws'이 신청자가 보고하는 통증과 고통을 강조하는 방향으로 개정되었고, 이에 따라 객관적인 의학적 기준의 중요도가 낮아졌다. 그 결과, 점점 더 많은 청구인이 객관적 기준이 거의 존재하지 않는 외상후스트레스장애나 우울증과 같은 증후군에 대해 장애 신청을 하기 시작했다. 이뿐만 아니라 실험실 검사나 영상 검사로 입증하기 어려운 만성 통증, 다발성 경화증, 경련 장애, 만성피로증후군, 후기 편타증후군, 섬유근육통, 근육통성 뇌염, 만성 턱관절 장애, 반복사용긴장성손상증후군, 새집증후군, 걸프전증후군 등과 같은 신체 질환에 대한 장애 신청도 증가했다.

    빈곤과 교육 부족은 질환 상태와 별개로 장애급여 신청을 결정하게 만드는 주된 요인이다. 일례로 고등학교를 중퇴한 남성은 대학 학위를 취득한 남성보다 사회보장장애보험의 장애급여를 받을 가능성이 5배나 높았다(2004년 기준).[113] 또한 베트남 참전용사 중 재향군인장애보상 프로그램을 통해 장애급여를 받을 가능성이 가장 높은 사람들은 전쟁에 가장 많이 노출되었거나 부상을 당한 사람들이 아니라, 교육 수준과 기술에 근거할 때 예측 잠재 소득이 가장 낮은 사람들인 것으로 나타났다.[115] 최근 증가한 베트남 참전 용사들의 외상후스트레스장애로 인한 장애 신청 대부분은 전쟁터에서 발생했다는 분명한 증거를 가지고 있지 않았으며, 이는 그들의 증상이 군 복무 경험 자체보다는 전역 후의 생활 환경과 더 밀접하게 관련되어 있을 가능성을 시사한다.[116] 2006년 미국 인구조사국 US Census Bureau의 통계에 따르면, 장애보상급여를 받는 미국인 4000만 명은 대부분 가난하고 교육 수준이 낮았다.

빈곤의 의료화: 이익을 위해 환자를 만들어내다

의사와 의료기관은 빈곤을 의료화해 직업환자를 만들어내는 과정에 공모하고 있다. 의사-환자 관계는 때로 단순한 사업적 거래로 전락해, 환자가 수입을 확보할 수 있도록 돕는 것만이 주된 목표가 되기도 한다. 이는 병원과 의사들에게 재정적 이익을 안겨주는 구조로 작용하고 있다.

병원들은 의료보험이 없는 환자 수를 줄이기 위해 '자격 서비스 제공업체eligibility service providers'라는 영리 기업을 고용해서 무보험 환자들이 생활보조금 혜택을 받도록 신청하는 것을 돕는다. 장애가 인정되면 자동으로 메디케이드 혜택이 따라온다. 환자들이 그 혜택을 받게 되면 병원과 의원은 자신들이 제공한 서비스의 비용을 메디케이드로부터 보상받을 수 있다.[117]

의사들은 종종 장애 진단서를 작성해주면 현금을 받을 수 있다고 권유하는 광고성 메일을 받곤 한다. 나 역시 2014년에 다음과 같은 이메일을 받았다.

친애하는 의사 선생님께, 수백만 명의 미국인들이 실직 상태에 있으며, 실업급여가 소진되면 주 장애급여를 신청하는 새로운 현상이 나타나고 있습니다. 장애 결정 서비스Disability Determination Services가 30분 외래 방문에 약 175달러를 지급한다는 사실을 알고 계셨습니까? 이는 하루에 16명의 환자를 진료하는 것이 2800달러의 수익이 된다는 의미입니다. 저희는 사회보장장애보험이 적용되는 근골격계 검사를 몇 분 안에 완료할 수 있도록 돕는 유일한 소프트웨어를 제공합니다. 만일 선생님께서 매주 하루만 주 장애 환자들을 진료하도록 진료 방식을 변경하신다면, 14만 달러의 추가 이익을 얻으실 수 있습니다. 소프트웨어 비용을 고려하더라도 순수익은 13만 6000달러에 달합니다.

의사들이 재정적 이익을 위해 직업환자를 부추기는 것은 역사적 선례가 있는 현상이다. 이는 1800년대 후반으로 거슬러 올라간다. 당시 철도가 개설되면서 철도 사고로 부상당한 사람들을 보상하기 위한 보험사들이 설립되었고, 곧이어 '철도 척추증railway spine'이라는 병명이 등장했다. 이 병은 피로와 신경과민 같은 모호한 증상들로 정의되었으며, 심지어 가벼운 열차 충격만을 경험한 사람들에게도 나타났다. 그에 따라 주로 감옥 수감자들을 검사했던 법의학 정신과 의사들이 철도 척추증 사례 평가에 동원되었다. 물론 그들은 이 일에 대해서도 철도 보험사로부터 보상을 받았다. 철도 척추증 사례는 빠르게 증가했고, 이를 치료하는 의사 수도 마찬가지로 늘어났다. 이 사례는 철도 척추증이 하나의 진단으로 인정받게 된 것이 환자나 의사 양쪽의 금전적 이익과 밀접히 관련되어 있음을 보여준다.[118]

중독에 얽힌 불평등:
오피오이드에 더 쉽게 노출되는 수급자들

　직업환자들은 중독을 경험할 가능성이 더 큰데, 중독성 처방약물에 더 많이 노출되기 때문이다.

　장애급여는 의료 소비를 증가시키고, 이는 다시 중독성 처방약물에 노출될 위험을 증가시킨다. 예를 들어 재향군인들이 외상후스트레스장애로 장애급여를 받게 되면 정신건강 및 의료서비스 사용이 증가하며, 의료 방문은 최대 30%, 정신과 외래 방문은 최대 50% 증가한다. 반면 장애급여를 거부당한 사람들은 이후 정신과 외래 방문이 최대 50% 감소한다.[114]

　직업환자는 만성 통증, 우울증, 주의력결핍장애, 외상후스트레스장애 등 환자 자신이 주관적으로 호소하는 증상에 근거한 상태를 치료받는다. 이런 질병은 대개 통증, 불안, 불쾌감, 피로, 인지장애의 주관적인 느낌을 즉각적으로 개선하는 약물을 통해 치료한다. 통증, 감정, 사고를 조절하는 약물은 오남용, 의존, 중독 가능성이 가장 큰 약물이기도 하다. 이러한 약물에는 오피오이드, 진정수면제, 그리고 정신자극제가 있다.

　장애급여를 신청하려는 환자들은 자신의 상태를 입증하기 위해 약물을 복용해야 하는 상황에 놓이기도 한다. 기자 퍼트리샤 웬 Patricia Wen은 2020년 12월호 《보스턴 글로브》에 실린 기사에서 록스베리 빈민가에 사는 한 가난한 싱글맘의 이야기를 전한다. 생활비를 감당할 수 없게 되자 그녀는 세 아들을 위해 이웃들이 알려준 생활보조금을 신청했다.[117] 애초에 그녀는 아이들에게 주의력결핍장애라는 꼬리표가 붙는 것을 원치 않았으며, 세 아들을 그저 부산스러운 아이들로만 생각했다. 하지만 진단만으로 자동으로 받을 수 있는 연간 지원금과 공공보험(메디케이드) 혜택을 마다하기란 어려웠다. 처음 몇 차례의 신청이 받아들여지지 않자, 주변 사람들은 장애 판정을 받으려면 리탈린이나 애더럴 같은 정신자극제를 처방받은 기록이 있어야 한다고 조언했다. 그녀는 아들들에게 그 약들을 처방해줄 의사를 찾았고, 다음 번 장애 신청은 성공적이었다.

의사들은 메디케이드 환자, 특히 장애급여를 받는 환자들에게 오피오이드와 기타 중독성 약물을 더 쉽게 처방하는 경향이 있다.[119] 메디케이드 수급자는 그렇지 않은 이들보다 진통제 처방을 받을 확률이 2배 높으며, 중독성 처방약물 과다 복용으로 사망할 확률은 6배나 높다. 뉴욕주에서 메디케이드 가입자는 미가입자들보다 오피오이드 중독으로 사망할 가능성이 더 높다. 뉴욕주 메디케이드 미가입자의 오피오이드 진통제 중독 관련 사망률은 10만 명당 0.73명(2003년)에서 2.82명(2012년)으로 증가한 데 반해, 메디케이드 가입자의 오피오이드 진통제 중독 관련 사망률은 같은 기간 동안 1.57명에서 8.31명으로 증가했다.[119] 이와 유사하게 외상후스트레스장애를 겪는 재향군인 94%가 이에 대한 재향군인장애보상을 받고 있으며,[120] 이들은 보상을 받지 않은 사람들보다 만성 통증에 대해 오피오이드를 처방받을 확률이 더 높다.[121]

메디케이드 가입자와 외상후스트레스장애를 앓는 재향 군인 집단에서 오피오이드를 비롯한 규제약물 처방률이 더 높게 나타나는 이유는 명확하지 않다. 하지만 내가 만난 많은 의사들은 이 환자들에게 처방약물 이외에 제시할 수 있는 대안이 거의 없다고 보고했는데, 만성 통증과 정신질환을 치료할 때 행동 치료, 물리치료, 침술 등과 같은 대안적인 비약물적 치료에 접근하기 어려운 경우가 많기 때문이다.

게다가 장애급여를 받는 환자 다수는 빈곤, 실업, 사회적 고충, 대체 보상의 부재 등 중독에 취약한 별개의 위험 요인에 노출되어 있다.[122] 장애 판정을 새롭게 신청하는 이들은 중독 장애만으로는 장애 자격을 얻을 수 없는데, 1996년 미국 의회에서 통과된 법안이 중독 문제를 겪는 사회보장장애보험 청구자들을 자격에서 제외시키기로 결정했기 때문이다. 이로 인해 결과적으로 약 13만 명의 수급자가 자격을 잃었다. 그러나 이들 중 3분의 2는 다른 질병, 주로 만성 통증성 질환을 이유로 장애 판정을 다시 받았는데,[113] 그 때문에 처방 진통제 중독의 위험이 증가했다.

질환 정체성: 피해자 서사를 넘어 무엇을 써나갈 것인가

직업환자는 환자 역할을 받아들이는 과정에서 손쉽게 질환 정체성과 피해자 서사를 형성하게 되는데, 이는 의사와 중독성 처방약물에 대한 의존도를 높이고 중독 치료를 받을 가능성은 낮추는 요인이 된다.

샐리는 자신의 이야기를 들려주면서 '나의 외상후스트레스장애' '나의 섬유근육통' '나의 우울증'과 같은 식으로 의학 용어를 가져와서 사용했다. 그녀는 트라우마와 질병을 나열했지만, 정작 한 개인의 삶과 다른 사람의 삶을 구분 짓는 풍부함과 세부적인 내용은 누락하고 있었다. 그녀가 소유격[나의 my]을 사용한 것은 단순한 문법적 선택이 아니라, 질환이 자신의 정체성이 되었다는 것을 드러내는 방식이었다. 그녀는 자신을 통제할 수 없는 외부 요인에 의해 끊임없이 피해를 입는 존재로 여기면서도, 동시에 다른 사람들로부터 보상을 받아야 한다고 느꼈다. 이러한 생각들은 그녀에게 분노와 권리를 당연시하는 태도를 주입시켰고, 따라서 그녀는 상황과 사실이 그렇지 않을 때조차 자신이 타인으로부터 오해와 부당한 대우를 받고 있다고 인식하게 되었다.

조지프 데이비스 Joseph Davis는 《사회문제 Social Problems》라는 학술지에서 다음과 같이 설명했다. "상처를 입었다고 주장하는 사람들이 대중적 공감과 도움을 얻으려면 자신이 그들이 겪은 피해에 대해 아무런 책임이나 잘못이 없는 도덕적으로 선한 사람임을 입증해야 한다"(530).[123] 디디에르 파생 Didier Fassin과 리처드 레히트만 Richard Rechtman은 《트라우마의 제국: 피해자의 상태에 대한 탐구》라는 책에 다음과 같이 썼다. "트라우마는 단순히 치료받아야 하는 고통의 원인이 아니라, 권리를 주장하는 데

활용할 수 있는 자원이기도 하다"(10).[118]

지난 30년간 질환은 정체성이 되었고 피해자 서사는 흔한 것이 되었다. 의학과 사회과학은 새로운 정체성의 토대가 되는 질환 범주를 정당화했다는 점에서 이러한 경향에 어느 정도 책임이 있다. 캐나다의 철학자 이언 해킹Ian Hacking은 〈사람 만들기Making Up People〉라는 논문에서 우리 문화가 이전에 존재하지 않았던 사람들을 창조한다고 주장한다. 해킹에 따르면 이 과정은 사회과학에 생물통계학을 적용해서 어떤 특성이나 특징을 가진 사람들의 수를 세고,《정신질환의 진단 및 통계 편람》처럼 그 특징을 정량화해서 새로운 정체성을 뒷받침하는 과학적 설명을 제공하며 완성된다.

해킹은 그 예로 자폐증을 들었다. 1973년까지만 해도 자폐증은 어린이 1만 명 중 4.5명에게서 발생하는 드문 발달장애로 알려져 있었다. 그러나 오늘날 아스퍼거 증후군과 같은 자폐스펙트럼장애의 진단율은 1만 명 중 57명으로 증가했다. 이는 자폐증 자체가 실제로 증가한 것인지, 진단 기술이 발전한 것인지, 자폐의 정의가 확장되면서 진단 사례가 늘어난 것인지, 혹은 이 모든 요인이 복합적으로 작용한 것인지를 둘러싼 논쟁을 불러일으킨다. 해킹은 이유가 무엇이든 간에 사회과학과 의학이 새로운 생물학적 정체성을 가진 사람들을 만들어냈으며, 그 정체성이 곧 사람들이 "존재하고, 자신을 경험하고, 사회에서 살아가는 방식"이 되었다고 설명한다.[124]

질환 정체성의 채택은 전통적인 사회적 역할이 붕괴하면

서 더욱 가속화되고 있다. 빠르게 변화하고 점점 더 파편화되는 세상에서 질환은 자신을 정의하는 하나의 방식이 된다. 게다가 오늘날의 아픈 사람들은 엄청난 신체 역경과 싸우는 영웅으로 추앙받는다. 기본적인 생존(식량, 의복, 주거)을 위한 투쟁이 대다수 미국인에게 더 이상 중요한 문제가 아니게 된 사회에서, 병을 앓는 사람은 최후의 위대한 전사 중 한 명으로 여겨진다.

또한 질환 정체성은 공동체 형성의 기회를 제공한다. 환자 옹호 단체들은 특정 질병과 관련된 국가 기념일을 제정하고, 교육 콘퍼런스를 열고, 미디어 콘텐츠를 제작하고, 출판물을 발행하고, 웹사이트를 운영한다. 이런 활동은 환자들로 하여금 스스로를 (자신이 가진 질환이라는 측면에서) 특별하고 타인과 구별되는 존재로 여기도록 북돋는다. 환자 옹호 단체 역시 제약업계로부터 종종 자금을 지원받는다. 예를 들어, 주의력결핍 과잉행동장애 아동 및 성인 협회Children and Adults with Attention Deficit Hyperactivity Disorder, CHADD는 전체 수입의 14%인 34만 5000달러를 메틸페니데이트와 암페타민염(정신자극제)의 제조사를 포함한 제약업계의 기금에서 지원받는다.[125]

물론 질환을 정체성으로 삼는 것이 항상 나쁜 것만은 아니다. 이는 사람들에게 목적의식과 소속감을 주고, 자신이 혼자가 아님을 아는 것만으로도 고통 속에서 어느 정도 위안을 느낄 수 있다. 또한 질환 정체성은 '실직 상태'와 같은 다른 정체성보다 낙인이 덜하다. 그러나 질환이 정체성을 완전히 잠식하고 삶의 유일한 길잡이가 되며 치료 과정에서 지속적으로 규제약물을 복용하게 될 때, 중독은 그리 멀지 않은 일이 된다. 더욱이 직업환자의 피해자 서사는 환자의 회복 가능성을 거의 제거해버린다. 한 개인의 생존이 불치의 만성질환 속에서 유지된다고 할 때, 그 개인은 반드시 계속 아픈 상태로 남아 있어야 하기 때문이다.

한 직업환자를 나와 함께 치료했던 동료가 내게 그 환자에 관한 다음과 같은 기록을 보내온 적이 있다.

> 환자는 흥분하고 화가 난 상태로 내원함. 지난주 상담에서 나는 환자의 상태가 호전되었으며, 더 이상 우울증 진단 기준을 충족하지 않는 것으로 보인다고 언급함. 그러나 지난 한 주 동안 환자는 자신의 우울증 진단이 유지되지 않으면 장애급여가 끊기고 생계가 어려워질 것이라는 생각에 공황을 경험했다고 함. 또한 환자는 정신과 진료에 대한 두 개의 진료비 부분 청구서를 받았는데, 이를 자신이 호전되었다는 평가 혹은 진단의 철회 때문이라고 추측함. 오늘 내원했을 때 지난주에 자살 사고가 있었다고 보고하며 자신의 일상 기능이 얼마나 크게 손상되었는지 보여주기 위해 어수선한 집 내부 사진을 제시함.

내 동료는 추후 이 환자를 다시 만났을 때, 그녀가 다시 일상을 영위하고 일할 수 있는 미래를 상상하도록 돕고자 했다. 하지만 환자는 계속해서 이 생각에 강한 거부감을 보였다.

직업환자의 피해자 서사를 제거할 잠재적 해독제는 이른바 회복운동recovery movement에서 찾을 수 있다. 이 운동은 개인이 자신의 질병을 정체성의 일부로 인정하되, 그것의 피해자가 되지 않도록 다독인다. 그리고 아픈 이들이 함께 모여 공동체의 치유력을 통해 질병을 극복하도록 북돋는다.

회복운동은 익명의 알코올중독자들 모임을 비롯한 여타의 12단계 자조 모임의 전통에서 비롯되었다. 이 모임은 이를테면 사람들에게 새로운 서사를 제공함으로써 금주를 돕는다. 모임의 질환 서사는 구성원에게 그들의 과도한 물질 사용이 질병에 의해 발생했다고 가르쳐주고, 심지어 구성원이 선택한 약물에 '알레르기 반응'이 있다고 말해주기도 해서 그들이 과거에 했던 행동과 결부되어 있는 수치심을 어느 정도 완화해준다. 그렇지만 이 모임의 질환 서사는 보이는 것과 달리 운명론적이지 않다. 실제로 익명의 알코올중독자들 모임의 중요한 철학 중 하나는 각자가 자기 삶에서 내린 선택에 책임이 있다는 것이다. 이 모임을 비판하는 이들은 종종 이 진실을 오해하곤 하는데, 이는 이 모임 철학의 질병 모델과 '위대한 힘Higher Power'이라는 요소가* 개인의 의지나 선택을 무효화한다고

---

* 〔옮긴이〕 익명의 알코올중독자들 모임의 철학은 '12단계 프로그램'에 녹아 있다. 맨 마지막 12단계에서 그들은 '자신들이 이해하게 된 바로서의 신', 즉 '위대한 힘'의 존재를 수용한다. 술 앞에서 각 개인의 무력함을 인정하고 '위대한 힘'의 인도를 따르는 것이 회복 과정에서 핵심 역할을 하는 것이다. 하지만 이들은 '위대한 힘'에 의지하면서도 개인의 선택과 책임을 중시한다. 12단계의 내용은 2장의 옮긴이 주(97~98쪽)를 참조하라.

보기 때문이다. 그러나 이런 오해와 달리 전 세계 익명의 알코올중독자들 모임 문헌에는 "나는 책임이 있다$^{\text{I am responsible}}$"라는 세 단어가 선명히 새겨져 있다. 따라서 이 모임의 가르침은 역설을 포함하고 있다. 불가피함을 말하는 질환 서사이지만 무력감을 뜻하는 것은 아니며, 위대한 힘에 의지하는 것을 강조하는 영적 여정이지만 개인의 선택이나 책임을 포기하지는 않는다.

장애 정책은 안전망인가, 사회적 해악인가

나는 샐리를 1년 이상 치료하며 그녀가 복용하는 약물, 특히 중독성 있는 약물의 개수를 줄이려고 노력했다. 또한 그녀를 진료하는 다른 6명의 의사와 효과적인 의사소통 체계를 확립해 그녀가 진정한 건강^{wellness}을 향해 나아갈 수 있도록 돕고자 했다. 나는 우리가 어느 정도 진전을 이루고 있다고 생각했지만, 어느 날 샐리는 수면 전문의인 또 다른 의사를 찾았다고 나에게 알렸다. 그 의사는 샐리에게 기면증^{narcolepsy} 진단을 내린 뒤, 중독성이 강한 약물인 감마하이드록시부티르산$^{\text{Gamma-hydroxybutyric acid, GHB}}$을 권했다. GHB는 의식을 거의 잃게 만드는 효과 때문에 이른바 '데이트 강간' 약물로도 알려져 있다. 샐리는 오랫동안 잃어버린 친구를 찾은 것처럼 기면증이라는 새로운 진단을 받아들였다. 환자 역할$^{\text{sick role}}$은 가장 익숙한 것이었기에, 그녀는 안도감을 느꼈다. 나는 그녀의 약물 목록에 중독 가능성이 큰 또 하나의 약물을 추가하는 것을 승인할 수 없다고 말했다. 그러자 샐리는 진료실을 박차고 나갔고, 그 뒤로 나는 그녀를 다시 보지 못했다.

바틀리 크리스토퍼 프루Bartley Christopher Frueh와 그의 동료들은 《미국 공중보건학회지American Journal of Public Health》에 다음과 같이 주장했다. "효과적이고 즉각적이며 유연한 안전망을 만들기 위해서는 장애 정책에 대한 근본적인 개혁이 필요하다. …… 한정된 자원이 잘못 배분되거나 쓸모없어지도록 내버려두어선 안 된다."[120] 경제학자 데이비드 오터와 마크 더건은 현재의 시스템을 개혁하기 위한 구체적인 방법을 제안한다.[126]

한편, 우리는 직업환자의 비참한 처지를 전 세계에서 거리를 떠돌며 구걸하는 사람들의 비극적인 상황에 빗대 생각해볼 수 있다. 특히 이들은 수입을 얻기 위해 자기 자신이나 자녀의 신체를 훼손하는 사람들과 닮아 있다. 이는 현대 미국에서는 드문 현상이지만, 19세기 미국 도시의 거리에서는 매우 흔했고 오늘날에도 일부 국가에서 여전히 나타나고 있다. 거리에서 구걸하는 사람들처럼, 직업환자도 생계를 위해 자기 몸을 희생한다. 중요한 차이점은 그들에게 회복 불가능한 손상을 초래하는 데 의사들이 모종의 역할을 하고 있으며, 중독성 처방약물이 그 매개물이 되고 있다는 사실이다.

7장

중독을 만들어내는 치료?

의사들의 책임을 논하다

7

짐은 약 1년에 걸쳐 여러 의사들로부터 충분한 오피오이드를 처방받아 자신의 습관성 사용을 유지했다. 그러던 어느 날, 그는 여느 때처럼 반복조제를 위해 평소 방문하던 예약이 필요 없는 진료 공간walk-in clinic을 찾았다. 그러나 그날은 상황이 달랐다. 그를 맞이한 의사는 극도로 분노한 상태였고, 짐이 진료실로 들어오는 것조차 허락하지 않았다. "다시는 이 병원에서 당신을 보고 싶지 않아요!" 그는 짐의 얼굴을 보며 소리쳤다. "나가요! 나가란 말이오!"

의사가 이렇게까지 반응한 이유는 무엇일까?

짐의 보험사는 중독성 처방약물 모니터링 프로그램PDMP을 이용했다. 이 프로그램은 미국 마약단속국이 약국으로부터 수집한 정보를 기반으로 환자가 특정 기간(보통 1년) 동안 특정 지역(보통 해당 주 내)의 약국에서 수령한 모든 규제약물 처방

정보를 제공한다. 약물의 종류, 용량 및 수량, 수령 날짜, 약국 위치는 물론 처방 의사의 이름까지 알 수 있다. 보험사는 이 일련의 정보를 수집해 짐의 담당 의사에게 우편으로 보냈고, 의사는 자신을 포함한 여러 명의 다른 의사들이 짐에게 오피오이드 진통제를 처방해왔다는 사실을 확인했다.

그 의사는 자신이 짐에게 오피오이드를 처방한 여러 의사 중 한 명에 불과했다는 사실을 알게 되자 격분했다. 이는 우리가 보통 생각하는 온정적인 치료자에게서 보기 어려운 태도다. 물론, 그 반응을 어느 정도는 이해할 수 있다. 짐은 처방받기 위해 의사에게 거짓말을 했을 테고, 거짓말에 속고 싶은 이는 없기 때문이다. 하지만 한편으로 짐은 실제로 통증과 중독으로 고통받고 있었고 의학적 도움이 필요했다. 온정적인 의사가 왜 이렇게 반응했는지 이해하려면 선의를 품은 평균적인 의사의 심리, 배경, 그리고 그를 이끄는 원칙에 대해 좀 더 깊이 들여다볼 필요가 있다.

의사는 어떤 존재인가: 상호작용 그리고 인간적 교감

의사들은 대체로 남을 만족시키려는 성향이 강한 사람들이다. 이들은 어릴 적부터 타인이 원하는 바를 빠르게 파악하고 그에 맞는 답을 제시하면서, 복잡한 교육의 미로를 지나 의과대학까지 진학한다. 또한 불안에 민감한 강박적 성향을 가진 사람들로서, 느슨한 경계나 불확실성보다 명확한 구조와 확실성을 더 선호하는 편이다.

의사들은 더 높은 소명의식에서 동기를 얻게 된다. 그들은 대개 수석 또는 최상위권으로 대학을 졸업하고, 이후 경영, 법률, 컴퓨터공학 등 다양한 분야로 진출할 수 있는 선택권을 가진다. 그러나 결국 의학을 선택하는데, 사람들의 생명을 구하고 고통을 줄이는 등 가장 직접적이고 구체적인 방식으로 세상에 실질적인 변화를 일으키는 데 뜻을 두기 때문이다.

의과대학에 입학한 순간부터 의사는 환자의 고통을 자신의 것처럼 여기고 공감하며, 환자가 이야기하는 내용의 진실성을 의심하지 않고 그의 말을 믿도록 요구받는다. 의사는 환자의 진술이 사실인지 아닌지 고민하는 것이 아니라, 환자의 말을 믿도록 사회화된다. 의사와 환자의 관계는 신뢰와 상호협력을 전제로 형성된다.

실제로 의사가 되어 환자를 대하기 시작하면, 이 영원한 전 과목 A 학점 학생들은 최고의 의사가 되기 위해 강한 열정을 쏟아붓는다. 다시 말해 이들은 의사로 성공하기 위해 자기애적인 투자를 한다. 물론 그렇다고 해서 의사들에게 자기애적 성격장애가 있다는 것은 아니다. '자기애'는 병적인 자기 몰입을 보이는 사람들의 전유물이 아니다. 정신분석학은 '자기애'라는 개념과 관련해 '건강한 자기애healthy narcissism'를 위한 여지를 남겨둔다. 프로이트는 유아기의 자기 몰두를 정상적이고 건강한 발달의 한 부분으로 보았다. 정신분석가 하인츠 코헛

Heinz Kohut의 경우 유아기의 자기애적 욕구가 양육자에 의해 적절히 충족될 때, 성인기의 건강한 자아 존중감으로 발전한다고 믿었다.[127] 성인기의 건강한 자기애는 우리로 하여금 스스로 중요하다고 여기는 일에 에너지와 창의성을 쏟아 모종의 성취를 이루도록 돕는다. 탐조bird-watching든, 양육이든, 의사로서 펼치는 진료 활동이든 말이다.

그렇다면 의사들은 성공을 어떻게 정의할까? 그들은 환자와의 정감 어린 상호작용을 성공이라고 여긴다. 이 상호작용은 흔히 환자의 감사 표현에서 드러난다. "감사합니다, 의사 선생님, 정말 큰 도움이 되었어요." "감사합니다, 선생님이 없었다면 어떻게 되었을지 모르겠어요." 이와 같은 환자의 말은 의사의 영혼에 큰 위안이 된다. 물론 암을 제거한 항암치료나 다시 환자를 걷게 한 무릎관절치환술과 같은 객관적인 결과도 중요하지만, 하루하루 환자를 돌보는 의사들에게, 특히 대부분 만성질환을 앓고 있어 완치는 불가능하지만 악화되지 않는 것만이 최선인 환자들을 치료하는 경우, 가장 본질적인 성공의 척도는 신뢰를 바탕으로 한 긍정적이며 애정 어린 상호관계이다.

의사로서 가장 큰 직업적 만족을 느끼게 되면, 그 순간 의사와 환자의 상호작용은 영적 경험에 가까워질 수도 있다. 철학자이자 신학자인 마르틴 부버Martin Buber가 말한 '나와 너I and Thou'의 순간처럼 말이다. 그는 이렇게 말했다. "인간은 다른 인간을 통해 자신의 존재를 확인받기를 원하며, 타자의 존재 안에 자신이 자리하기를 원한다. …… 남몰래, 그리고 수줍게, 오직 인간 대 인간의 관계에서만 들을 수 있는 '긍정의 답'을 기다린다."[128] 의사와 환자 사이에 충분히 자주 발생하는 이러한 깊은 인간적 교감의 순간은 감사하게도 의학을 배우기 위해 공들인 수많은 세월, 끝없는 시험들, 숱한 밤샘 당직 근무, 그리고 날이 갈수록 심해지는 모든 관료적 요구사항을 가치 있게 만들어준다.

온정적인 의사가 약물 환자를 만났을 때

온정적인 의사가 약물을 찾는 환자를 만나게 되면 그 의사는 불안을 경험한다. 비록 의식하지 못할 수도 있지만, 불안은 분명 존재한다. 의사가 마음속으로 환자를 불신하거나 환자의 이야기에 의문을 품는다면, 그것은 공감과 연민의 원칙을 저버리는 것과 다름없다. 환자에게 말로써 직접 의심을 표현할 경우, '좋은 의사'로서 매일의 자기 성취를 평가하는 중요한 기준인 정감 어린 상호작용이 위태로워질 수 있다. 반면 약물 추구 환자에게 이의를 제기하지 않으면, 온정적인 치유자로서 이상적인 역할을 다하지 못하게 된다. 결국 의사는 처방전을 줄 수도, 주지 않을 수도 없는 딜레마에 빠지게 된다. 그 결과가 바로 불안이다.

의사는 이 불안을 어떻게 처리할까? 대체로는 무의식적

인 원시적 방어기제에 의지해 불안을 묻어버린다. 프로이트가 처음 설명한 방어기제는 인간이 불편한 감정을 처리하거나 심지어는 인정하지 않기 위해 사용하는 자동적이고 무의식적인 심리적 전략이다. 정신과 의사 조지 베일런트George Vaillant는 방어기제를 부정denial과 같은 병리적 방어부터, 소망적 사고wishful thinking와 같은 미성숙한 방어, 합리화rationalization와 같은 신경증적 방어, 유머humor와 같은 성숙한 방어까지 총 4단계로 분류했다.[129] 방어기제 분류의 중요한 함의는 우리는 모든 유형의 불안으로부터 자신을 방어하기 위해 무의식적인 방어기제를 사용하며, 극심한 고통을 겪을 때는 원시적 방어기제라고 해도 그 상황에 적응하는 데 도움이 될 수 있다는 데 있다. 그러나 대개의 일상생활에서는 방어기제가 그런 변화에 부적응적인 경향이 있기 때문에 이를 의식적이며 적응에 능한 대처 전략coping skill과 혼동해서는 안 된다. 의사가 약물 추구 환자들을 대할 때 사용하는 일반적인 방어기제로는 수동 공격성passive aggression, 투사projection, 분리splitting, 부정 등이 있다.

'수동 공격성'이란 타인에 대한 공격성을 간접적이거나 수동적인 방식으로 표현하는 것을 말한다. 이는 흔히 회피와 미루기를 통해 나타난다. 예를 들어 의사는 약물을 찾는 환자와의 진료를 피하기 위해 진료 예약을 취소할 이유를 찾거나, 회진 시 해당 환자를 빠르게 지나치거나 아예 보지 않기도 한다. 또한 환자와의 접촉을 최소화하기 위해 진료 없이 장기 반복조제를 하고, 전화를 받지 않는 등의 행동을 보일 수도 있다.

'투사'는 자신의 도덕적, 심리적 결함을 다른 개인이나 집단에 돌리는 것을 말한다. 의사는 종종 자신의 느슨한 처방에 대해 스스로 느끼는 경멸감을 약물 추구 환자에게 투사한다. 의사 입장에서는 환자에게 도움이 되기보다는 해를 끼칠 수 있는 약을 처방한 자신의 책임 방기를 인정하기보다는 환자를 도덕적 결핍이 있는 존재로 보는 것이 더 편하다. 이 상황에서 의사는 '현재의 시스템과 나에게 어떤 문제가 있기에 내가 환자에게 도움이 되지 않는다는 것을 알면서도 이 약을 처방하는 것인가?'라는 질문을 던지기보다는 '이 환자는 왜 이러지? 그냥 좀 정해진 대로 약을 먹으면 안 되나?'라는 식으로 생각하기 일쑤이다.

'분리'란 모호함이나 양가성의 여지를 남겨두지 않은 채 경험을 모두 좋은 것all good과 모두 나쁜 것all bad으로 양분하는 것을 말한다. 의사들은 보통 약물 추구 환자를 '나쁜 환자'로 간주하며 분리를 적용한다. 의사에 따라 다르겠지만 좋은 환자는 주로 고마운 마음을 표현하거나, 상태가 좋아지거나, 신속하게 진료할 수 있는 환자이다. 나쁜 환자는 치료자로서 의사의 역량을 위협하거나 불안, 조바심, 분노와 같은 부정적인 감정을 유발하는 환자이다.

의사가 약물 추구 환자에게 사용하는 모든 원시적 방어기제 중 가장 흔하고 교묘한 것은 아마도 부정일 것이다. '부정'이란 위협적인 현실을 받아들이기를 거부하며, 아예 그 현실이 존재하지 않는다고 믿는 것을 말한다. 예를 들어, 우리가 중독성 처방약물의 국가적 대유행 한가운데 있다는 것과 같은 특정 진실을 인식하거나 인정하지조차 않으려 하는 것이 이에 해당한다. 지난 20년간 큰 선의를 가진 의사들조차 의심스러운 약물 사용 패턴을 무시하고, 조기 반복조제를 허용하고, 점점 늘어나는 복용량을 간과하며, 주정부에서 제공하는 중독성 처방약물 모니터링 프로그램과 같은 데이터를 확인하지 않았다. 소속 주의 모니터링 프로그램에 등록하고 활용하도록 장려하는 공공 보건 캠페인이 있었음에도 오늘날 미국에서 활동하는 의사 중 단 35%만이 이를 활용한다.[130] 제한된 진료 시간이 데이터베이스에 접근해 활용하려는 의사의 능력과 의지를 꺾는다. 하지만 현대 의료시스템에서 중독성 처방약물 모니터링 프로그램을 확인하지 않으면서 규제약물을 책임 있게 처방하기란 사실상 불가능에 가깝다.

일부 주에서는 새로운 법에 따라 의사의 해당 주 중독성 처방약물 모니터링 프로그램 접속을 의무화했다. 일부 주에서는 한발 더 나아가, 의사에게 규제약물에 대한 처방전을 작성하기 전에 항상 이 프로그램을 확인하도록 요구하고 있다.[131]

자기애적 분노, 보복 그리고 그 결과

부정과 같은 원시적 방어기제가 더는 작동하지 않는다면 어떻게 될까? 중독성 처방약물 모니터링 프로그램상에서 명백한 약물 추구가 확인되고, 오남용 환자에게 약물을 공급했다는 사실을 의사 자신이 인정할 수밖에 없을 때 말이다. 그 순간 의사는 단순히 상품과 서비스를 제공하는 문지기에 지나지 않거나 더 나쁘게는 '마약 판매상drug dealer'에 불과한 존재로 낙인찍히게 되고, 바로 이때 자기애적 손상을 경험한다. 자기애적 손상은 의사의 유능감과 자존감의 핵심을 강타한다. 이 고통스러운 경험은 원시적이고 반사적이며 적대적인 반응을 초래한다. 짐의 담당 의사가 보인 반응, 즉 억제되지 않은 분노와 거부는 자기애적 손상이 자기애적 분노와 보복으로 이어지는 전형적인 사례에 해당한다. 이에 반하는 이상적인 반응은 그런 어려움 속에서도 환자에 대한 연민과 전문성을 유지하는 것이다.

비단 짐의 담당 의사만 이렇게 반응하는 것이 아니다. 지난 5년간 의사의 약물 처방으로 인해 피해를 입은 환자들이 언론에 조명되면서 미국 의료계는 자기애적 손상을 입었다. 이는 의사들의 평판을 훼손했고 공개적 망신을 초래했다. 그 결과 일부 의사들은 통증 환자에게 오피오이드를 처방하는 데 더욱 신중을 기하게 되었을 뿐 아니라, 아예 통증 치료를 거부하며 그것이 자신의 진료 범위 밖에 있는 일이라고 선언하기에 이르렀다. 이런 식의 거부가 만연해지자 오피오이드를 찾는 환자들에게는 스티븐 파식Steven Passik 박사가 만든 별칭까지 붙여졌다. '오피오이드 난민opioid refugees'이 바로 그것이다. 이 용어는 통증을 치료해줄 의사를 찾기 위해 여러 병원을 돌아다니는 환자들을 제대로 포착하고 있다. 의사들이 이런 환자에게 거부감을 갖는 것은 중독이라는 낙인 때문만은 아니다. 의사들은 단지 알코올을 오남용하거나 담배를 피우거나 심지어 헤로인에 중독되었다는 이유로 환자를 쫓아내지 않는다. 그들이 이런 환자를 거부하는 이유는 의사 자신이 환자의 중독에 공모했다는 사실이 자기애적 손상과 이에 대한 보복 반응을 유발하기 때문이다.

이 지속적인 보복은 해결점을 찾지 못한 채 오히려 더 많은 문제를 일으켰다. 일부 환자들은 의사들이 더 이상 오피오이드를 처방해주지 않는다는 이유로 헤로인과 같은 불법 오피오이드로 눈을 돌리고 있을지도 모른다. 의사의 처방 패턴과 헤로인 사용 시작 사이의 관계가 여전히 명확하게 규명되지 않고 있지만 말이다.[132] 그러나 2011년 이후 헤로인 사용은 물론 그 과용으로 인한 사망 역시 함께 증가했다는 것은 분명한 사실이다.

오피오이드 난민: 약물을 찾아 떠돌다

내가 만난 환자 중 한 명인 메이시는 오피오이드 난민이 되었다. 내가 그녀를 처음 만난 곳은 통증클리닉이었다. 그곳에서 나는 그녀가 진통제에 중독되었는지를 평가하고, 만약 중독되었다면 어떤 도움을 줄 수 있을지를 판단하는 역할을 맡았다. 나를 처음 만났을 때 그녀는 20대 초반이었다. 나는 그녀가 여러 의사를 거쳐가는 긴 여정의 한 지점에 불과했다. 그녀를 알아가면서 나는 그녀의 이야기가 아버지 마이크로부터 시작된다는 것을 깨달았다. 마이크는 메이시가 아프기 시작한 10대 중반에 그녀를 집중적으로 간병했다.

1980년대, 마이크는 마약이 만연한 오클랜드 동부에서 가난하게 자랐다. 이 지역은 한 세대 만에 다양한 인종이 거주하는 중산층 지역에서 갱단의 마약 전쟁으로 악명 높은 흑인 거주 지역으로 바뀐 곳이었다. 마이크는 다섯 남매 중 막내였는데, 마이크 자신과 큰누이를 제외한 가족 모두가 무언가에 중독되어 있었다.

마이크는 성인이 되자마자 오클랜드 동부를 떠나 자신의 가정을 꾸렸다. 그는 자녀들에게 가능한 한 마약의 영향에서 자유로운 더 나은 삶을 살게 해주겠다고 결심했다. 마이크와 그의 젊은 아내는 오클랜드 남부의 중산층 지역인 프리몬트의 한 타운하우스로 이사했다. 그들에게는 첫째 딸 캐서린과 7년 터울의 둘째 딸 메이시가 있었다. 그들의 삶은 완벽해 보였다.

메이시는 고등학교 2학년 무렵부터 다리에 참을 수 없는 통증을 느끼기 시작했다. 유독 둘째 딸과 친밀했던 마이크는 그것을 성장통이라고 생각하며 별다른 조치를 취하지 않았다. 그러나 한 달 뒤 메이시는 학교에서 배구를 하다 쓰러져 인근 응급실로 이송되었다. 의사들은 여러 검사를 진행했지만 아무런 이상도 발견하지 못했고, 병적 소견이 전혀 없었음에도 통증에 대한 대증적 치료를 위해 정맥 모르핀을 투여한 후 메이시를 집으로 돌려보냈다. 2주 후 메이시는 같은 통증으로 응급실을 찾았다. 추가 검사에서 횡격막과 난소에 비정상적인 종양이 발견되었다. 의사들은 그 종양이 암일지도 모른다며 정맥주사를 모르핀에서 딜라우디드로 변경했고, 메이시는 종양 제거 수술을 위해 입원했다.

알고 보니 메이시의 난소에 있는 종괴는 기형종으로 큰 문제를 일으키지 않는 양성 종양이었다. 횡격막의 종괴는 폐 조직의 일부였으며, 이 또한 양성 종양이었으나 제거 과정이 복잡해 추가 수술과 입원이 필요했다. 의사들은 이 종괴들을 제거하면 통증도 사라지리라고 기대했지만, 사실 종양과 통증 사이의 명확한 연관성은 입증되지 않은 상태였다. 메이시는 수술 도중과 수술 이후에 중독성이 강한 오피오이드인 모르핀, 딜라우디드, 하이드로코돈을 정맥으로 투여받았다. 2010년 10월과 11월 두 달 동안 입원해 있었지만, 중독성 처방 진통제로 정신이 혼미해져 그 시기를 거의 기억하지 못했다.

치료 과정 내내 오피오이드 중독 위험성에 대한 논의는 이뤄지지 않았다. 메이시가 중독 가족력이 있다는 사실도 고려되지 않았다. 여러 번의 수술이 끝난 뒤, 의사들은 이제 그녀가 통증 없이 생활할 수 있을 거라고 선언했다. 메이시는 두 달간 매일 병원에서 고용량의 오피오이드를 투여받았음에도 퇴원 시 오피오이드 약물을 단 한 알도 받지 못했고, 그로 인해 6주 동안 오피오이드 금단 증상을 겪어야 했다. 메스꺼움, 구토, 발열, 오한이 이어졌고, 온몸의 근육과 뼈가 견딜 수 없을 정도로 아팠다. 그 고통은 그녀가 처음 겪었던 다리 통증보다 훨씬 더 심했다.

오피오이드 금단 증상에 시달리던 메이시는 바닥에 누운 채로 소리치며 울부짖었다. 부모는 어떻게 해야 할지 몰라 메이시를 며칠마다 지역 응급실로 데려갔고, 그녀의 몸이 갈망하는 오피오이드 주사를 맞힌 뒤 곧장 퇴원시켰다. 때로 의사들은 메이시를 병원에 다시 입원시키고 정맥주사용 모르핀을 투여하며 통증을 조절해주기도 했지만, 그 이후에는 아무런 오피오이드 처방도, 후속 조치도 내리지 않았다. 심지어 그들은 체계적인 치료 계획도 잡지 않은 채 메이시를 퇴원시켰다. 2012년부터 2014년까지 부모는 끝없는 절망과 좌절 속에서 응급실을 오가며 메이시를 돌봤다. 의사들은 무엇이 문제인지, 자신들이 어떻게 도울 수 있는지 제대로 설명하지 못했고, 결국 더 많은 오피오이드 처방을 내리는 것 외에는 어떤 해결책도 제시하지 못했다.

2014년의 어느 날, 급기야 일이 터졌다. 응급실에서 의사가 상당히 적대적인 태도로 마이크에게 말했다. "당신 딸이 약물을 남용하고 있나요?" 의사가 말한 '약물'이란 메이시의 담당 의사들이 처방한 진통제가 아니라 헤로인 같은 불법 약물을 의미했다. 하지만 화학적 측면에서 봤을 때 이 둘 사이에는 거의 차이가 없다. 만약 메이시가 흑인이 아니라 백인이었어도 의사가 그렇게 반응했을까?

"아니요." 마이크가 한 치의 망설임도 없이 대답했다.

"그걸 어떻게 아시죠?" 의사가 따지듯이 물었다.

"제 딸은 제가 잘 압니다. 우리는 늘 아이와 함께 있습니다. 우리 딸은 결코 마약을 하는 사람들과 어울리지 않아요."

"당신 딸은 마약중독자입니다." 의사가 말했다. "다시는 여기 와서 마약성 진통제를 달라고 하지 마세요."

마이크는 할 말을 잃었고, 더 이상 아무 말도 하지 못했다. 그는 메이시를 품에 안고 집으로 데려갔다. 집에 도착하자 메이시는 바닥에 누워 신음하며 울부짖었다.

"메이시에게 진통제 좀 줘요." 그는 메이시를 힘없이 바라만 보고 있던 아내와 딸 캐서린에게 말했다.

"다 떨어졌어요." 아내는 애처로운 눈빛으로 말했다.

"젠장," 마이크가 소리쳤다. 그는 눈을 감고 모든 것을 잊고 싶어졌다. 그리고 곧 결심했다.

"이제 됐어." 그는 자동차 열쇠를 잡으며 말했다. "의사들이 내 딸을 도와주지 않는다면 내가 나서겠어." 그는 말없이 집을 나와 차에 올라탔고, 곧 자신이 살던 옛 동네로 향했다. 잠잠한 눈물이 뺨을 타고 흘러내렸다. 그곳에는 아직도 마약을 파는 옛 친구들이 있었다. 마이크는 그들을 찾아 퍼코셋을 사거나 필요하다면 헤로인이라도 살 작정이었다. 그래야만 메이시의 고통을 멈출 수 있었다.

운전하는 동안 불쑥 어린 시절의 기억이 떠올랐다. 그는 어릴 적 살던 집의 굴뚝 밑에 쪼그려 앉아 통통한 손가락으로 안쪽 벽돌의 윤곽을 짚어나갔다. 오래전 시멘트가 부서져 생긴 벽돌 사이의 구멍을 찾고 있었다. 움푹 파인 곳을 느끼고 손가락을 안으로 밀어 넣으며 비닐봉지의 주름이 만져지길 바랐다. 마침내 찾았다. 그는 손가락을 오므려 봉지를 움켜쥐고 천천히 꺼냈다.

"엄마, 엄마!" 마이크가 외쳤다. "하나 찾았어요!"

그는 비닐봉지를 들고 부엌으로 달려갔다. 흔들리는 봉지 속에는 파란색과 빨간색의 작은 알약들이 담겨 있었다.

그의 어머니는 일 때문에 지친 채로 부엌을 청소하고 있었다. 그녀는 수년간 파출부, 동네 식당에서의 주방일, 델몬트 통조림 공장에서의 작업 라인, 지게차 운전 등 갖은 일을 해야 했다. 마이크는 다섯 번째 아이로 나머지 형제들과는 아버지가 달랐다. 형편없는 술주정뱅이 남자가 아들에게 아버지 역할을 할 만한 사람이 아니라는 걸 깨달은 그녀는 마이크가 태어나던 날 그를 집에서 내쫓았다. 그녀는 앞치마에 손을 닦고 어린 아들을 품에 꼭 안았다.

그녀는 말했다. "하나 찾았으니 약속대로 엄마가 1달러 줄게." 그녀는 지갑 속에서 1달러짜리 지폐를 꺼내 마이크에게 건넸다. "이제 내 말을 잘 들으렴." 그녀는 무릎을 꿇은 채 그의 눈을 똑바로 바라보며 말했다. "네 형이나 누나처럼 그런 약물은 절대 하면 안 돼. 그건 너에게 좋지 않아, 정말 좋지 않아."

"안 할게요, 엄마." 마이크는 말했다. "약속해요. 엄마가 눈물 흘리시지 않도록 할게요."

 마이크는 마치 꿈에서 깨어난 듯 고속도로에서 바로 다음 출구로 빠져나와 차를 돌려 집으로 향했다. 그는 집에 도착해서 여전히 울부짖고 있는 메이시를 다시 차에 태워 다른 병원 응급실로 데려갔다. 몇 시간을 기다린 끝에 마침내 의사가 나타났다. 그는 의사에게 말했다. "제 딸 메이시는 어떤 의사도 찾아내지 못하는 원인 모를 끔찍한 통증을 온몸으로 겪고 있습니다. 메이시는 진통제에 중독되었습니다. 의사들이 제 딸을 이렇게 만들었습니다. 그러니 외면하지 말아주세요. 제 딸을 중독자라고 단정 짓지 말아주세요. 제발 도와주세요."

 이 새로운 의사는 마이크의 절실한 고백에 마음이 움직였는지 메이시의 상태를 확인하고 병원에 입원시켰다. 그와 동시에 이전에 메이시가 제안받거나 제공받은 적 없는 중독에 대한 평가와 치료를 포함한 종합 치료 계획을 세웠다. 그렇게 해서 메이시는 나에게 오게 되었다.

 중독 치료를 시작했다고 해서 메이시의 문제가 마법처럼 사라진 것은 아니었다. 하지만 시간과 인내, 용기, 노력으로 그녀는 조금씩 더 나은 삶으로 향했다. 통증은 줄어들었고, 신체 기능도 회복했으며, 직업도 갖게 되었다. 그리고 미래를 위한 계획도 세우기 시작했다. 그것은 메이시가 마땅히 누려야 할 것들이었다.

환자를 외면하는 의사들

의사들과 다른 보건의료 전문가들은 우리가 제공한 치료로 인해 중독에 빠진 환자들에 대해 더 큰 책임이 있다. 그들을 그대로 내버려두고 스스로 해결하도록 방치해서는 안 된다. 이들 중 상당수가 자신에게 무슨 일이 일어났는지도 모른 채 중독에 빠지며, 그중 대부분은 생명을 위협하는 의인성醫因性. iatrogenic* 문제를 겪고 있고, 이에 더해 치료가 필요할 정도로 심각한 의학적 상태에 있다. 그럼에도 우리는 그들을 외면한다. 중독성 처방약물 오남용 환자의 치료를 거부하는 대응 방식은 중독성 처방약물 문제가 확산되고 있는 지금의 상황에서 윤리적이지도, 유익하지도 않다.

---

* 〔옮긴이〕 '의사'를 뜻하는 단어 'iatros'와 '유래하다/생성하다'라는 뜻을 가진 단어 'genic'이 결합해 만들어진 그리스어로, 의학적 진단이나 치료 과정에서 의도치 않게 발생한 부작용이나 문제를 뜻한다. 여기서 저자는 통증 조절을 목적으로 투여된 진통제로 인해 오피오이드 중독에 빠질 수 있다는 것을 짚기 위해 해당 용어를 쓰고 있다.

8장

환자가 상품이 될 때

약물 남용을 부추기는 의료시스템

8

'의료쇼핑'을 한다는 사실이 보험사에 의해 발각된 후, 짐은 이전에 이용한 적 없는 병원을 찾아 더 멀리까지 가야 했다. 회당 약 80달러인 병원 진료비에 더해 약국에서 구입하는 약값도 현금으로 내야 했다.

어느 날 짐은 집에서 멀리 떨어진 실리콘밸리 번화가에 위치한 병원에 처음으로 방문했다. 접수 데스크로 가서 진료비를 내려고 했지만, 예상과 달리 세련된 옷차림의 20대 여성 접수원이 진료비는 먼저 정산할 필요 없이 의사와 상담한 후에 지급하면 된다고 안내했다.* 짐에게는 생소한 일이었다. 그

---

* 〔옮긴이〕 미국에서는 가입한 민간보험이 있는 경우, 보험 플랜의 내용에 따라 환자가 부담하는 고정 금액co-pay을 대개 진료 전에 지급한다. 보험이 적용되지 않는 내역이나 본인 부담금이 명확하지 않은 경우, 진료가 끝난 뒤 병원에서 환자에게 청구서를 발송한다.

의 경험상, 이렇듯 당일 진료가 가능한 병원들은 항상 선결제를 요구했기 때문이다. 짐은 대수롭지 않게 여긴 채 대기실에 앉았다.

의자 몇 개, 오래된 잡지가 놓인 테이블에 구석에는 인조 고무나무 화분이 있는 전형적인 대기실이었다. 함께 대기하고 있는 다른 환자는 단 한 명뿐이었다. 마른 체형의 그 중년 여성은 초조하고 지쳐 보였고, 한자리에 가만히 앉아 있지 못했다. 그 모습이 오피오이드 금단 증상의 신호임을 짐은 바로 알아차렸다. 그녀는 짐에게 자신이 통증 때문에 이곳에 왔다고 말했다. 그 말을 듣고 짐은 마음이 놓이기 시작했다. 제대로 찾아온 것이었다. 접수원이자 동시에 간호사 역할도 하는 듯한 여자 직원이 그 환자의 이름을 부르더니 이어서 묵직한 문을 열며 안내했다. 그녀는 불과 5분도 지나지 않아 처방전을 들고 나왔다. 짐은 이 역시 좋은 신호라고 생각했다. 이 의사는 쓸데없이 시간을 끌지 않는 사람이었다.

접수원인지 간호사인지 모를 그 직원은 짐을 진료실로 안내한 뒤 그의 활력 징후를 측정했다. 혈압과 심박수 모두 높았는데, 이는 체내 오피오이드 공급 부족으로 가벼운 오피오이드 금단 증상을 겪고 있었기 때문이다. 간호사는 의무기록지에 그의 활력 징후를 기재하고는 그를 방에 남겨둔 채 나갔다. 이제 의사를 기다릴 차례였다.

짐과 비슷한 나이로 보이는 남자 의사가 방에 들어왔다. 그는 흰 가운이 아닌 정장을 입고 있었다. 휴대전화로 통화를 하고 있었고, 잘못된 거래 때문에 화가 난 듯 보였다. 짐은 의사가 다음과 같이 말한 것을 기억한다. "그 주식을 팔지 말았어야 했어." 의사는 짐을 바로 알아차리지 못하고 방 안을 서성이며 화난 목소리로 통화를 이어갔다. 짐은 지금껏 이런 행동을 하는 의사를 본 적이 없었기에 살짝 긴장했다. 통화가 끝나자 의사는 휴대전화를 주머니에 넣고 짐 쪽으로 돌아서며 말했다.

"어떻게 도와드릴까요?"

이제야 일이 제대로 돌아가는 느낌이었다. 짐은 늘 하던 방식대로 이야기를 시작했다. 하지만 평소와 달리 의사는 질문을 던지거나 공감 어린 반응을 보이는 대신, 그저 짐을 바라보며 아무 말도 하지 않았다. 그는 짐이 건네려는 퇴원 요약서를 읽기는커녕 아예 들춰보지도 않았다. 짐이 왼팔을 들어 자신의 말초삽입중심정맥관을 보여주자 비로소 반응을 보였는데, 예상한 반응이 아니었다. 의사는 손을 뻗어 말초삽입중심정맥관 주변의 붕대를 풀어 헤쳤다. 진짜처럼 보이게 만든 가짜 카테터인지 정맥에 실제로 삽입된 카테터인지 확인하려는 듯했다. 그것이 가짜가 아님을 확인한 뒤에도 붕대를 다시 감지 않고 풀어놓은 채로 내버려두었다.

짐이 말했다. "저기, 새 붕대라도 감아주셔야 하지 않나요?"

의사는 대답을 생략하고는 이미 다 알고 있다는 듯 짐을 쳐다보며 말했다. "통증에 200달러입니다."

"네?" 짐은 무슨 말인지 알아듣지 못했다.

"노르코 30정을 드리겠습니다. 통증 치료를 위한 진료비는 200달러입니다."

짐은 그제야 상황을 이해했다. 이건 진료가 아니라 단순한 거래에 불과했다. "말도 안 돼." 그는 말했다. "절대 200달러를 낼 수 없어요. 보통 진료비는 80달러잖아요." 하지만 짐은 그 약이 필요했다. "100달러 드릴게요, 그게 전부입니다."

"200달러입니다." 의사가 말했다.

"제가 호구인 줄 아십니까?" 짐은 이렇게 말하며 자리에서 일어섰다. 더는 절뚝거리지 않았고 지팡이는 손에 느슨하게 걸려 있었다.

짐이 문밖으로 나설 기세를 보이자 의사가 말했다. "좋아요, 150달러."

짐은 멈춰 서서 그 약을 구하지 못하면 남은 하루가 어떨지 상상했다. 아마도 종일 화장실에서 토하고 설사하며 위아래의 구멍으로 모든 것을 쏟아낼 것이다. 짐은 진찰대 옆에서 기다리는 그 의사를 바라보며 마지막 자존심을 삼키고 지갑을 뒤적여 150달러를 꺼냈다. 약을 구걸하는 것처럼 보이고 싶지는 않았기에 지폐를 손에 든 채 가만히 서 있었다. 의사는 짐에게 다가와 돈을 받아들고 처방전 수첩을 꺼냈다. 그는 짐에게 한 달 치 노르코 처방전을 써주었다.

짐이 병원 문을 나설 때 접수원은 눈길조차 주지 않았다.

나중에 짐은 이렇게 회상했다. "그런 약을 구하러 다니는 건 끔찍한 일입니다. 약이 간절한데 금단 증상까지 오니까 신경이 곤두서고, 거기다 의사까지 속여야 하니 정말 힘든 일이지요."

의사인 척하는 '마약 판매상'과 마주한 그 순간, 짐은 자신이 환자인 척하는 '약물중독자'가 되었음을 깨달았다.

부패한 의사들과 약물남용 진료소

짐에게 오피오이드 처방전을 써주는 대가로 현금을 요구한 의사의 이름 뒤에는 ['의사Medical Doctor'를 뜻하는] 'MD'라는 직함이 붙어 있었다. 하지만 실제로는 마약 판매상이나 다름없었다. 그런 의사가 그 한 사람만은 아니었다. 환자의 건강보다 돈에 더 관심이 있는 의사들은 1990년대와 2000년대에 오피오이드 진통제에 대한 수요가 급증하자 이를 손쉽게 돈벌이의 기회로 삼았다. 특히 미국 내 일부 지역은 다른 곳보다 더 심각한 타격을 입었다. 플로리다는 의사와 환자가 처방전과 현금을 맞바꾸는 불법 거래의 중심지가 되었다. 2010년 한 해 동안에만 제조업체들이 주민 한 명당 34정, 즉 총 6억 5000만 정의 옥시코돈 알약을 플로리다에 공급했다.[133] 2011년 플로리다에는 총 856개의 통증클리닉이 있었는데, 그중 많은 곳이 '약물남용 진료소pill mills'로 알려져 있었다. 이곳에 찾아가면 거의 확실히 오피오이드 처방전을 받을 수 있었다.

2011년 이후 약물남용 진료소에 대한 법 집행 단속이 이루어지자 상황이 개선됐다. 2013년에는 플로리다로 유통된 옥시코돈 알약 수가 3억 1300만 정 아래로 떨어졌고, 통증클리닉 수는 367개로 줄어들었으며, 오피오이드 과다 복용으로 인한 사망자 수도 감소했다.[133]

전문가로서 가져야 하는 윤리적 책임을 명백히 저버리고 개인적 이익만을 좇는 의사들의 이야기는 다른 모든 의사들에게도 수치심을 안겨준다. 그러나 그렇지 않은 나머지 의사들이라고 해서 정말로 그들과 다른가? 오늘날 의료계에서는 속임수와 기회주의가 만연한 구조 속에서 돈을 버는 일이 의료 행위를 결정하는 핵심 동력이 되었다. 선의를 가지고 환자를 돕고 싶어 하는 의사들조차 이윤의 극대화를 최우선으로 하는 관료적 미로 속에 갇혀 있다. 오늘날 의사들은 약을 처방하고 시술을 행하고 환자를 만족시켜야 한다는 엄청난 압박감에 사로잡혀 있다. 일관성 없는 의료 관료주의와 수익만을 중시하는 경향에서 비롯된 이 압박감은 지금의 중독성 처방약물 대유행에 일조했다.

의료 산업화: 환자를 더 많이, 더 빠르게

의료가 점점 더 산업화되고 자본주의적 방식으로 변해가고 있다는 사실을 뼈저리게 실감한 날이 있었다. 2014년 5월 어느 날, 나는 다음과 같은 이메일 초대장을 받았다. "응급실을 자주 찾는 환자들에 대한 카이젠Kaizen*을 알려드리니 참석해 주시기 바랍니다." 나는 '카이젠'이 무엇을 의미하는지 전혀 알지 못했지만, 이메일 작성자는 이를 누구나 알고 있는 보편적인 개념으로 여기는 듯했다.

위키피디아를 찾아보고 나서야 카이젠이 '더 나은 방향으로의 변화'를 뜻하는 일본어라는 것을 알게 되었다. 카이젠은 토요타자동차사가 도입해 유명해진 방법으로, 생산라인에서 부품 이상을 발견하면 가동되는 라인을 멈추도록 작업자들에게 권장한다. 또한 작업자들이 부품 이상을 해결하기 위한 개선안을 제안하도록 적극적으로 독려한다. 카이젠의 목표에는 '요구사항에 대한 측정 평가' '요구사항을 충족하기 위한 혁신' '생산성 향상', 그리고 '운영 개선 방식의 표준화' 등이 포함되어 있다.[134]

오늘날 토요타자동차 공장의 생산라인은 1900년대 초 포드자동차의 생산라인과 별반 다르지 않다. 작업자들은 정해진 작업장에서 특정 생산 작업을 담당한다. 자동차가 해당 작업장에 도착하면 작업자는 지나가는 차량마다 지정된 작업을 반복해서 수행한다. 이때 요구사항을 충족하는 작업자의 능력이 숙련도를 평가하는 기준이 된다. 이를테면, 한 작업자가 어느 날 갑자기 오른쪽으로 돌려야 하는 나사를 왼쪽으로 돌린

---

* 〔옮긴이〕 한자어 '개선改善'의 일본식 발음이기도 하다.

다거나, 파란색으로 칠해야 할 차에 노란색 페인트를 사용한다면 그는 결코 유리한 평가를 받지 못할 것이다.[135]

오늘날 의사들은 통합의료시스템integrated health care systems 안에서 일한다. 1990년대와 2000년대에 의사들은 개인의원에서 관리형 의료 조직으로 대거 이동했다. 2002년에는 미국 의사 진료의 70%가 개인 소유 의원에서 이루어졌다면, 2008년에는 의사 진료의 절반 이상이 병원이나 통합의료시스템(공장식 병원)에서 이뤄졌으며 이 수치는 계속해서 증가하고 있다.[136] 이렇게 변화한 것은 진료비 지급 구조와 진료 모델이 바뀌면서 개인의원이 지속가능한 선택지로 남기 어려워졌기 때문이다. 또한 젊은 세대 의사들, 특히 점차 증가하는 여성 의사들이 일과 삶의 균형을 중시하며, 병원에서 일하며 더 유연한 근무 시간과 확실한 휴일을 보장받길 원하는 맥락도 있다.

의사들이 통합의료시스템으로 자리를 옮김으로써 의료 행태 역시 바뀌었는데, 무엇보다 근무 자율성이 크게 감소했다. 치료 옵션은 종종 병원 관리자, 의료기관평가합동위원회(4장을 보라)의 지침 및 제3의 지급기관third-party payers*(건강보험회사

---

* 〔옮긴이〕 의료서비스를 받는 환자(1차 당사자)와 이를 제공하는 병원·의료진(2차 당사자) 사이에 개입해 의료비를 지급해주는 제3의 주체(기관 혹은 시스템)를 가리킨다. 미국의 경우에는 메디케어나 메디케이드 같은 공공보험, 보험사가 운영하는 민간 건강보험, 그리고 재향군인건강관리국Veterans Health Administration, VHA과 같은 기타 지급기관이 있다. 제3의 지급기관은 의료비 청구 및 지급을 위한 핵심 시스템이지만, 본문에서 언급한 것처럼 청구 절차가 비효율적일 수 있으며, 오직 금전적 가치에 의거해 의료 행위를 평가하기에 의료서비스의 취지를 왜곡할 가능성도 있다.

등)에 의해 결정된다. 생산라인의 작업자처럼 의사들도 요구사항에 대한 측정 평가의 대상이 되고, 요구사항을 충족하기 위해 혁신해야 하며, 생산성을 향상시켜야 한다.

진료실에는 더 이상 의사와 환자만 있는 것이 아니다. 이제 그들은 보이지 않는 수많은 '동반자'들과 함께한다. 이들의 요구사항은 질병 치료와 별반 관련이 없을 수 있다. '환자 소통 부서Patients Relations'는 클립보드에 끼워져 있는 환자 만족도 조사 문건을 손거울 보듯 들여다보고 있다. '청구팀Billing'은 계속해서 수익을 저울질하며 머릿속에서 쉬지 않고 계산기를 두드린다. '장애보상시스템Disability Claims'은 깁스를 한 다리를 빈 의자에 올려놓고 앉아 있다.** 의료기관평가합동위원회는 돋보기를 들고 서류 캐비닛을 샅샅이 뒤지고 있다. '민간보험사Private insurance'는 환자가 앉을 의자를 차지하고 앉아 사전 승인 서류 더미에 정신이 팔려 있다. '메디케어 및 메디케이드 서비스 센터Centers for Medicare and Medicaid Services, CMS'***는 병적으로 비만한 몸을 진찰대 가장자리에 아슬아슬하게 기대고 있다. '거대 제약회사Big Pharma'는 구석에 몸을 숨긴 채 회사 로고가 새겨진 펜을

** 〔옮긴이〕 저자는 장애보상시스템Disability Claims이 제대로 기능하지 못한 채 지체되거나 비효율적으로 운영되고 있는 상황을 비유적으로 표현하고 있다.
*** 〔옮긴이〕 미국 보건복지부 산하의 연방기관으로, 메디케어, 메디케이드, 어린이건강보험프로그램Children's Health Insurance Program, CHIP, 건강보험시장Health Insurance Marketplace 등을 관리하고 규제하는 역할을 한다. 관리 업무에는 프로그램 운영, 지급 관리, 신청 및 가입 관리 등이 포함되며, 규제 업무에는 보험 정책 및 기준 설정, 의료기관 및 제공자 감시, 환자 보호 등이 포함된다. 여기서 저자는 비대해진 CMS가 비효율적으로 운영되고 있을 뿐 아니라, 시스템이 한계에 도달해 위태로운 상황임을 비유적으로 표현하고 있다.

자신만만하게 돌리고 있다.+ '주의료위원회State Medical Board'는 의사 뒤에서 엄격하고 단호한 표정으로 그를 지켜보고 있다. 두 변호사—병원의 법률자문과 환자의 의료소송 전문변호사—는 주먹을 움켜쥐고 마주 선 채 싸울 준비를 하고 있다. '시간Time'은 계속 째깍거리며 의사를 재촉하고, 다른 환자들이 기다리고 있음을 끊임없이 주지한다.++

이러한 변화가 의료서비스 제공에 미치는 영향과 중독성 처방약물 대유행에 기여한 바를 과소평가할 수는 없다. 나는 나의 고용주가 정한 임상 청구 요건을 충족하는지 알려주는 월간 청구 명세서를 매달 받아본다. 이 명세서는 이메일로 전송되며 각종 원형 및 선형 그래프와 표로 이루어져 있다. 예전에는 어떻게 하면 환자를 가장 잘 치료할 수 있을지 고민했다면, 이제는 청구 목표를 맞추기 위해 진료 방식에 어떤 변화를 줄 수 있을지 고민하는 시간이 많아졌다. 나의 할당량을 넘어선 그래프를 받아들면 승리감이 밀려오고, 심지어 약간의 도파민이 분비되는 느낌마저 든다. 반대로 그래프가 기대치 아래로 떨어지면 고용 안정성에 대한 불안이 엄습한다.

청구 할당량을 더 효율적으로 충족하기 위해(요구사항을

+ 〔옮긴이〕 거대 제약회사가 대중이나 정부의 눈을 피하면서도 의료시스템과 정책에 여전히 강한 영향력을 행사하고 있으며, 이에 대해 자신감을 표출하고 있다는 비판적인 메시지가 담긴 구절이다. 저자는 제약산업이 공공의 이익보다 자사의 이익을 우선시하면서도 그에 대한 책임은 회피하려 한다고 꼬집는다.

++ 〔옮긴이〕 저자가 각 '동반자'들을 대문자로 표기한 것은 이들이 의사의 진료 환경과 업무에 상당한 영향을 미치고 있음을 강조하기 위함이다.

충족하기 위한 혁신) 의사들은 머릿속으로 계산기를 두드린다. 정신과 의사가 50분간 환자와 대화하며 개인 정신 치료를 제공할 경우, 2.79의 상대가치점수Relative Value Units, RVUs가 생성된다. 상대가치점수는 메디케어가 정한 기준으로, 다른 많은 제3의 지급기관들이 수행하는 진찰과 시술에 대한 가치 평가에 사용된다. 상대가치점수 2.79점을 통해 병원은 300달러를 청구할 수 있다. 비교를 위해 예를 들어보자면, 대장내시경 검사(의사가 항문으로 내시경을 삽입해 위장관을 확인하는 검사)는 약 13.5분이 소요되며 상대가치점수 15점이 부여된다. 이 진료의 금전적 가치는 500달러다.[137] 따라서 대장내시경을 시행하는 소화기내과 의사는 동일한 시간 동안 개인 정신 치료를 시행하는 정신과 의사보다 이론적으로 대략 5배 더 높은 수익을 올릴 수 있다.

그러나 정신과 의사가 개인 정신 치료를 포기하고 고작 몇 분 동안의 대면 진료로 처방전을 써주는 '약물 관리' 서비스를 시행하면 최소 230달러를 청구할 수 있다. 이보다 더 중요한 것은 단위 시간당 훨씬 더 많은 환자를 볼 수 있다는 점이다. 이 시대의 정신과 의사들이 스스로를 '정신약리학자psychopharmacologist'라고 부르며 정신과 약물 처방 외에 아무것도 하지 않는 것은 놀라운 일이 아니다.

환자를 더 많이, 더 빠르게 보고, 환자 한 명당 더 많은 금액을 청구해야 한다는 압박은 의료계 전반에 만연해 있다. 이는 계속해서 약물을 처방하도록 의사들을 부추긴다. 한 가정의학과 의사는 이전과 같은 약의 반복조제만을 다급히 원하는 환자들을 복덩이로 여긴다고 인정했다. "가장 쉬운 환자들이지요. 원래는 10분에 한 명씩 보게 되어 있지만, 이들은 원하는 것을 주면 5분 만에 진료실 밖으로 나갑니다. 그러면 뒤처진 진료 시간을 따라잡고 제때 퇴근할 수 있다는 희망이 생깁니다." 물론 대부분의 의사들이 돈만을 좇는 것은 아니며, 환자들에게 마음을 쏟고 진료에 최선을 다하고자 하는 의사들도 있다. 그러나 환자들을 빨리 진료하고 내보내야 한다는 압박은 때로 의사들에게 부담이 될 수 있다.

젊은 응급의학과 의사인 수지는 중독 환자 치료 경험을 더 많이 쌓기 위해 전공의 수련 과정을 마치고 1년 과정의 중독의학 수련을 추가적으로 받기로 했다. 중독성 처방약물을 포함해 심각한 알코올중독·약물중독 문제를 겪는 환자들이 응급실을 찾는 것을 수없이 목격했기 때문이다.

수지는 1년간의 중독의학 전임의 수련을 마친 뒤 2014년 베이 지역에 있는 한 병원의 응급실 의사로 근무하기 시작했으며, 지금까지도 그곳을 지키고 있다. 그러나 기본급, 시간당 급여, 퇴직금, 그리고 건강보험을 포함한 복지 혜택을 받지 못한다. 이뿐만 아니라 민간보험사를 통해 별도의 건강보험에 가입해 매달 800달러를 납부한다. 형식적으로는 병원의 피고용인이지만 급여 형태는 프리랜서와 유사하다. 그녀는 진료 수익의 22%를 급여로 받는다. 11시간을 근무해 환자에게 7000달러를 청구할 수 있게 되면 1540달러를 지급받는 식이다. 청구 금액이 많아질수록 수입이 더 늘어나는 구조다.

수지는 이렇게 말한다. "한 명의 환자와 시간을 많이 보내든 적게 보내든, 저는 환자에게 청구한 금액에 대해서만 급여를 받습니다. 저와 환자 사이에서 이뤄지는 상호작용의 핵심이 '대화'에 있다고 한다면 저는 손해를 보는 셈이지요. 환자와의 대화 시간이 길어진다고 청구 금액이 많아지지는 않기 때문입니다."

수지는 중독성 처방약물을 오남용하거나 중독된 것으로 의심되는 환자를 만나면 좀 더 시간을 들여 환자와 우려 사항에 대해 이야기를 나눈다. 그리고 중독성 처방약물 모니터링 프로그램에서 자료를 살펴보고 지난 1년 동안 어떤 처방을 받았는지, 얼마나 많은 의사로부터 처방을 받았는지를 살핀다.

"하지만 대부분의 경우 그들과 실랑이하지 않고 그냥 원하는 약을 처방해주는 것이 더 쉽습니다."

만일 여유를 갖고 환자에게 더 많은 시간을 들이게 되면 그녀 자신의 수입은 물론 병원의 수익까지 줄어든다. 수지는 병원으로부터 실적을 개선하라는 강력한 권고를 받았다. 그녀가 '좋은 의사'라고 생각하며 신뢰하는 동료 한 명도 그녀에게 다음과 같이 말했다. "그냥 환자들이 원하는 것을 주고 빨리 내보내요." 수지의 상황은 많은 병원과 의료 제공 시스템이 좇는 성과 기반 보상 체계의 극단적인 예시라 할 수 있다.

만약 처음부터 모든 것을 다시 선택할 수 있다면, 그녀는 여전히 의사로서 일하고자 할까?

"저는 사람들을 좋아해요. 사람들을 돕는 게 좋아요. 다시 돌아간다고 해도 여전히 의사가 될 거예요. 하지만 의사라는 직업은 제가 생각한 것과 너무 달라요. 저는 제가 속물이 아니라고 생각했는데 이제는 점점 더 돈에 매달리게 되네요."

'환자 만족도'라는 함정: 측정 지표 너머의 진실

환자 만족도 조사의 도입은 의료 기업화의 또 다른 예시이며, 중독성 처방약물 대유행에도 기여했다.

설문조사를 통해 의료서비스에 대한 환자 만족도를 평가하겠다는 발상은 1980년대에 시작되었다. 이는 환자가 더 큰 만족감을 느낄수록 치료에 더 잘 순응하고, 다음에 치료가 필요할 때 같은 치료자나 기관을 다시 찾을 가능성이 더 높아진다는 몇몇 연구를 토대로 삼는다.[138] '치료 순응treatment compliance'은 의사의 지시대로 따르는 것을 말하고, '치료 지속성continuity of care'은 시간이 지나더라도 같은 의사에게 진료를 받는 것을 말한다. 이론상 이 둘은 좋은 치료 결과로 이어지며 의사, 의원, 병원의 재정적 안정에도 도움이 된다.

인류학자인 어윈 프레스Irwin Press 박사와 통계학자인 로드 가니Rod Ganey 박사가 1985년에 설립한 프레스가니협회Press Ganey Associates는 의료서비스 설문조사를 수익성 있는 사업으로 전환한 초기 조직 중 하나다. 이 협회는 웹페이지에서 자신들의 활동을 '목표 지향적인 수행 개선을 이끌어내기'라고 설명하며, 이어서 다음과 같이 언급한다. "환자 경험을 개선하기 위해 의료 제공자는 먼저 만족도, 임상 수준, 안전도, 재정적 지표 사이의 복잡한 관계를 보고 이해할 수 있어야 한다. 프레스가니 협회의 독자적인 솔루션은 모든 환자가 자신의 목소리를 낼 수 있도록 기회를 제공하며, 이러한 환자 경험을 다양한 데이터 흐름과 통합한다. 그 결과 수백만 건에 이르는 환자 접점patient touch point[환자가 의료를 경험하는 여러 과정]이 자연스럽게 엮여 하나의 데이터로 결합된다."[139]

환자 만족도 조사는 환자를 의료서비스의 중심축으로 설정해야 한다고 주장하는, 좀 더 큰 분야라고 할 수 있는 '환자 중심 치료patient-centered care' 운동과 함께 시작되었다. 오늘날 여러 보건의료 체계에서는 환자들에게 진료받은 의사나 치료에 대한 인상을 평가해달라는 종이 문서나 컴퓨터 설문지를 작성하도록 요청하고 있다.

환자 만족도 조사는 의료서비스, 접근성, 비용, 특정 측면의 편의성을 개선하는 데는 유용한 도구일 수 있다. 하지만 환자 만족도가 치료 결과 자체를 개선한다는 것을 보여주는 증거는 거의 혹은 전혀 없으며, 오히려 치료 결과가 더 나빠질 수 있다는 일부 증거마저 나와 있는 상황이다. 2012년 《내과학 논문집Archives of Internal Medicine》에 발표된 연구에 따르면, 더 높은 환자 만족도는 더 많은 의료서비스 소비, 더 많은 중독성 처방 약물 사용, 더 높은 사망률과 관련되는 것으로 드러났다.[140]

환자 만족도는 기대와 밀접하게 관련된다. 환자들은 의사와의 상호작용에서 '불쾌한 놀라움 bad surprise'을 경험할 때, 즉 예상과 다른 치료가 이뤄지거나 사회적 규범을 벗어나는 치료가 행해질 때 불만을 표시할 가능성이 더 높다.[141]* 좋은 의사라면, 그럼에도 환자가 듣고 싶지 않을 수 있는 내용을 기꺼이 전달해야 한다. 예를 들어, 약물 남용이나 중독에 대한 우려 혹은 해악의 가능성이 너무 커 특정 치료를 중단할 필요가 있다는 것까지 설명할 수 있어야 한다.

양질의 의료 제공에 기여한다는 근거가 부족할 뿐만 아니라 오히려 의료의 질을 저하시킬 수도 있다는 가능성이 제기되고 있지만, 환자 만족도 조사는 지속적으로 활용되고 있다. 이는 재정적 이익과 깊은 연관이 있다. 여러 의료기관에서 '품질 측정 지표 quality measure'로 자리 잡은 환자 만족도는 의료기관평가합동위원회와 같은 기관이 병원들을 평가하고 서열화하는 한 가지 방식이기도 하다. 이러한 평가는 단지 명예의 문제가 아니라, 메디케어 및 메디케이드 서비스센터와 같은 제3의 지급기관으로부터 받게 되는 재정적 보상과도 연결되

---

* 〔옮긴이〕 '예상과 다른 치료' 혹은 '사회적 규범을 벗어나는 치료'란 환자들이 흔히 기대하는 '통증이나 불안을 즉각적으로 해소하는 치료'와는 다른 방향의 의료적 개입을 뜻한다. 그러나 수용정신치료적 관점 혹은 비판정신의학적 관점에서 볼 때, '통증이나 불안을 완전히 없애는 것'은 현실적으로 달성하기 어렵거나 불가능한 치료 목표일 수 있다. 오히려 통증이나 불안과 같은 고통스러운 감정을 무조건 없애려고 하면서 '중독성 처방약물'에 점점 더 의존하게 되는 환자들도 종종 있다. 증상을 무조건 없애려 애쓰기보다는 이러한 경험을 수용하고 이와 함께 살아갈 수 있는 심리적 유연성을 기르는 것이 더 현실적이고 건강한 치료 목표라고 할 수 있다.

어 있다. 빈곤층, 노인, 장애인을 대상으로 하는 연방정부 지원 건강보험인 해당 서비스센터는 병원소비자평가Hospital Consumer Assessment of Healthcare Providers and Systems, HCAHPS 설문조사를 통해 환자 만족도에 대한 자료를 수집한다. 병원소비자평가 설문조사는 퇴원 후 2일에서 6주가 지난 성인 환자를 무작위로 선택해서 병원 경험에 관해 묻는다. 설문에 포함된 대표적인 질문은 다음과 같다. "의료진이 당신이 느끼는 통증을 완화하기 위해 얼마나 자주 최선을 다했나요?" 병원소비자평가는 매년 각 병원에서 수백 건에 달하는 환자 설문을 수집한다. 조사 결과는 메디케어 및 메디케이드 서비스센터가 전체 진료에 대해 병원 측에 지급해주는 청구 금액의 규모에 영향을 줄 수 있다. 즉 낮은 환자 만족도는 병원에 지급되는 청구 금액이 적다는 것을 뜻한다. 환자 만족도 점수가 낮아 어려움을 겪던 한 병원의 응급실에서는 퇴원 시 모든 환자에게 바이코딘 진통제가 들어 있는 '선물 꾸러미'를 제공하는 정책을 시행하기도 했는데, 이 역시 그러한 제도적 맥락과 관련이 있다.[142]

개별 의사들 입장에서는 환자 만족도 조사에서 낮은 평점을 받는 것이 직업적 수치심을 유발할 수 있고, 그 수치심이 어떤 경우에는 직업적 발전을 방해할 수도 있다. 어느 날 열한 살짜리 아들이 컴퓨터로 숙제를 하던 중 무슨 이유에서인지 내 이름을 구글에 검색했다. 그러자 검색 결과 중 하나로 의사 평가 웹사이트가 떴다. 그곳에는 나의 직업적 능력에 대한 평가가 올라와 있었다. 아들은 나를 방으로 불러 이렇게 물었다.

"엄마, 이거 엄마 얘기야?"

나는 그 사이트를 살펴봤고, 잠시 내용을 파악한 후 그것이 한 환자가 남긴 리뷰라는 것을 알게 되었다. 기억도 나지 않고 실명인지도 알 수 없는 '코리'라는 이름의 한 환자가 내 진료에 대해 별점 4점 만점에 1점을 줬던 것이다. 아마도 0점을 선택할 수 있었다면 주저 없이 0점을 줬을 것이다. 그는 댓글창에 이렇게 적었다. "이 사이트의 리뷰를 먼저 봤더라면 정녕 이 의사를 예약하지 않았을 텐데." (사실 해당 사이트에 다른 부정적인 리뷰가 전혀 없었기 때문에 다소 납득하기 어려운 발언이었다.) "이 의사는 당신이 도움을 구하고자 했다는 사실 자체를 후회하게 만들 것이다. 오진. 잘못된 처방. 이 진료가 끔찍한 결과를 초래할 수도 있으니 다른 의사를 찾아가라."

그 순간 수치심이 온몸을 휘감았다. 내 아들이 웹상에서 나에 대한 부정적인 후기를 보게 됐다는 사실이 그 감정을 증폭시켰다. 이 리뷰를 또 누가 봤을까? 어쩌면 당시에 나는 코리라는 사람에게 원하는 약에 대한 반복조제를 해주지 않겠다고 말했을 수 있다. 그리고 이후로 나는 앞으로 보게 될 환자들에게 그가 원하는 약을 쉽게 재처방해줄지도 모른다. 언젠가 한 통증의학과 의사와 대화를 나눈 적이 있는데, 그는 환자가 약물을 남용하고 있으며 이미 중독 상태라는 것을 알면서도 처방을 계속했다고 털어놓았다. 그렇게 한 이유는 단지 환자가 비즈니스 리뷰 웹사이트인 '옐프Yelp'에서 자신의 진료에 낮은 평점을 매기지 못하도록 하기 위해서였다.

토요타에도 못 미치는 엇갈린 진료

의사들 사이에서 이뤄지는 원활한 의사소통은 양질의 의료 제공에 필수적이다. 하지만 현실은 그렇지 못하다. 환자 대부분은 두 명 이상의 의사로부터 진료를 받거나 보험 변경 및 기타 진료 환경 관리 규정으로 인해 담당 의사를 자주 바꾸게 된다. 각각의 의사는 환자를 낫게 할 수 있다고 자신이 믿는 약을 처방하느라 바쁘고, 그사이 다른 의사는 또 다른 약을 처방한다. 주의력결핍장애로 정신과 의사로부터 정신자극제를, 섬유근육통으로 통증의학과 의사로부터 오피오이드 진통제를, 불면증에 대해 1차 진료 의사로부터 벤조디아제핀을 처방받은 환자를 만나는 것은 전혀 드문 일이 아니다.

통합의료시스템과 통합전자의무기록integrated electronic medical records의 장점 중 하나는 의사들간의 소통을 더 용이하게 만들어준다는 것이다. 그래야 왼손이 무엇을 처방하는지 오른손이 알 수 있다. 하지만 불행하게도 구식의 개인정보보호법인 '연방규정 42편 2조' 탓에, 환자가 서면으로 허락하지 않는 한 의사들은 중독 문제가 있는 환자 정보를 공유할 수 없다.

연방규정 42편 2조는 본래 1972년에 중독성 질환 환자에 대한 치료를 장려하기 위해 마련된 '약물남용 예방, 치료 및 재활에 관한 법률Drug Abuse Prevention, Treatment, and Rehabilitation Act'의 일환으로 마련된 것이다. 이 규정은 경찰이 메타돈 유지 클리닉을 급습해 그중 약물검사 결과가 양성인 환자를 체포하던 시기에 그들을 보호해주던 효과적이면서도 온정주의적인 법률이었다. 30년 전만 해도 이 규정은 중독 환자의 권리를 보호하고 중독 치료에 대한 접근성을 보장하는 데 매우 중요한 역할을 했다.

그러나 진료의 조정과 통합에 전자의무기록을 활용하는 것이 필수가 된 현재의 상황에서는 이 규정이 중독 치료를 전체 의료시스템에 결합할 수 없게 가로막는 요인이 되고 있다. 《뉴잉글랜드 의학저널》의 한 논평은 다음과 같이 지적한다. "이러한 규정의 복잡한 동의 요구사항은 책임 있는 의료기관 사이의 건강 정보 교환을 방해하는 요인으로 작용해, 물질사용장애 환자에 대한 데이터 공유를 어렵게 만들거나 아예 불가능하게 한다. 그 결과 많은 조직이 해당 정보를 시스템에서 제외하게 되며, 이로 인해 의료서비스 개선과 효율성 증진 노력이 저해된다."[143]

메디케어 및 메디케이드 서비스센터의 치료 조정을 용이하게 하기 위해서는 여러 책임의료조직 Accountable Care Organization, ACO[＊]과 환자 데이터를 공유할 때 메디케어 수급자의 약 20%에 달하는 물질사용장애 관련 치료 정보를 모두 삭제해야 한다. 미국 전체 주의 절반 이상은 2015년 이후부터 수백만 명에게, 특히 정신질환 및 중독질환을 앓고 있는 이들에게 서비스를 제공하는 메디케이드헬스홈 Medicaid Health Homes[＊＊]을 운영하고 있으

＊   〔옮긴이〕 의료서비스 품질을 향상시키고 비용을 절감하기 위해 도입된 협력적 의료시스템으로, 여러 의료기관이 협력해 치료를 조정하고 결과에 따라 보상을 받는다.
＊＊ 〔옮긴이〕 만성질환이나 중증 정신질환을 앓는 메디케이드 수급자를 위해 개발된

며, 그 수급자 중 알코올과 오피오이드 사용장애의 유병률은 약 80%에 달한다. 따라서 임상의사들은 개별 환자의 치료를 조정하고 최적화하기 위해 종종 전화 회의를 진행한다. 하지만 임상 물질 사용과 관련된 내용이 논의되기 시작하면 [치료 정보의 기밀성을 위해] 행동 건강 전문가들은 중도에 전화를 끊어야 한다.***

대형 의료 기업체에서 일하는 한 의사는 연방규정 42편 2조 때문에 심각한 피해를 입게 된 자신의 환자에 대해 이야기했다. 그 환자는 평균적으로 매일 밤 와인 한 병을 마시고 주말에는 더 많은 음주를 하면서도 겉으로는 문제없이 일하는 대학교수였다. 그녀는 알코올 사용 문제에 대해 치료를 받던 클리닉과 같은 의료 조직에 속해 있는 한 병원의 내과에 입원했지만, 입원 담당 의사들은 환자의 알코올 사용 관련 기록에 접근할 수 없었다. 아마도 환자 본인이 부끄러움을 느껴 입원 당시 알코올 사용을 최소화했을 수도 있고, 성공적인 대학교수가 알코올중독자일 리는 없다는 생각에 의사들이 그녀에게 이에 대해 자세히 묻지 않았을 수도 있다. 어느 쪽이든 병

통합의료 관리 모델이다. 의료, 정신건강, 사회복지서비스를 하나의 관리 시스템으로 통합하고 환자별로 담당 관리자를 배정해 개별 맞춤형 케어를 조정한다. 이를 위해 주치의, 정신건강 전문가, 사회복지사, 중독 치료 전문가 등 다양한 의료진이 협력한다.

*** 〔옮긴이〕 연방규정 42편 2조에 따르면, 환자가 서면으로 명확히 동의하지 않는 한 환자의 물질 사용 치료 정보(ex. 약물 치료 기록, 상담 내용)를 다른 의료진과 공유하는 행위는 불법이다. 따라서 정보 공유가 제한될 경우 행동 건강 전문가(심리 치료사, 중독 상담사 등)로서는 논의에 참여할 수 없게 되어 회의 도중 전화를 끊어야만 한다. 저자는 이런 현실이 부조리하다고 지적하고 있다.

원에 입원한 지 며칠 만에 환자는 치명적인 급성 알코올 금단을 경험했고, 가까스로 목숨은 건졌으나 합병증을 피할 수 없게 되었다. 알코올 금단이 뒤늦게 발견된 탓에 베르니케 뇌병증과 코르사코프 치매를 겪게 된 것이다. 그녀가 돌이킬 수 없는 뇌 손상을 입은 것은 알코올 금단 위험이 있다는 사실을 진료하던 의사들이 알지 못했기 때문이다. 상황을 깨달았을 때는 이미 너무 늦었다. 응급 상황에서는 연방규정 42편 2조가 면제된다고 하지만, 특히 의료적 위급 상황에서 적절한 때에 전자의무기록상의 물질 사용 이력에 접근하지 못하면 의사가 최선의 치료를 제공하기 어렵다.

현재의 연방규정 42편 2조는 의사들이 환자가 처방약물을 오남용하거나 중독되었는지 서로 정보를 주고받는 것을 어렵게, 아니 거의 불가능하게 만들면서 중독성 처방약물 대유행을 부추겨왔다. 그 결과 서로 다른 의사들의 진료는 엇갈린 방향으로 나아가게 된다. 중독 전문의는 환자가 특정 약물에서 벗어나도록 돕는 반면, 다른 의사들은 다시 그 약물을 처방하는 상황이 벌어지는 것이다.

약물을 에스프레소처럼: 시스템을 향한 질문

현재 지속되고 있는 중독성 처방약물 대유행은 일부 일탈적인 의사들이 고의로 환자에게 해를 가한 결과가 아니다.[144]

물론 그런 의사들도 존재하지만, 더 근본적인 문제는 선의를 가진 수많은 의사들이 환자의 전인적인 건강보다 특정 신체 부위에 국한된 생산라인 작업 처리량을 우선시하는 '의료공장health care factories'에 근무하고 있다는 데 있다. 의사들의 과잉 처방이 만연한 것은 그 때문이다. 환자를 교육하거나 환자에게 공감하는 것보다 단순히 약 처방을 내리는 것이 더 빠른, 동시에 더 나은 보상을 받는 방법이기 때문이다. 특히 중독성이 있는 약물은 더더욱 과잉 처방의 가능성이 높다. 이러한 약물은 '환자라는 이름의 소비자patient-customers'에게 단기적인 만족감과 '인간적 유대를 대체할 만한 무언가'를 제공하지만, 건강을 향상시켜준다는 보장은 없다. 자율성이 축소되고 전문가로서 자신의 지위를 수익 창출 능력과 환자 만족도 조사를 통해 평가받는 구조에서는 의사가 환자를 한 명의 인간으로 대하기보다 상품으로 대상화할 위험이 커진다. 환자 역시 의사를 단순한 약물 공급처로 이용하기 쉽다.

2012년의 어느 날 샌프란시스코의 한 응급실 간호사는 출근길에 탄 버스에서 두 여성의 대화를 우연히 엿듣게 되었다고 한다.

"우리 오늘 뭐 할까?" 한 여성이 말했다.

"모르겠는데." 다른 여성이 말했다.

"음, 스타벅스에 가서 커피를 한잔할 수도 있고, 응급실에 가서 우리가 원하는 약물을 맞을 수도 있겠지."

그들은 잠시 생각했다. 두 사람 모두 겉보기에 아픈 곳은 없어 보였다. 하지만 그들은 다음과 같이 결정했다.

"응급실로 가자."

이제 우리는 응급실에 가서 딜라우디드(하이드로몰폰 성분의 강력한 오피오이드 계열 진통제) 주사를 맞거나 클로노핀(클로나제팜 성분의 벤조디아제핀 계열 진정제) 한두 정을 처방받는 일이 에스프레소 한 잔을 주문하는 것만큼이나 가볍게 이루어지는 시대에 살고 있다. 이런 상황에 책임이 있는 것은 비의료적 목적으로 약물을 찾는 개인들이 아니라, 그런 일이 가능하도록 허용한 시스템이다.

9장

외면받는 질병, 중독

치료를
가로막는 시스템
그리고 낙인

9

2013년 처음 내 진료실 문을 열고 들어왔을 때, 짐은 이렇게 말했다. "선생님, 저는 통증이 너무 심하고 진통제에도 중독됐어요. 당장은 중독이 통증보다 더 심각해요." 그는 저축해둔 돈도 바닥나고, 수상쩍은 의사들과 기싸움할 체력도 완전히 소진된 상태였다. 마약상에게서 헤로인을 사볼까 잠시 고민하기도 했지만, 그런 행동에 자신의 가치관을 타협할 수는 없었다. 특히 헤로인은 그가 절대 넘지 않겠다고 생각한 마지막 선이었다(반면 젊은 세대에게는 그 선이 처음부터 존재하지 않는 경우가 많다).

짐은 두 가지 문제를 모두 인정했다는 점에서 예외적인 환자였다. 의료 현장에서 처방약물에 중독된 많은 환자는 중독이 자기 삶을 틀어쥐고 있다는 사실을 받아들이길 꺼린다. 이미 짐은 익명의 알코올중독자들 모임에서 구성했던 서사를 통해 자신에게 벌어진 일을 얼마간 이해하고 있었다.

치료가 가로막힌 건 그 자신이 치료의 필요성을 깨닫지 못해서가 아니었다. 모든 중독자가 자신의 중독을 부정한다는 통념과 달리, 실제로 약물이나 술 문제를 겪는 많은 이들은 자신의 문제를 잘 알고 있고 치료를 절실히 바란다. 하지만 보험사가 치료비를 지급하지 않는 데다, 환자 스스로 비용을 감당할 여력이 없는 상황이 치료를 가로막는다(사설 중독재활센터의 경우 입원 치료 비용으로 한 달에 5만 달러 이상이 들 수도 있다).

나는 짐의 오피오이드 중독 치료를 위해 서브옥손을 처방하고, 중독 회복에 초점을 둔 개인 및 집단 심리치료에 그를 의뢰했다. 또한 그에게 익명의 알코올중독자들 모임에 다시 전념할 것을 촉구하고, 처방 진통제에 중독된 사실을 그 모임의 조력자sponsor*에게 솔직히 말할 것을 권했다. 짐은 내 치료 권고를 기꺼이 따를 준비가 되어 있었다. 문제는 그의 보험사가 치료비 지급을 승인하지 않는다는 데 있었다.

보험사는 먼저 의사인 내가 치료의 '의학적 필요성'을 입증하는 세 페이지 분량의 서류를 작성하지 않으면 7일 분량의 서브옥손 처방을 승인하지 않겠다고 통보했다. 그사이 짐은 서브옥손 복용 준비를 위해 모든 오피오이드 진통제를 끊었고, 그 때문에 심한 오피오이드 금단 증상을 겪고 있었다.

---

* (옮긴이) 익명의 알코올중독자들 모임의 선임 회원으로, 보통 적어도 1년 이상의 회복 과정을 거친 사람이 맡는다. 조력자는 회원을 안내하고, 질문에 답하며, 신뢰할 수 있는 동반자 역할을 한다.

나는 서류를 작성해 보험사에 팩스를 보냈지만, 이번에는 짐이 '만성 통증'이 있고 서브옥손이 만성 통증 치료용으로 FDA 승인을 받은 약물이 아니라는 이유로 다시 거절했다. 더는 참을 수 없었던 나는 보험사 담당 직원에게 전화를 걸어 소리쳤다. 책임자와 직접 통화하게 해달라고 요구하며 이를 악물고 말했다. "제 환자는 만성 통증과 오피오이드 사용장애를 **동시에** 앓고 있습니다. 저는 그의 오피오이드 사용장애 치료를 위해 서브옥손을 처방하는 것입니다. 오늘 당장 이 처방을 승인하지 않으면 지역 신문사를 방문해 당신들이 꼭 필요한 의료 서비스를 거부하고 있다는 사실을 폭로하겠습니다."

중독을 둘러싼 인식의 역사: 차별받는 중독 환자

중독을 정식 질병으로 인정받기 위한 싸움은 미국 의료 시스템 내에서 보험사로부터 치료비를 보장받기 위한 투쟁과 맞물려 오랜 시간 이어져왔으며, 종종 패배를 거듭해왔다. 지금으로부터 200년쯤 전, 벤저민 러시 Benjamin Rush 박사는 《독한 술이 인간의 몸과 마음에 미치는 영향에 대한 탐구: 예방 수단과 치료 방법에 대한 설명》(1819)에서[145] 만성적으로 술에 취한 상태가 생물학적 질병에 해당한다며 당시로서는 매우 급진적인 주장을 펼쳤다. 대부분의 사람들은 과도한 물질 사용과 그로 인한 문제를 도덕적 타락이나 죄악으로 여겼으나, 러시 박사는 '확고한 술주정뱅이들confirmed drunkards'이 치료받을 수 있는 '금주 시설sober house'을 만들 것을 촉구했다. 그러나 미국 최초의 알코올중독자 요양소가 설립된 것은 1864년에 이르러서였다. 이 요양소는 뉴욕주 빙햄턴에 지어졌다.[146]

오늘날 중독은 미국 인구의 16%에 해당하는 약 4000만 명에게 영향을 미치고 있으며, 이는 심장병(2700만 명), 당뇨병(2600만 명), 암(1900만 명) 환자 수를 훨씬 넘어선다. 중독으로 인해 발생하는 질병 부담액은 연간 5000억 달러를 초과하지만, 중독 치료에 사용된 의료 예산은 전체의 단 1%에 그쳤다(2010년 기준).[147]

중독의 원인을 바라보는 대중의 인식이 바뀌었다고는 하지만, 중독에 대한 의료적 접근 방식에서 혁신이 이뤄지지는 못했다. 컬럼비아대학교 산하의 국립 중독 및 물질남용 센터 National Center on Addiction and Substance Abuse, CASA가 실시한 조사에 따르면, 미국인의 3분의 2는 유전과 생물학적 요인이 중독에 영향을 준다고 믿지만, 나머지 3분의 1은 여전히 중독을 단순한 의지력 부족으로 본다.[147]

문제를 더 악화하는 것은, 의사들이 중독 치료에 대해 제대로 교육받지 못했다는 사실이다. 1차 진료 의사 중 80%가 고혈압이나 당뇨병을 다루는 데 '매우 준비되어 있다'고 느끼는 반면, 중독될 수 있는 위험한 약물 사용을 감지하는 데 '매우 준비되어 있다'고 느끼는 의사들은 단 20~30%에 그친다.[147] 심지어 정신과 의사들조차 약물 사용장애 선별과 치료를 위한 수련을 제대로 받지 못하며, 중독 환자를 거부하는 경우도 많다. 실제로 현직 의사 중 중독의학 전문가의 비율은 1% 미만에 불과하다.[147]

보험사들은 당뇨병이나 투석이 필요한 신장질환과 같은 다른 만성질환에 대해서는 막대한 비용에도 불구하고 오랜 기간 기꺼이 장기 치료를 제공해왔다. 심지어 다른 복잡한 정신건강 문제들도 중독 치료보다 더 많은 치료 금액을 보장받는다. 현재 대부분의 보험사는 성별정체성장애gender identity disorder로 진단된 사람들의 성전환 수술 비용은 보장하지만, 급성 오피오이드 금단을 겪는 환자의 긴급 입원 비용은 지급하려 하지 않고 있다.

그러나 의학적 치료의 사례들 속에서 우리는 중독이 행동 요소가 중요한 다른 여러 만성질환과 매우 유사한 방식으로 작동한다는 것을 알 수 있다. 예를 들어, 중독은 치료 순응도, 관해율*, 재발률 등에서 식이 관련 행동이 중요한 제2형 당뇨병과 비슷한 양상을 보인다.[148] 중독 치료에 적극적으로 참여하는 사람들은 평균 50%의 회복률을 보이는데,[106] 이는 우울증이나 조현병과 같은 다른 정신질환의 치료 반응률과 유사하다. 중독 치료에 희망이 없다는 통념을 뒤집는 수치다. 이러한 데이터는 중독을 의료시스템 내에서 관리할 수 있고, 실제로 그렇게 해야 한다는 주장에 힘을 실어준다.

---

* 〔옮긴이〕 치료 후 증상이 거의 사라지고 일상 기능이 회복된 환자의 비율을 뜻한다.

2008년 제정된 '정신건강 및 중독치료 보장 평등법Paul Wellstone and Pete Domenici Mental Health Parity and Addiction Equity Act, MHPAEA'은 정신질환이나 물질사용장애에 대한 의료비를 보장해주는 직장 건강보험이 그 비용을 내과 및 외과 질환에 보장되는 의료비와 동등한 수준으로 제공할 것을 요구한다. 이후 오바마 정부 시기에 '부담적정보험법Affordable Care Act, ACA'이 통과되면서* 6200만 명의 미국인이 이런 보호 장치를 적용받을 수 있게 되었지만, 보험사들은 여전히 중독 치료에 다른 의학적 질환과 동등한 수준으의 보험금을 지급하지 않고 있다. 심지어 그들은 보장 회피를 위해 허점과 우회로를 찾는다. 정신질환 또는 물질사용장애를 가진 사람들에 대한 건강보험 차별은 여전히 만연하다.

중독 문제를 간과하는 한, 미국 의료시스템은 중독으로 인한 각종 의학적 후유증을 치료하는 데 막대한 비용을 지출할 수밖에 없을 것이다. 그 근본 원인을 해결하지 못한다면 수백만 명의 미국인들이 계속해서 고통받을 수밖에 없다. 연방정부와 주정부가 중독 문제에 투입하는 비용을 1달러로 환산했을 때, 그중 95센트가 중독으로 인한 의학적 후유증의 치료

---

* 〔옮긴이〕 2010년 제정된 미국의 의료보험 개혁법으로, 정식 명칭은 '환자 보호 및 부담적정보험법Patient Protection and Affordable Care Act, PPACA'이지만 흔히 '오바마케어'로 불린다. 모든 국민이 건강보험에 가입하도록 의무화하고, 저소득층에게 보험료 지원을 확대하며, 보험사가 질병이 있는 사람을 차별하지 못하도록 규정하고 있다. 또한 26세까지 부모의 보험에 가입할 수 있도록 허용하고, 메디케이드(저소득층 의료 지원)를 확대함으로써 의료 접근성을 높였다는 평가를 받았다. 그러나 보험료 부담 증가, 건강보험 가입 의무화 조항 및 보험료 상승 문제 등을 둘러싸고 논쟁이 일기도 했다.

에 쓰이고, 중독 자체의 예방 및 치료에는 단 2센트만이 할당된다.[147] 중독성 처방약물의 오남용 및 중독의 확산은 그로 인한 여러 부정적 파급 효과 중 하나이다.

나의 환자 다이애나의 삶은 의사들에게 중독을 인식하고 치료하도록 교육하거나 보상하지 않는 의료시스템에서 환자가 치료받게 될 때 발생하는 심각한 건강상의 문제를 보여주는 사례다. 또한 그녀의 이야기는 만성적이며 재발과 완화를 오락가락하는 중독의 특성을 잘 보여준다.

중독에 이르는 여러 경로들

다이애나가 겨우 두 살배기였을 때, 어머니는 그녀를 유모차에 태운 채 머빈스 백화점 복도를 걷고 있었다. 다이애나는 피에로 얼굴 모양의 머리핀 세트를 발견하고는 꼭 갖고 싶은 마음이 들었다. 어린 다이애나는 손을 뻗어 그것을 잡으려 했지만, 어머니는 딸의 손을 꽉 붙잡으며 그러지 못하게 막았다. 딸이 입는 옷과 액세서리에 대해 늘 깐깐했던 어머니는 그런 우스꽝스러운 머리핀을 사줄 생각이 전혀 없었다.

원하는 것을 거절당했지만 다이애나는 삐죽거리거나 칭얼대거나 울지 않았다. 대신 소리를 질러댔다. 한 번이 아니라 몇 번이고 반복해서 고래고래 소리쳤기에 통로에서 쇼핑하던 사람들이 깜짝 놀라 고개를 들 정도였다. 사람들이 비명 소리가 난 곳을 바라보았을 때, 아이는 유모차에 앉아 고개를 뒤로 젖힌 채 잔뜩 일그러진 얼굴로 허공에 발차기를 하고 있었다. 그리고 그녀의 어머니는 딸의 거센 욕구 앞에 당황해 어찌할 바를 몰랐다.[23-26]

어머니는 황급히 다이애나를 가게 밖으로 데리고 나가 차 안 카시트로 밀어 넣었다. 그러나 다이애나는 울음을 멈추지 않고 등을 활처럼 젖혀 강하게 저항했다. 집에 도착한 지 두 시간이 지나도록 소리치는 것을 멈추지 않았고, 어머니는 절박한 심정으로 남편에게 전화를 걸어 일을 멈추고 집으로 와달라고 요청했다. 다이애나의 아버지는 집에 도착해 계속해서 울어대는 다이애나를 차에 태우고 몇 시간 동안 운전을 했다. 그건 이후 다이애나를 진정시키기 위해 떠나야 했던 수많은 드라이브의 시작이었다. 마침내 다이애나가 울다 지쳐 잠들면, 아버지는 집에 돌아와 그녀를 조심스럽게 차에서 들어올려 침대로 옮겼다. 이불 속에 곱게 눕히던 아버지는 다이애나의 작은 주먹이 무언가를 꼭 쥐고 있는 것을 발견했다. 혹시라도 잠에서 깰까 조심스럽게 손가락을 하나씩 펴보니, 다이애나가 그토록 원했던 피에로 얼굴 모양의 머리핀이 있었다.

어릴 때부터 다이애나는 어떤 감정을 평균 이상의 강도와 지속성, 기간 속에서 경험했으며, 때로 그것을 흘려보내지 못하는 것처럼 보였다. 또한 순간적인 욕구에 반사적으로 반응했으며, 그 욕구에 따라 행동할 때는 자신의 행동에 대한 장단점을 논리적으로 따질 여유조차 없었다.

다이애나가 열한 살이었을 때, 삼촌이 그녀에게 '통통하다'고 말한 적이 있었다. 그저 지나가며 무심코 던진 말이었지만 그녀는 그 생각을 떨칠 수 없었고, 자신의 사춘기 몸매를 패션 잡지에서 본 완벽한 이미지와 계속 비교했다. 날씬해지기로 결심했지만 좋아하는 음식까지 포기하고 싶지는 않았다. 그러던 중 한 가지 생각이 떠올랐다.

그녀는 어둠 속에서 홀로 집 안의 계단 맨 위에 걸터앉아 부모님과 오빠가 잠들기를 기다렸다. 마침내 자정이 지나자 부모님 방의 침실 등이 꺼졌다. 그녀는 소리가 나지 않도록 조심하며 한 계단씩 아래층으로 내려갔다. 냉장고를 열자 안에서 나오는 빛이 어두운 방을 가로질렀다. 저녁 식사 때 먹는 둥 마는 둥 했던 크림 조개 파스타를 꺼내고는 큰 접시에 든 음식을 덜지도 않고 빠르게 먹어 치웠다. 한 번에 3~4인분이나 되는 양을 더는 먹을 수 없을 정도로 배가 꽉 찰 때까지 먹었다. 하지만 걱정하지 않아도 됐다. 마음속에서 이 칼로리는 이미 예외였기 때문이다. 5분도 지나지 않아 다이애나는 위층 화장실 문을 걸어 잠그고 변기에 몸을 숙인 채 손가락을 목구멍 깊숙이 넣었다.

부모가 다이애나의 이상 식이 행동을 발견한 건 그녀가 열네 살 때였다. 이미 그녀는 매일같이, 때로는 하루에도 여러 번 구토를 하고 있었다. 부모는 즉시 행동에 나서 의사, 상담사, 영양사를 찾아갔다. 다이애나는 개인치료, 가족치료, 집단치료를 받았고, 부모는 그녀가 먹는 모든 것을 철저히 감시했다. 하지만 그 모든 개입에도 다이애나는 그런 행동을 쉬이 멈추지 못했다. 그녀 자신도 그게 그토록 힘든 일인지 놀랄 정도였다. 이미 오래전 원하는 몸매를 얻었기에 더 이상 날씬해지는 것이 목표도 아니었다. 대신 그녀는 구토 행위를 통한 긴장의 해소를 갈망하게 되었다. 때로는 그 느낌을 더 지속시키기 위해 폭식과 구토를 연달아서 하기도 했다. 몇 년 후 그녀는 이렇게 회상했다. "폭식증도 헤로인 중독과 비슷하게 다른 사람이 모르는 비밀스러운 공간에서 역겨운 행동을 해요. 일단 시작하고 빠져들면 그 행동을 왜 하는지조차 모르게 돼요."

수십 년 동안 정신의학 분야에서는 신경성 폭식증$^{bulimia\ nervosa}$을 다량의 음식을 섭취한 후 자의적인 구토로 음식을 제거하는 섭식장애의 일종으로 정의해왔다. 그러나 최근 임상의사들과 과학자들은 신경성 폭식증을 중독과 비교한다. 일반적인 사람들의 경우 약 9~15%가 물질사용장애나 알코올사용장애를 겪는다면, 신경성 폭식증 환자의 경우 30~50%가 해당 질환을 겪는다. 또한 일반적인 사람들의 식이장애 유병률은 약 1.6%인 데 비해 알코올사용장애 혹은 물질사용장애가 있는 사람은 최대 35%가 식이장애를 동반한다. 중독성 질환과 식이장애의 높은 공병률은 두 질환이 공통의 병태생리를 가지고 있다는 데 대한 간접적인 증거를 제공한다.[149] 더욱 설득력 있는 근거는 신경성 폭식증에서 나타나는 특정 식이 패턴이 강한 중독성을 띠며, 이것이 신경성 폭식증을 거식증과 같은 다른 섭식장애와 구분 짓는 특징이 된다는 것이다. 특히 당분이 높은 음식을 폭식할 경우 뇌의 보상 경로에서 도파민을 방출하는데, 이는 약물남용의 작용 기전과 유사하다.[150] 이어지는 구토는 체내의 자연 헤로인이라고 할 수 있는 엔도르핀을 급격히 증가시켜 세포 외 도파민 상승을 촉진한다.[151]

1995년 다이애나가 열다섯 살이 되던 해에 부모는 그녀를 실리콘밸리 최고의 명문 사립고등학교 중 한 곳에 보냈다. 폭식증은 호전되고 있었고, 부모는 그녀의 장래가 밝을 것이라고 믿었다. 다이애나는 첫 몇 주 동안 인기 있는 아이들이 누구인지 파악하고 어떻게 그들과 어울릴 수 있을지 노력하며 시간을 보냈다고 기억한다. 많은 동급생이 그녀와 마찬가지로 나이 든 히피들의 자녀였다. "플리트우드 맥 Fleetwood Mac❖의 조카도 거기 있었어요!" 하지만 그들은 다이애나가 해본 적 없는 여러 세상 경험을 하고 있었는데, 특히 약물을 사용했다. 다이애나는 그들과 어울리기 위해 담배를 피우기 시작했다. 담배를 처음 빨아들일 때 그녀가 기침을 하자 그들은 킥킥댔다. 이후 그녀는 담배를 거쳐 술과 대마로 빠르게 넘어갔다. 이처럼 또래 집단을 통해 학교에서 약물 사용에 노출되는 것은 중독의 위험 요인 중 하나다. 다이애나의 이야기는 그 한 가지 사례에 해당한다.

❖ 〔옮긴이〕 1967년 영국 런던에서 결성된 전설적인 록밴드.

약물 사용을 억제해주는 대체 보상

열여섯 살이 되었을 때, 다이애나는 자신이 예술가를 꿈꾼다는 것을 깨달았다. 의식적으로 술과 약물 사용을 줄이고 직장을 얻어 돈을 모은 뒤 예술학교에 진학하기로 결심했다. 목표를 설정한 다이애나는 열일곱 살에 고등학교를 졸업한 뒤 샌프란시스코에서 아파트를 빌려 패션 학교에 다녔다. 전시회를 열고, 샌프란시스코 패션 잡지에 작품을 게재하고, 패션 사진상 후보에 오르는 등 초기에 소소한 성공을 거뒀다. 이 시기 동안 그녀는 간헐적으로 술을 마시고 약물을 사용했다.

이 시기에 술과 약물 복용을 줄일 수 있었는데, 여기서 우리는 미래의 보상에 대한 약속을 포함한 대체 보상의 중요성을 엿볼 수 있다. 찰스 두히그Charles Duhigg가 자신의 저서 《습관의 힘》에서 설명했듯이, 깊이 뿌리박힌 행동을 바꾸기 위해서는 낡은 보상 대신 새로운 보상을 찾아야 한다.[152] 이 경향은 쥐에게서도 나타난다. 코카인을 얻기 위해 지렛대를 밟는 것 외에는 할 일이 없는 우리에 쥐를 넣으면, 그 쥐는 코카인 중독의 모든 주요 행동 증상을 보인다. 하지만 달콤한 음료를 얻을 수 있는 다른 지렛대나 재미 삼아 달릴 쳇바퀴를 설치해주면, 쥐가 코카인 중독에 빠질 가능성은 현저히 낮아지고 이미 코카인에 중독된 쥐도 코카인 사용을 줄일 수 있게 된다.[153,154] 다이애나의 경우 예술 활동을 통해 얻은 찬사가 약물 사용을 억제하는 데 도움을 주었다.

헤로인 중독: 마법과 마약 사이

스무 살 무렵, 다이애나는 예술가로서 정체성을 확립하고 있었다. 따라서 뉴욕으로 이주하기로 결정하고 부모의 재정적 도움을 받아 맨해튼으로 이사했다. 1990년대 후반은 맨해튼에서 '헤로인 시크heroin chic'*가 절정에 달한 시기였다. 옷을 거의 걸치지 않은 앙상한, 눈 밑에 짙은 그림자가 진 젊은 여성들이 미의 정점을 대표했다. 그 당시 뉴욕의 모든 거리에는 '헤로인 시크' 스타일의 대표 아이콘이었던 인기 모델 케이트 모스Kate Moss의 실물 크기 포스터가 붙어 있었으며, 뼈만 남은 듯한 그녀의 사진에는 종종 "나를 먹여주세요feed me"라는 낙서가 휘갈겨져 있었다.

긴 갈색 머리에 큰 갈색 눈, 섬세한 골격을 가진 보기 드문 미모의 소녀였던 다이애나는 뉴욕의 삶에 잘 어우러졌다. 모델로 일했지만 패션 디자이너와 사진작가로서 자리 잡기 위해 노력했다. 수려한 외모 그리고 부유한 집안 출신이라는 사실 덕택에 그녀는 뉴욕 패션계의 상류층에 빠르게 녹아들었다. 그리고 얼마 지나지 않아 그 세계에서는 약물과 알코올이 삶의 불가피한 부분이라는 것을 깨달았다.

다이애나는 저녁 외출을 위해 무엇을 입을지 계획하는

---

* 〔옮긴이〕 1990년대 초반 대중화된 패션 스타일로, 헤로인 중독자에게서 볼 수 있는 창백한 피부, 다크서클, 수척한 이목구비, 중성적인 머리 스타일을 특징으로 한다.

데 몇 시간, 때로는 며칠을 보내기도 했다. 주로 빈티지 상점을 방문하거나 '무드 보드mood board'*를 만들어 의상 아이디어를 냈다. 그녀의 데이트 상대 중에는 나이가 지긋한 재력가 남성이 많았다. 상대방이 오후 6시경에 그녀를 데리러 오면 그들은 함께 뉴욕 예술의 중심지인 미트패킹 지구로 갔다. 여러 블록에 걸쳐 있는 미술관들에서는 전시회 오프닝 행사가 열렸고 그 뒤에는 파티가 이어졌다.

사교 모임은 매일 밤 쟁반에 놓인 긴 플루트 잔을 채운 알코올, 와인, 또는 샴페인으로 시작되었다. 다이애나는 열정적으로 들이켰다. "데이비드 보위나 믹 재거 같은 팝스타를 만나게 된다고 해도 준비된 모습이고 싶었어요. 스타를 보더라도 얼어붙고 싶지 않았죠." 이러한 어울림은 단지 여가가 아니라 작업에 필수적인 한 부분이었다. 그녀는 다른 사람들이 무엇을 하고 있는지 살피고 아이디어를 얻어 이를 소화한 뒤 새로운 형태로 재창조하기 위해 그곳에 머물렀다. 아이디어는 벽에 걸린 예술 작품뿐 아니라 그녀가 만난 사람들, 옷, 그리고 가십거리에서도 나왔다. 그곳에는 긴박감이 가득했고, 에너지가 끊임없이 넘쳐 흘렀다.

저녁 식사는 9시가 지나서야 시작되었다. 그즈음 다이애나는 이미 지친 상태였고 술에도 상당히 취해 있었다. 바로 그

---

* 〔옮긴이〕 이미지, 텍스트, 사진 등을 콜라주해 한 장의 보드에 자신이 생각하는 분위기를 표현하는 방식을 말한다.

때 코카인이 등장했다. 다이애나는 맨해튼의 파티에서 코카인을 구하는 것이 피자를 주문하는 것만큼 쉬웠다고 기억한다. 누군가 모두가 알고 있는 어떤 번호로 전화를 걸면 마약이 문 앞으로 배달되었다. 다이애나는 자신이 직접 마약을 주문하거나 구입하는 사람이 아니라는 사실에 자부심을 느꼈다. 그런 것들은 '오직 중독자들만이 하는 짓'이라고 여겼다. 그녀에게 마약은 항상 선물처럼 주어졌다. 그녀는 화장실로 가서 변기 뚜껑에 코카인을 가지런히 줄지어 늘어놓았다. 조심스럽게 무릎을 꿇고 한쪽 콧구멍씩 차례로 코카인을 들이마셨다. 섭식 장애를 겪을 때 익숙한 피난처였던 화장실을 다시 찾은 것은 아마도 경고 신호였을지도 모른다. 하지만 다이애나에게는 그 사실을 알아챌 여유가 없었다. 그녀는 창조적 기교를 배우고 다른 사진작가 및 패션 디자이너와 협업하느라 바빴다. 며칠 동안은 마약을 전혀 하지 않고 지낼 수 있었다. 하지만 처음으로 헤로인을 시도한 후로 모든 것이 변했다.

2001년이었다. 9·11 테러의 어두운 그림자가 닥치기 몇 달 전으로, 다이애나는 막 스물한 살이 되었다. 그녀는 사진 촬영을 위해 친구의 아파트에 갔다. 친구는 모델이었고, 둘은 종종 프로젝트에서 협업을 했다. 친구는 헤로인을 주문해 아파트로 배달받았고, CD 케이스 뒷면에 부드러운 흰색 가루를 뿌려놓은 채 흡입한 후 다이애나에게도 권했다. 다이애나는 가지런히 놓인 헤로인 가루 한 줄의 5분의 1가량을 코로 흡입했고, 그 즉시 효과를 느꼈다. 그녀가 가장 먼저 느낀 효과는

'소음이 사라졌다'는 것이었다. 그녀가 감각한 뉴욕 생활의 소음은 이제 멀리서 들리는 웅얼거림에 불과했다. 더 중요한 것은 자신에 대해 부정적인 말을 일삼던 그녀 내면의 목소리도 잠잠해졌다는 것이었다. 그것은 도취감이라기보다는 아무것도 느끼지 않아도 된다는 안도감이었다. 곧 속이 울렁거렸고, 화장실로 달려가 구토를 했다. 속을 게워낸 뒤 그녀는 자신이 다시 헤로인을 하게 되겠다는 확신이 들었다. "그건 마법 같았어요."

　　미국에서 헤로인을 소지하고 유통하는 것은 불법이지만, 암시장에서는 쉽게 구할 수 있다. 주로 분유, 전분, 설탕 또는 퀴닌과 섞인 흰색 또는 갈색의 가루로 판매된다. '블랙 타르black tar' 헤로인은 지붕용 타르처럼 끈적끈적하다. 대부분 멕시코에서 생산되며 캘리포니아와 같은 미시시피강 서쪽 시장에서 주로 유통된다. 어두운색은 불순물이 남는 가공 과정에서 비롯한 결과다. 블랙 타르 헤로인은 녹여서 희석한 뒤 정맥, 근육 또는 피하에 주사한다. 아무것도 섞지 않은 순수한 헤로인은 쓴맛이 나는 흰색 가루 형태로, 주로 남미에서 생산되고 그 대다수가 뉴욕과 같은 미시시피강 동쪽 시장에서 유통된다. 순수 헤로인은 주사뿐만 아니라 코로 흡입하거나 피우는 방식으로도 사용한다. 일단 헤로인이 뇌에 전달되면 모르핀으로 전환되어 즉각적이고 강렬한 쾌감을 유발한다.

　　뉴욕에 온 이후 다이애나는 한 번도 스스로 마약을 구매한 적이 없었다. 하지만 헤로인을 경험한 뒤부터는 곧바로 그

것을 구매하기 시작했다. 처음 산 50달러어치 헤로인은 2~3주 동안 매일 조금씩 아껴서 사용했다. 모두 사용하자 메스꺼움, 구토, 설사, 근육 경련이 찾아왔고, 오피오이드 금단 증상인 줄 모른 채 그저 독감에 걸렸다고만 생각했다. 몇 달이 지나지 않아 다이애나는 하루에 100달러어치의 헤로인을 사용하는 단계에 이르렀고, '약쟁이junkie'라는 평판을 얻게 되었다. 마약 사용은 뉴욕의 화려한 패션계에서 어느 정도 용인되었지만, 그렇다고 약쟁이까지 포용해주는 것은 아니었다. 2001년 9월 11일 쌍둥이 빌딩이 무너졌을 때조차 그녀는 깨끗한 유리 표면에 흰 가루를 일렬로 늘어놓는 데 정신이 팔려 그곳에 무슨 일이 일어났는지 도통 깨닫지 못했다.

2003년이 되었을 때 다이애나의 삶은 완전히 무너져 있었다. 패션 사진작가로서의 경력은 사라졌고, 많은 친구들이 그녀를 떠났으며, 돈도 탕진했다. 그녀는 어렵사리 새로운 시작을 꿈꾸며 뉴욕을 떠나 캘리포니아로 향했고, 부모님이 지원해준 치료비로 캘리포니아의 사설 재활시설에 입소했다. 그러나 그녀가 가입한 의료보험은 아무것도 보장해주지 않았다. 치료 시도에도 불구하고 중독은 반복적으로 재발했다. 삶의 밑바닥에 다다랐을 때, 다이애나는 샌프란시스코의 허름한 아파트에 살면서 스트립쇼를 하며 번 돈으로 매주 집세를 냈고, 남은 돈으로는 자신과 남자친구의 마약을 샀다. 그들은 길거리에서 마약 거래를 하다가 만났다.

회전문 현상: 중독 합병증의 악순환

2005년, 스물네 살이던 다이애나는 피부에 농포성 결절이 생겼다. 4년간 헤로인을 주사한 탓이었다. 결절들은 순식간에 크고 붉은 반점으로 부풀어 올라 온몸으로 퍼져나갔고, 호흡 곤란도 동반되었다. 아버지는 급히 그녀를 응급실로 데려갔다.

다이애나가 처음 병원에 입원했을 때 등록된 전자의무기록에는 왼팔이 "부어오른 농포성 수포로 뒤덮여 있고 거기서 고름이 나오고 있"다고 적혀 있다. 피부 일부는 "자갈처럼" 느껴졌다. 오른팔과 오른손 엄지손가락 밑부분에도 병변이 있었다. 오른쪽 발목에는 피와 고름으로 가득 찬 4센티미터 크기의 낭종이 있었다. 왼쪽 종아리 안쪽에는 지름 2센티미터의 열린 상처가 있었고, 그 틈에서 피가 섞인 농양이 흘러나왔다. 흉부 엑스레이 검사 결과 폐렴이 발견되었고, 심장 판막 감염도 의심되는 상황이었다. 상처에 배양검사를 시행한 결과 강력한 항생제인 메티실린에 내성이 있는 '메티실린 내성 황색 포도상구균 MRSA, Methicillin-resistant Staphylococcus aureus'이 검출되었다.

다이애나는 중증 MRSA 종기증, MRSA 균혈증, 봉와직염, 그리고 피부 농양을 진단받았다. 입원 당시에는 IgE 과잉증후군 Hyper IgE Syndrome, 욥증후군 Job's Syndrome과 같은 희귀 면역결핍 증후군도 감별해야 했다. 의사들은 입원한 지 며칠이 지난 후에야 그녀에게 정맥주사 마약 사용 여부를 물었고, 의무기록에 따르면 처음에 다이애나는 이를 부인했다. 부모로부터 얻은 추가 정보로 정맥주사 투여를 포함한 그녀의 헤로인 중독 병력이 드러나 기록되었다.

헤로인 사용, 특히 정맥주사를 통한 헤로인 사용은 무수한 의학적 결과를 초래한다. 투여 경로에 따라 변비, 폐렴, 결핵, 코 흡입으로 발생하는 코점막 손상과 비중격 천공, 정맥 손상 또는 폐색, 혈관과 심장 판막의 세균 감염, 농양 및 기타 연조직 감염, 간염, HIV, 우발적 과다 복용으로 인한 심박수 감소와 호흡 억제 등의 다양한 합병증이 있다.

다이애나는 여섯 가지의 항생제 정맥주사, 농양 배액술, 여러 차례의 피부 이식술 등을 통해 회복할 수 있었다. 통증 조절을 위해 지속성 모르핀 90밀리그램이 하루 세 번, 속효성 경구 모르핀 50밀리그램이 필요 시 2시간마다 투여되었다. 하루 2~3회 드레싱을 교체하기 전에는 100마이코그램의 펜타닐(또 다른 강력한 오피오이드)을 정맥에 주사했다. 병원에 입원한 몇 주 동안, 그녀의 뇌는 치료 과정에서 계속되는 통증 조절로 인해 오피오이드에 지속적으로 노출되었다. 퇴원 당시 담당 의사들은 다이애나의 감염과 그에 따른 의학적 문제들이 정맥주사를 통한 습관적 마약 주입의 결과라는 데 동의했다. 그러나 이런 판단을 내렸음에도 다이애나의 퇴원 계획에 중독 치료에 대한 어떠한 권고나 의뢰도 포함시키지 않았다. 의사들이 중독을 질병으로 인식하도록 교육받지 않고, 보험사나 제3의 지급기관으로부터 중독 치료에 대한 비용을 받지 못하는 시스템에서 다이애나의 진료를 맡은 의사들이 이를 무시한 것은 당연했다.

다이애나는 집으로 돌아간 후에도 상처와 남은 감염에 대해 강도 높은 약물 치료를 받아야 했다. 팔에는 퇴원 후에도 정맥을 통해 항생제를 투여할 수 있도록 말초삽입중심정맥관이 삽입되어 있었다. 그녀는 감염내과, 수부 클리닉, 통증 클리닉, 면역 클리닉, 1차 의료 클리닉에서 후속 진료를 받았고, 외래진료 클리닉에서는 매일 두 번씩 반코마이신 항생제 주사와 드레싱 교체를 받았다. 퇴원 후에도 지속성 모르핀 90밀리그램을 하루 세 번, 속효성 경구 모르핀 60밀리그램을 필요 시 매 2시간마다 투여받았고, 드레싱 교체 전에는 속효성 경구 모르핀 90밀리그램을 하루 두 번 투여받았다.

첫 입원 치료 이후 수개월 만에 상처가 아물기 시작하자 의사들은 통증 완화를 위해 투약하던 오피오이드를 줄이려 했다. 예상대로 오피오이드를 줄이려는 모든 시도는 실패로 돌아갔다. 그녀가 감량 권고안을 전혀 따르지 못하자, 의사들은 더 이상 오피오이드를 처방하지 않기로 했다. 의료진이 처방한 고용량 오피오이드를 꾸준히 복용하던 그녀는 갑작스레 아무런 오피오이드도 투여받지 못하게 되었다. 이미 여러 차례 오피오이드 금단을 경험한 그녀는 잠시 헤로인을 다시 사용할지 고민했지만, 감염 재발이 두려워 포기하고 다른 해결책을 찾기로 했다.

그녀는 남은 서방형(지속성) 모르핀 알약 겉면의 지속 방출 코팅을 작은 가위로 긁어냈다. 그리고 이를 절구로 빻아 고운 가루로 만들었다. 이 가루를 의사가 PICC 라인 세척 용도로 지급해준 생리식염수와 섞어 PICC 라인으로 정맥에 주사했다. 투여 경로를 경구 대신 정맥으로 바꿔 남은 알약의 생체이용률을 높였고,* 그 덕분에 오피오이드 사용 기간을 늘릴 수 있었다. 다이애나의 이야기는 1990년대 후반에서 2000년대 초반 처방 오피오이드의 가용성이 높아지면서 정맥 헤로인에서 처방 오피오이드로 갈아탄 다른 약물 사용자들의 사례를 떠올리게 한다.[155,156]

다이애나가 중독장애를 치료받지 못한 상태에서 오피오이드를 끊지 못한 것은 놀라운 일이 아니었다. 연구 데이터에 따르면 치료받지 않은 오피오이드 중독은 재발, 의학적 치료 불순응, 이환율morbidity 및 사망률mortality 증가를 특징으로 한다.[148] 그 후 3개월 동안 다이애나는 남은 지속성 모르핀 알약을 생리식염수에 녹여 직접 정맥주사로 투여했다. 2006년 1월, 다이애나의 어머니는 그녀가 분쇄된 모르핀을 PICC 라인을 통해 자가 투여하는 현장을 목격하고는 경찰에 신고했다.

경찰은 다이애나에게 '51-50'이라는 법적 구금 조치를 시행했다. 이는 개인의 의사에 반하더라도 의사가 정신과에 강

---

* 〔옮긴이〕 경구로 약물을 복용하면 약물이 간에서 대사되면서 생체이용률이 낮아진다. 경구로 복용한 모르핀의 생체이용률은 약 25%로, 대부분이 간에서 분해된다. 반면 정맥으로 약물을 주입하면 간을 거치지 않고 바로 혈류로 들어가 생체이용률이 100%가 된다. 따라서 정맥 투여는 더 빠르고 강력한 약물 효과를 낸다.

제 입원시켜 72시간 동안 관찰하고 치료할 수 있도록 하는 제도다. 처음 치료받았던 병원에 다시 입원하게 된 다이애나는 내과 병동이 아닌 정신과 병동에 배정받았다. 그곳에서, 첫 입원 이후 6개월이 훌쩍 지난 시점에 이르러서야 전자의무기록상 '약물중독drug addiction'으로 공식 진단되었다. 최신판《정신질환의 진단 및 통계 편람 제5판》의 용어로는 '오피오이드사용장애opioid use disorder'이다.[15]

물질사용장애가 존재한다는 데 동의하더라도 의사들이 그 진단을 전자의무기록에 공식적으로 등록하고 문서화하는 경우는 드물다. 언젠가부터 전자의무기록은 질병과 그 치료과정에 대한 기록이 아니라, 주로 제3의 지급기관, 즉 메디케어, 메디케이드, 민간보험사에 제출하는 청구를 정당화하는 수단이 되었다.[157] 의사들은 대개 중독 치료에 대해서는 보상을 받지 못하기 때문에 이를 의무기록에 포함시킬 이유가 없으며, 일부는 그 꼬리표가 환자를 낙인찍고 향후 치료에 지장을 주게 될 것을 우려하기도 한다. 그러나 이보다 더 자주 발생하는 문제는 환자의 물질 사용 정보가 의무기록에 제대로 기록되지 못해 그들이 적절한 치료를 제공받지 못하게 되는 것이다.

다이애나는 퇴원 후 주거형 중독치료센터에 입소했다. 이 치료센터는 30일 동안 수만 달러의 비용이 발생하는 곳이다. 다행히 그녀의 가족은 그 비용을 감당할 수 있었다. 해당 치료센터에서 진행된 서브옥손 처방을 포함한 치료 덕분에 그녀는 수년 만에 처음으로 모든 오피오이드의 사용을 중단할 수 있었다.

벤조디아제핀, 숨겨진 중독성 약물

다이애나는 2005년 병원에서 퇴원한 뒤부터 정신과 의사를 만나기 시작했다. 정신과 의사는 항우울제, 기분안정제, 항불안제, 수면유도제 등 정신과 약물을 하나씩 추가했고, 결국 그녀는 하루에 15정이 넘는 약을 복용하게 되었다. 병원에서는 벤조디아제핀이나 다른 중독성이 있는 최면진정제를 복용하지 않도록 권고했지만 다이애나의 정신과 의사는 벤조디아제핀 계열 약물인 바리움을 처방하기 시작했다.

최초의 벤조디아제핀인 리브리움(성분명: 클로르디아제폭시드)은 1955년 레오 스턴바흐 Leo Sternbach에 의해 우연히 합성되었다. 이후 1960년 거대 제약회사인 로슈 Roche는 이를 불안장애 및 수면장애 치료제로 개발해 시장에 출시했다. 리브리움의 시장 성공에 힘입어 로슈는 또 다른 벤조디아제핀을 개발했고, 그 결과 1963년에 바리움이 합성되었다. 바리움은 로슈의 베스트셀러 약물이 되어 제약산업 최초로 매출 10억 달러를 달성했으며, 세계에서 가장 많이 처방되는 항불안제로 부상했다. 바리움은 1966년 록그룹 롤링스톤스의 히트곡 〈엄마의 작은 도우미 Mother's Little Helper〉*의 소재로도 사용되었으며, 미국인들의 마음속에 깊은 인상을 남겼다.

오늘날 의사들의 벤조디아제핀 처방은 계속 증가하고 있으며, 미국을 괴롭히는 중독성 처방약물 과다 복용으로 인한 사망의 주된 원인이다. 그럼에도 벤조디아제핀 약물은 중독률 증가에 대한 국가적 논의에서 중요하게 다뤄지지 않고 있다. 많은 의사들이 환자가 오피오이드 진통제 중독에서 벗어나도록 돕기 위해 벤조디아제핀을 처방하지만, 정작 그들조차 벤조디아제핀 자체가 중독성이 강하다는 사실을 제대로 인식하거나 이해하지 못하고 있다.

다이애나는 처음에는 하루 10밀리그램이라는 비교적 낮은 용량의 바리움을 복용하기 시작했지만, 곧 10밀리그램을 하루에 두 번씩 복용하게 되었고, 그 후 몇 주 사이에 복용량이 하루 100밀리그램을 초과하게 되었다. 이 모든 약물은 그녀의 정신과 의사가 처방한 것이었다. 하지만 그녀는 잘 지내지 못했다. 부모 중 한 명과 함께 살았고, 꾸준한 직업을 유지할 수 없었으며, 이전에 그녀를 지탱해주던 예술 활동에도 전혀 참여할 수 없었다. 담당 정신과 의사는 그녀에게 양극성장애 진단을 내렸지만, 다이애나는 그 진단이 자신이 겪는 문제에 들어맞지 않는다고 느꼈다. 그러나 이 진단으로 그녀는 매달 연방정부로부터 장애급여를 받고 다수의 정신과 약물 복

✢ 〔옮긴이〕 곡의 가사에 바리움이라는 단어가 직접적으로 등장하는 것은 아니지만, '의사의 처방으로 얻을 수 있다'는 내용이 해당 약이 바리움임을 암시한다.

용을 정당화할 수 있었으며, 매달 진료비를 지원받을 수 있었다. 2005년부터 2013년까지 그녀는 사실상 무능력 상태였다.

'약쟁이 환자'를 넘어서: 대안적 치료를 위한 한 걸음

2013년 다이애나가 처음 나의 진료를 받으러 왔을 때, 그녀는 스스로를 중독자로 여기지 않았다. 그녀는 수년간 헤로인을 사용하지 않고 있었지만, 어지러울 정도로 많은 정신과 약물을 복용하고 있었다. 여기에는 그녀의 불안을 가라앉히는 자낙스, 각성 작용을 하는 리탈린, 기분을 평탄하게 하는 데파코트Depakote, 행복감을 주는 푸로작, 그리고 수면을 유도하는 앰비엔이 있었다. 또한 그녀는 하루에 두세 번씩 '의료용 마리화나'를 사용했다. 그러나 이 모든 약물을 복용하는데도 여전히 불안하고, 주의가 산만하고, 감정 조절이 되지 않고, 우울하고, 잠에 들 수 없었다.

매일 15정 이상의 약을 먹고 담배와 마리화나를 피우던 때를 회상하며 다이애나는 이렇게 말했다. "저는 제 목소리를 잃어버렸어요. 마치 히스테리 진단을 받고 로더넘laudanum을 처방받은 빅토리아 시대의 여성들과 같았죠. 제 담당 의사도 저더러 히스테리 환자라고 했어요. 헤로인 사용은 멈췄지만, 저는 여전히 약물중독자였어요. 크게 마음먹고 담당 의사에게 모든 약물을 끊고 앞으로 나아가고 싶다고 말했을 때, 그럴 수 없을 거라는 답을 들었어요. 의사는 제가 너무나도 병들었고, 영원히 이 상태에 머물게 될 거라고 했어요."

다이애나는 그 주에 자발적으로 정신과 병동에 입원했고, 자신의 신체 기능을 일관되게 개선시킨 유일한 약물인 서브옥손을 제외한 모든 정신과 약물을 중단했다. 퇴원 후에는 중독 회복에 중점을 둔 주 단위의 집단치료 모임에 참석했고, 중증 알츠하이머를 앓고 있는 외할머니를 돌보는 파트타임 아르바이트도 시작했다. 무엇보다도 자신의 뇌 기능을 되찾았다. 다시 스스로 생각할 수 있게 된 것이다.

병원에서 퇴원한 지 1년이 지난 지금, 다이애나의 삶은 여전히 순탄치 않다. 계속해서 심한 감정 기복과 자신을 가장 아끼는 사람들을 향해 분노의 발작을 보이고 있다. 하지만 더는 헤로인이나 다른 불법 약물을 사용하지 않는다. 심지어 담배와 마리화나도 끊었다. 그녀는 색이 바랜 청바지와 낡은 블라우스 차림으로 집단치료 시간에 앉아 자신의 긴 머리칼을 손가락으로 꼬며 이렇게 말했다. "수년간 저는 헤로인 중독자였고, 그 후에는 약쟁이 환자patient junkie가 되었어요. 헤로인에 중독되었던 것만큼이나 처방약에 중독되었죠. 어쩌면 더 심했을지도 몰라요. 하지만 중독자로 사는 것에 지쳤고, 환자로 사는 것에도 지쳤어요. 이제는 할머니를 돌보고 있어요. 할머니는 알츠하이머 치매를 앓고 계시고, 저는 마치 아기를 돌보듯이 할머니의 일거수일투족을 챙겨요. 엄마는 제가 할머니를 엄마보다 더 잘 돌본다고 말씀하세요." 그녀는 잠시 머리 꼬는 것을 멈추고 미소를 지었다. "저는 건강해지고 싶고, 가능한 한 오래도록 제 존엄을 지키고 싶어요. 이제 다시 생각할 수 있게 되었고, 예술 작업도 다시 하고 있어요. 정말 기분이 좋아요."

피에로 얼굴 모양의 머리핀을 요구하던 어린 시절부터 헤로인 중독자를 거쳐 매일같이 중독성 처방약물을 한 움큼씩 복용하던 젊은 시절에 이르기까지, 다이애나의 이야기는 중독이 얼마나 만성적이고 재발과 완화를 수차례 반복하는지 보여주며, 이를 치료하기 위한 만성관리 모델chronic-care model*이 필요하다는 것을 시사한다. 또한 그녀의 사례는 중독을 감지하고, 진단하고, 치료하는 데서 타과 의사들뿐만 아니라 정신질환 전문가로 여겨지는 정신과 의사들조차 얼마나 무지한지 드러낸다. 우리는 다이애나와 짐의 이야기를 통해 중독장애의 치료와 의료보험 보장이 다른 질환과 동등하게 이루어지지 않는 미국 의료시스템의 현실을 볼 수 있다.

---

* 〔옮긴이〕 중독과 같은 만성질환의 효과적인 치료와 관리를 위해 개발된 의료 전달 체계 모델로, 질병에 대한 치료뿐 아니라 지속적인 상담과 교육, 환자의 자기관리, 팀 기반 접근, 정보 시스템, 지역사회 자원과의 연계 등을 포함하는 통합적 관리 체계를 의미한다.

10장

악순환을 멈추려면

관계와
공동체 중심의
의료 인프라를
향해

10

 짐은 거의 1년 동안 순탄히 치료받으며 오피오이드 진통제와 다른 중독성 물질의 사용을 피했다. 그러나 중독이 또다시 재발했는데, 재발을 초래한 것은 극적이거나 특별히 인상적인 무언가가 아니었다. 단지 그의 보험이 바뀌었을 뿐이다. 그가 일하는 택시회사가 직원들의 새로운 건강보험 상품을 선택했는데, 해당 보험은 나의 중독 클리닉 진료를 인정하지 않았다. 새 보험 상품의 진료 의사 네트워크에서 중독 전문의를 찾지 못한(중독 전문의의 수 자체가 그리 많지 않다) 짐은 새로운 주치의와 다시 치료를 시작했다.

 짐과의 대화는 안부를 묻기 위한 2014년의 전화 통화가 마지막이었다.

 "짐, 잘 지내요? 어때요?"

 "저는 괜찮아요, 선생님. 괜찮은 것 같아요. 하지만 선생님이 도움이 될 거라고 말씀하신 약물 서브옥손을 처방해줄 의사를 찾을 수 없어서 중단해야 했어요. 그리고 저의 새 담당 의사가 허리 통증에 대해 노르코를 처방했어요."

"그 의사에게 당신의 병력에 대해 말했나요?" 내가 물었다.

"음주에 대해서는 말했지만, 약에 대해서는…… 말하지 않았어요."

"짐…… 왜 말하지 않았어요?"

"선생님, 이번엔 정말 제가 스스로 감당할 수 있을 것 같아요. 정말 할 수 있을 거예요. 그리고 노르코가 허리 통증에 더 효과적이에요. 제가 잘못된 길을 가고 있는지도 모르지요…… 하지만 지금은 이게 맞다고 생각해요."

"제가 새 담당 의사에게 전화해서 당신의 상황에 대해 말해줄까요?"

"아니요, 선생님. 감사하지만 그럴 필요는 없을 것 같아요."

"정말 괜찮겠어요?"

"네, 그럼요."

어색한 정적이 흘렀다.

"알겠어요, 짐. 잘 지내길 바랄게요. 나중에 제가…… 도울 일이 있으면 연락해주세요."

"그럴게요, 선생님. 꼭 연락할게요."

그 후로 짐의 소식을 들을 수 없었다. 짐, 당신이 어디에 있든지 부디 잘 지내길 바랍니다.

보이지 않는 힘: 약물을 부추기는 세력과 제도

미국 질병통제예방센터가 2011년 처방약물중독과 과다 복용으로 인한 사망에 대해 처음으로 비상사태를 선포한 이후로 연방정부, 주정부, 지방 정부는 이 문제를 해결하기 위해 많은 노력을 기울였다. 치명적인 오피오이드 과용에 대응할 수 있는 약물인 날록손이 FDA의 승인을 받았으며, 현재 많은 주가 '선한 사마리아인 법Good Samaritan laws'에* 의거해 의사가 환자뿐 아니라 환자의 가족, 친구 혹은 오피오이드 과용을 목격하고 이를 막으려는 사람들에게 날록손을 처방할 수 있도록 허용하고 있다.[158] 더불어 의사가 환자와 관련된 모든 통제약물 처방을 확인할 수 있는 중독성 처방약물 모니터링 프로그램이 모든 주에서 시행되거나 활성화되었고,[131] 전국의 병원, 응급실, 진료실에서 오피오이드 처방을 제한하는 정책이 마련되었다. 안전한 오피오이드 처방에 대한 교육 캠페인과 가이드라인도 적용되기 시작되었다. 새로운 처방 가이드라인은 의사들에게 오피오이드 진통제 중독의 위험성을 경고하며, 대부분

---

* 〔옮긴이〕 위급한 상황에서 타인을 돕는 사람을 법적 책임으로부터 보호하는 법률을 말한다. 오피오이드 과다 복용 현장에서 응급조치를 하거나 날록손을 투여한 일반인이 처벌받지 않도록 하는 조항이 포함되어 있다.

의 개입 역시 오피오이드 진통제를 대상으로 이루어진다. 하지만 정신자극제 애더럴과 최면진정제 자낙스의 과잉 처방, 오남용 및 중독을 억제하려는 조치는 거의 이루어지지 않고 있다.

이러한 개입에도 불구하고 중독성 처방약물 문제는 여전히 계속되고 있다. 2000년부터 2014년까지 '약 50만 명'의 미국인들이 약물 과용으로 사망했다. 사망의 가장 큰 원인은 오피오이드 진통제와 헤로인을 포함한 오피오이드 과용으로, 2014년에는 단 1년 만에 사망률이 14%가 증가해 사상 최고치를 기록했다.[159] 미국 의사들은 여전히 매년 2억 건 이상의 오피오이드 진통제 처방전을 발행하고 있다.

중독성 처방약물의 대유행을 촉발하는 보이지 않는 힘에 더 적극적으로 개입하지 않는 한, 실제로 이 문제는 당분간 지속될 가능성이 높다. (이 보이지 않는 힘에 대한 공개적인 논의조차 정치적으로 부적절한 것으로 여겨질 때가 많다.) 이 시대의 문화적 맥락에서 약물은 고통을 없애주는 빠른 해결책으로 여겨진다. 조직화된 의료계와 결탁한 기업들은 의료 과학을 왜곡함으로써 약물 복용을 부추긴다. 장애급여 제도는 환자들이 계속해서 약을 먹고 병을 앓아야만 경제적으로 생계를 유지할 수 있도록 운영된다. 이윤 창출에 초점을 둔 새로운 의료 관료주의는 환자의 실질적인 회복보다 약물 처방, 시술 건수, 환자 만족도만을 중시한다. 의료서비스의 분절화와 낡은 개인정보 보호법으로 인해 왼손이 무엇을 처방하는지 오른손이 알 수 없는 지경*에 이르렀다.

이 모든 것은 의사와 환자 사이에서 이뤄지는 복잡한 상호작용의 역학관계와 얽혀 있다. 이 관계는 상호 기만, 과도한 희망적 사고, 상처받은 자존심, 그리고 오직 치료(의사)와 완치(환자)만을 목표로 하는 허상을 유지하려는 양측의 필사적인 시도로 가득 차 있다.

심지어 의사와 환자 양자가 중독을 인식한다 해도 어떻게 치료해야 할지 의사조차 알지 못하는 상황이다. 치료 인프라 역시 부재하고, 보험사는 치료비를 지급하지 않으려 한다.

어떻게 악순환을 끝낼 것인가: 관계와 치료 환경 바꾸기

중독성 처방약물의 대유행을 일으키는 숨겨진 힘의 뿌리에는 무언의 긴장감이 서려 있다. 의사들은 점점 더 복잡한 생물심리사회적 문제(유전, 양육 환경, 주변 환경)를 겪는 사람들을 치료해야 하는 과제를 떠안지만, 정작 이 과제를 수행할 도구, 시간, 또는 자원은 제공받지 못하고 있다. 100여 년 전만 해도 빈자, 노숙자, 실업자, 중독자 등을 돌보는 일은 종교단체의 몫이었다. 그러나 1900년대 초반 종교와 의료가 분리되고 20세

---

* 〔옮긴이〕 한 진료실에서 처방된 약물을 다른 진료실에서 알 수 없는 실태를 비유적으로 표현하고 있다.

기 후반 일상생활의 여러 측면이 의료화되면서 의사는 환자 삶의 다양한 측면을 책임지게 되었고, 이는 전통적인 '질병'의 범위를 한참 넘어섰다. 지나치게 큰 발을 아주 작은 신발에 억지로 끼워 넣는 셈이었다. 현재의 산업화된, 행위별 수가제를 기반으로 하는 공장 생산라인식의 의료 체계에 맞추기 위해 의사들은 환자의 어려움이 순전히 의학적 문제인 것처럼 '가장'해야 한다.

이러한 불일치를 해결하기 위해 우리 사회는 의료시스템을 재구성함으로써 의료의 새로운 의무가 신체질환뿐만 아니라 중독을 포함한 정신질환이 있는 사람들까지도 치료하는 데 있음을 공개적으로 인정해야 한다. 기존의 시스템 안에서 서비스를 정당화하기 위해 필요하지도 않은 문제를 사람들에게 떠넘기는 것이 아니라 사람들이 실제로 겪고 있는 어려움에 집중하는 의료 인프라를 구축해야 한다.*

중독과 같은 복잡한 정신 행동 문제를 해결하는 데에는 장기적인 치료뿐만 아니라 관계와 공동체를 통한 치유도 필요하다. 중독 치료는 현재처럼 의료시스템의 주변부에 머물러서는 안 되며, 의료 전반과 유기적으로 통합되어야 한다. 의학은 이제 중독을 하나의 질병으로 기꺼이 받아들여야 한다. 단순히 과학이 그렇게 말하기 때문이 아니라, 그것이 실질적인

---

* 〔지은이〕 의료시스템이 빈곤, 실업, 고립, 가족 간의 불화 등을 해결하기에 적합한 방법이 아니라고 판단하고, 이를 더 잘 수행할 수 있는 약물 너머의 사회복지서비스를 구축하는 것이 한 가지 대안이 될 수 있다.

해결책이 되기 때문이다. 특히 만성 통증, 만성 피로, 섬유근육통, 우울증, 주의력결핍장애 등과 같은 질환**은 포용하고 적극적으로 치료하면서 중독 환자는 계속해서 배척한다면 중독성 처방약물의 대유행은 물론 치료받지 못한 수백만 중독자들의 고통 역시 사라지지 않을 것이다.

이 목표를 달성하기 위해서는 의학교육의 모든 단계에서 중독 치료를 가르쳐야 한다. 현재 중독은 대부분의 의과대학 교과과정에서 매우 적은 비중만을 차지하고 있으며, 다수의 정신과 전공의 수련psychiatry residencies을 포함한 거의 모든 임상과목 전공의 수련 프로그램에서 빠져 있다. 의학은 일련의 도제식 교육을 통해 배우는 학문이다. 전공의 과정은 의사가 평생 의술을 펼칠 토대를 만들어준다. 따라서 중독의학에 관한 교육이 의과대학 교육과 전공의 수련과정에 잘 녹아들어야 의사 인력이 숙달될 수 있을 것이다. 현재 의과대학 및 전공의 과정을 보조하는 데 쓰이는 연방 기금으로 중독의학 교육을 의무화하는 것이 이를 위한 한 가지 방법이 될 수 있다.

최근 신설된 중독의학 전임의 과정addiction medicine fellowships은 이러한 목표를 향한 진전이 이루어지고 있음을 보여준다. 이 전임의 과정은 외상외과 전문의부터 마취과 전문의, 1차 진료 의사에 이르기까지 임상의학 분야의 전공의 수련을 마친 의

** 〔옮긴이〕 치료에 중독성 처방약물이 장기간 사용될 우려가 있는 대표적인 질환들이다.

사라면 누구나 참여할 수 있으며, 중독의학에 대한 심도 깊은 교육을 제공한다.¹⁶⁰ 앞으로 중독의학 전임의 과정을 확대하고 예산 지원을 강화해야 하며, 그 과정에 적극적으로 참여하도록 전공의들을 독려해야 한다.

미국 여러 주에서 의사의 역할을 대신한다고 할 수 있는 전문간호사 nurse practitioner와 의사보조원 physician assistant을 포함한 의료 인력도 중독의학 교육을 받을 필요가 있다. 2013년 메디케어 처방 분석을 통해 단순 처방량을 기준으로 어떤 의료 전문과에서 가장 많은 오피오이드 진통제를 처방했는지 확인한 결과, 1위는 1년간 1531만 2091건의 처방이 이루어진 가정의학과로 드러났다. 2위는 내과로 1278만 5839건이었다. 전문간호사가 408만 1282건으로 3위였고, 의사보조원이 308만 9022건으로 4위였다.¹⁴⁴ 이처럼 갈수록 더 큰 영향력을 행사하고 있는 보건의료 전문가 집단을 결코 간과할 수 없으며, 그래서도 안 된다.

중독 치료는 의사-환자 관계와 치료 환경의 중요성을 우선시하는 만성관리 모델을 기반으로 제공되어야 한다. 의사는 약물 처방뿐만 아니라 환자와의 대화 및 환자에게 제공하는 교육에 대해서도 적절한 보상을 받을 필요가 있다. 이를 위해서는 현재 대부분의 의료기관이 의사들에게 허용하는 것보다 **더욱 충분한 진료 시간**이 확보될 필요가 있다. 환자와 함께 하는 시간은 공감적 경청, 정보에 근거한 판단, 인간적 연결이 가능케 하는 치유력을 발휘하기 위한 필수 조건이다. 문제는 이를 어떻게 실현할 방법을 찾는 것이다.

새로운 치료 모델: 약물에서 벗어나 삶에 몰입하기

2010년, 캘리포니아 북부에 있는 카이저 퍼머넌트 메디컬 그룹Kaiser Permanente Medical Group은 만성 통증으로 고통받는 환자들의 치료를 개선할 수 있다는 것을 알게 되었다. 이후 카이저 그룹의 모든 시설에서는 환자들에게 더 나은 서비스를 제공하고 치료 결과를 향상할 수 있는 새로운 프로그램을 개발하도록 장려했다.

카이저 산타클라라 물질의존 및 재활 프로그램에서 근무하는 임상심리사 카렌 피터스Karen Peters와 카이저 산타클라라의 만성 통증 프로그램에서 근무하는 간호사 바버라 가웬Barbara Gawehn은 더 나은 통증 프로그램을 구상하고 이를 실현할 방법을 모색할 팀의 일원으로 합류했다. 두 사람은 이미 카이저 그룹의 각 프로그램에서 오피오이드의 점진적 감량 및 중단tapering 프로그램을 함께 진행한 경험이 있었으며, 처방 오피오이드의 오남용, 내성, 의존, 중독 문제에 대해 잘 알고 있었다. 또한 그들은 오피오이드 사용을 점진적으로 줄여서 중단하고 뒤이어 급성 금단 증상이 사라지면 환자들이 오피오이드를 복용할 때보다 오히려 통증이 더욱 줄어든다는 사실 역시 발견했다. 약물을 끊으니 통증이 나아진 것이다.

카렌과 바버라를 포함한 그들 팀은 새로운 통증 관리 프로그램에서 비약물적인 방법으로 통증을 다루기로 결정했다. 이를 위해 환자들이 오피오이드와 의료용 마리화나를 포함한 정신작용제mind-altering medication를 끊어야 한다는 것이 이들의 생각이었다. 이러한 약물들이 마음챙김 명상mindfulness meditation과 같은 그들이 가르치려는 기술을 익히는 데 방해가 될 수 있기 때문이다. 따라서 이 프로그램에 참여하는 모든 환자는 오피오이드를 점진적으로 감량하고 중단할 의지가 있어야 한다. 치료팀은 환자들에게 이 과정을 적극 지원하기로 했다.

이들은 해당 프로그램이 오피오이드 금단 증상을 겪거나 오피오이드 진통제 없이 통증을 버티는 환자들에게 필요한 심리사회적 지원을 제공하기 위해서는 최소한 초기에라도 환자들이 매일 출석해야 할 필요가 있음을 깨달았다. 그들은 정신 치료psychotherapy와 운동 치료physical therapy를 포함한 모든 치료를 집단 형식으로 진행할 계획을 세웠는데, 새로운 접근 방식의 핵심이 상호지지에 기반한 환자 공동체를 만드는 데 있었기 때문이다. 카렌은 이렇게 말했다. "저는 치료 공동체가 변화의 수단이 되고 결국 치료를 견인하는 핵심 역할을 하리라는 것을 직감적으로 알았습니다." 집단 자체가 회복의 중심이 된다는 발상은 익명의 알코올중독자들 모임이나 다른 자조 회복 그룹의 철학에 깊이 뿌리를 두고 있다. 이 프로그램의 가장 큰 변별점은 치료 제공자들이 공동체에 속해 환자들과 함께 치료적 개입을 실천한다는 것이다.

2011년에 시작된 이 프로그램은 현재까지도 거의 변함없이 지속되고 있다. 첫 번째 단계는 3주간 진행되며, 이 기간에 환자들은 매일 프로그램에 참석한다. 두 번째 단계 역시 3주 동안 지속되며, 이때 환자들은 주 3회 참석한다. 세 번째이자 마지막 단계는 최소 1년간 진행되지만, 환자가 원한다면 무기한 참여가 가능하며, 최대 주 3일까지 다양한 활동에 선택적으로 참여할 수 있다. 이 프로그램은 의사를 포함한 모든 치료진이 환자들과 함께 참여하는 활동으로 시작한다. 이 일련의 활동은 환자들에게 새로운 기술을 가르치고 치유를 돕는 동시에 공동체를 형성하는 것을 목표로 한다. 주요 활동으로는 마음챙김 명상mindfulness meditation,[*] 기공qigong,[**] 요가yoga,[***] 교육 세미나, 인지행동 치료, 펠든크라이스Feldenkrais[****]라는 움직임 배움 프로그램, 운동 치료 등이 있다. 환자와 치료진은 경험을 함께 나누며 공통의 언어를 구축한다. 여기서 핵심은 통증을 조절하는 새로운 방식을 찾기 위해 '신경계를 재훈련'하는 것이다.

---

[*] 〔옮긴이〕 현재 순간의 생각, 감정, 신체 감각, 주변 자극 등에 주의를 기울이며 그것들을 판단 없이 알아차리는 명상법으로, 스트레스 완화와 자기조절 훈련에 활용된다.
[**] 〔옮긴이〕 중국 전통에서 유래한 수련법으로, 호흡·동작·정신 집중을 통해 기氣의 흐름을 조절하고 신체와 마음의 균형을 도모한다.
[***] 〔옮긴이〕 고대 인도에서 비롯된 수련법으로, 자세asana, 호흡pranayama, 명상을 통해 신체적 유연성과 심리적 안정, 전반적 건강을 추구한다.
[****] 〔옮긴이〕 이스라엘 출신 물리학자 모셰 펠든크라이스Moshe Feldenkrais가 개발한 신체 훈련·재활 기법으로, 움직임과 자세를 인식하도록 몸의 긴장을 줄이고 기능적 움직임을 회복하도록 돕는다. 주로 만성 통증이 있는 환자들에게 활용되며, 신체 기능을 회복시켜주고 심리적 긴장을 완화해주는 효과가 있다.

카이저 산타클라라는 지금껏 통증 관리 재활 프로그램을 통해 수백 명의 환자를 이끌며, 많은 참여자들의 삶에서 놀라운 변화를 이끌어냈다. 통증으로 인해 일상생활이 불가능하고 다음 진통제 복용 시간만을 기다리며 하루하루를 보내던 환자들은 이제 오피오이드와 기타 중독성 약물에서 벗어나 자신의 삶에 다시 몰입하고 있다. 이 프로그램은 환자들이 중독과 만성 통증을 포함한 만성적인 생물심리사회적 질환chronic biopsychosocial disorders으로부터 회복하도록 돕는 유력한 모델이 될 수 있다.

변화를 촉구하는 외침

중독성 처방약물 대유행을 이해하고 종식시키는 것은 우리(의사, 환자, 그리고 그들의 가족) 모두에게 중요한 과제이다. 중독성 처방약물과 관련된 의학적 부작용으로 매일 사람들이 목숨을 잃고 있다.* 환자에게 당장 해가 없어 보이더라도 의사에게는 안전하고 신중하게 약물을 처방하고, 약물의 위험이 예측 가능한 이득을 넘어설 경우 처방을 중단해야 할 윤리적 책임이 있다. 환자는 질 높은 의료서비스를 받을 권리가 있다.

---

* 〔옮긴이〕 미국 내에서 1999년부터 2017년까지 오피오이드 중독으로 사망한 인구 수는 47만여 명에 달한다.

그것이 설령 자신에게 필요하다고 생각되는 치료가 아닐지라도 말이다. 의사가 가진 가장 소중한 자산은 환자와의 관계이다. 이 핵심 진리를 지키기 위해 의료 제공 방식을 근본적으로 재검토해야 할 때다. 중독성 처방약물의 대유행은 단순한 개별 환자의 문제가 아니다. 이는 의료시스템 전체가 휘청이고 있음을 알려주는 경고음이자, 처방약물에 중독된 환자만이 아닌 모든 환자와 그들을 치료하는 의사를 향해 변화를 촉구하는 외침이다.

감사의 말

환자분들이 기꺼이 자신의 이야기를 공유해주지 않았다면 이 책은 완성되지 못했을 것입니다. 그분들의 관대함과 용기에 감사드립니다. 또한 인터뷰에 응해준 많은 보건의료 전문가들께도 감사의 마음을 전합니다. 그분들의 경험과 관점이 제 이야기에 깊이와 생동감을 더해주었습니다.

수년간 여러 위대한 스승들을 만났습니다. 특히 저를 이끌어주고, 도전하도록 북돋고, 항상 응원해준 키스 험프리스 교수님과 존 루아크 교수님께 깊은 감사를 드립니다.

그 과정에서 몇몇 이들이 원고의 전체 또는 일부를 살펴주었습니다. 편집자 로빈 W. 콜먼과 바버라 램, 그리고 존스홉킨스대학출판부에 계신 익명의 검토자들께 감사드립니다. 특히 초기 독자 중 한 분이자 훌륭한 편집자이며 소중한 친구인 시어머니 진 추에게 특별한 감사를 전합니다.

제가 '이 책' 작업에 몰두할 수 있도록 시간과 고요를 허락해준 저의 남편과 아이들에게도 깊은 고마움을 전하고 싶습니다.

참고문헌

1. *Results from the 2012 National Survey on Drug Use and Health: Summary of National Findings*. Rockville, MD: Substance Abuse and Mental Health Services Administration; 2013. NSDUH Series H-46, HHS Publication No. (SMA) 13-4795.
2. Paulozzi LJ, Jones CM, Mack K, Rudd R. Vital signs: overdoses of prescription opioid pain relievers—United States, 1999-2008. *MMWR Morb Mortal Wkly Rep*. 2011;60(43):1487-1492. http://www.cdc.gov/mmwr/preview/mmwrhtml/mm6043a4.htm?s_cid=mm6043a4_w.
3. Warner M, Chen LH, Makuc DM, Anderson RN, Minino AM. *Drug Poisoning Deaths in the United States, 1980–2008*. Hyattsville, MD: US Department of Health and Human Services, CDC; 2011. NCHS Data Brief No. 81.
4. Chen LH, Hedegaard H, Warner M. Rates of deaths from drug poisoning and drug poisoning involving opioid analgesics—United States, 1999-2013. *MMWR Morb Mortal Wkly Rep*. 2015;64(32). http://www.cdc.gov/mmwr/preview/mmwrhtml/mm6401a10.htm.
5. Hall AJ, Logan JE, Toblin RL, et al. Patterns of abuse among unintentional pharmaceutical overdose fatalities. *JAMA*. 2008;300(22):2613-2620. http://www.ncbi.nlm.nih.gov/entrez/query.fcgi?cmd=Retrieve&db=PubMed&dopt=Citation&list_uids=19066381.
6. Lader M. Benzodiazepines revisited—will we ever learn? *Addiction*. 2011; 106(12):2086-2109. doi:10.1111/j.1360-0443.2011.03563.x.
7. Paulozzi LJ. Prescription drug overdoses: a review. *J Safety Res*. 2012; 43(4):283-289.
8. Han B, Compton WM, Jones CM, Cai R. Nonmedical prescription opioid use and use disorders among adults aged 18 through 64 years in the United States, 2003-2013. *JAMA*. 2015;314:1468-1478.
9. *Drug Abuse Warning Network, 2011: National Estimates of Drug-Related Emergency Department Visits*. Rockville, MD: Substance Abuse and Mental Health Services Administration; 2013.

10. Schedules of controlled substances: placement of tramadol into schedule IV. *Drug Enforc Adm Dep Justice*. 2014:2014-15548-; DEA-351. http://www.deadiversion.usdoj.gov/fed_regs/rules/2014/fr0702.htm.
11. Lembke A. From self-medication to intoxication: time for a paradigm shift. *Addiction*. 2013;108(4):670-671. doi:10.1111/add.12028.
12. *Diagnostic and Statistical Manual of Mental Disorders*. 5th ed. Washington, DC: American Psychiatric Association; 2013. (한국어판: 《DSM-5-TR 정신질환의 진단 및 통계 편람》, 권준수 외 옮김, 학지사, 2023.)
13. Ries RK, Fiellin DA, Miller SC, Saitz R, eds. *The ASAM Principles of Addiction Medicine*. 5th ed. Philadelphia: Lippincot Williams and Wilkins; 2014.
14. Schultz W. Potential vulnerabilities of neuronal reward, risk, and decision mechanisms to addictive drugs. *Neuron*. 2011;69(4):603-617. doi:10.1016/j.neuron.2011.02.014.
15. Kauer JA, Malenka RC. Synaptic plasticity and addiction. *Nat Rev Neurosci*. 2007;8(11):844-858. doi:10.1038/nrn2234.
16. George O, Le Moal M, Koob GF. Allostasis and addiction: role of the dopamine and corticotropin-releasing factor systems. *Physiol Behav*. 2012; 106(1):58-64. doi:10.1016/j.physbeh.2011.11.004.
17. Wise R, Koob GF. The development and maintenance of drug addiction. *Neuropsychopharmacology*. 2014;39(2):254-262. doi:10.1038/npp.2013.261.
18. Peele S. Addiction as a cultural concept. *Ann New York Acad Sci*. 1990; 602:205-220.
19. Gureje O, Mavreas V, Vazquez-Barquero JL, Janca A. Problems related to alcohol use: a cross-cultural perspective. *Cult Med Psychiatry*. 1997;21(2):199-211. http://www.ncbi.nlm.nih.gov/pubmed/9248678.
20. Marshall M. Beliefs, *Behaviors, and Alcoholic Beverages: A Cross-Cultural Survey*. Ann Arbor, MI: University of Michigan Press; 1979:451-457.
21. Kendler KS, Ji J, Edwards AC, Ohlsson H, Sundquist J, Sundquist K. An extended Swedish national adoption study of alcohol use disorder. *JAMA Psychiatry*. 2015;0126. doi:10.1001/jamapsychiatry.2014.2138.
22. Fabbri C, Marsano A, Serretti A. Genetics of serotonin receptors and depression: state of the art. *Curr Drug Targets*. 2013;14(5):531-548. http://www.ncbi.nlm.nih.gov/pubmed/23547754.
23. Iacono WG, Malone SM, McGue M. Behavioral disinhibition and the

development of early-onset addiction: common and specific influences. *Annu Rev Clin Psychol*. 2008;4:325-348. doi:10.1146/annurev.clinpsy.4.022007.141157.

24. Vrieze SI, Feng S, Miller MB, et al. Rare nonsynonymous exonic variants in addiction and behavioral disinhibition. *Biol Psychiatry*. 2013. doi:10.1016/j.biopsych.2013.08.027.

25. Hicks BM, Iacono WG, McGue M. Index of the transmissible common liability to addiction: heritability and prospective associations with substance abuse and related outcomes. *Drug Alcohol Depend*. 2012;123(suppl): S18-S23. doi:10.1016/j.drugalcdep.2011.12.017.

26. Acton GS. Measurement of impulsivity in a hierarchical model of personality traits: implications for substance use. *Subst Use Misuse*. 2003;38:67-83. doi:10.1081/JA-120016566.

27. Castellanos-Ryan N, O'Leary-Barrett M, Conrod PJ. Substance-use in childhood and adolescence: a brief overview of developmental processes and their clinical implications. *J Can Acad Child Adolesc Psychiatry*. 2013;22(1):41-46. http://www.ncbi.nlm.nih.gov/pubmed/23390432.

28. McGloin JM, Sullivan CJ, Thomas KJ. Peer influence and context: the interdependence of friendship groups, schoolmates and network density in predicting substance use. *J Youth Adolesc*. 2014;43(9):1436-1452. doi:10.1007/s10964-014-0126-7.

29. Clark HK, Shamblen SR, Ringwalt CL, Hanley S. Predicting high risk adolescents' substance use over time: the role of parental monitoring. *J Prim Prev*. 2012;33:67-77. doi:10.1007/s10935-012-0266-z.

30. Dishion TJ, McMahon RJ. Parental monitoring and the prevention of child and adolescent problem behavior: a conceptual and empirical formulation. *Clin Child Fam Psychol Rev*. 1998;1:61-75. doi:10.1023/A:1021800432380.

31. Loveland-Cherry CJ. Family interventions to prevent substance abuse: children and adolescents. *Annu Rev Nurs Res*. 2000;18:195-218. http://www.ncbi.nlm.nih.gov/pubmed/10918937.

32. Broning S, Kumpfer K, Kruse K, et al. Selective prevention programs for children from substance-affected families: a comprehensive systematic review. *Subst Abuse Treat Prev Policy*. 2012;7:23. doi:10.1186/1747-597X-7-23.

33. Robins LN, Slobodyan S. Post-Vietnam heroin use and injection by returning US veterans: clues to preventing injection today. *Addiction*.

2003;98:1053–1060. doi:10.1046/j.1360-0443.2003.00436.x.
34. Paulozzi LJ, Mack KA, Hockenberry JM. Vital signs: variation among states in prescribing of opioid pain relievers and benzodiazepines—United States, 2012. *Morb Mortal Wkly Rep.* 2014;63(26):563–568. http://www.cdc.gov/mmwr/preview/mmwrhtml/mm6326a2.htm.
35. *Results from the 2012 National Survey on Drug Use and Health: Summary of National Findings.* Rockville, MD: Substance Abuse and Mental Health Services Administration; 2013.
36. McDonald DC, Carlson K, Izrael D. Geographic variation in opioid prescribing in the U.S. *J Pain.* 2012;13(10):988–996. doi:10.1016/j.jpain.2012.07.007.
37. Humphreys K. Circles of Recovery: Self-Help Organizations for Addictions (Edwards G, ed.). Cambridge: Cambridge University Press; 2004.
38. Project MATCH RG. Matching alcoholism treatments to client heterogeneity: Project MATCH posttreatment drinking outcomes. *J Stud Alcohol.* 1997;58:7–29.
39. Kelly JF, Hoeppner B, Stout RL, Pagano M. Determining the relative importance of the mechanisms of behavior change within Alcoholics Anonymous: a multiple mediator analysis. *Addiction.* 2012;107(2):289–299. doi:10.1111/j.1360-0443.2011.03593.x.
40. Sobell LC, Cunningham JA, Sobell MB. Recovery from alcohol problems with and without treatment: prevalence in two population surveys. *Am J Public Health.* 1996;86:966–972.
41. Steketee JD, Kalivas PW. Drug wanting: behavioral sensitization and relapse to drug-seeking behavior. *Pharmacol Rev.* 2011;63(2):348–365. doi:10.1124/pr.109.001933.
42. Nestler EJ. Is there a common molecular pathway for addiction? *Nat Neurosci.* 2005;8(11):1445–1449. doi:10.1038/nn1578.
43. Cadoni C, Pisanu A, Solinas M, Acquas E, Di Chiara G. Behavioural sensitization after repeated exposure to Delta 9-tetrahydrocannabinol and cross-sensitization with morphine. *Psychopharmacol.* 2001;158(3):259–266. doi:10.1007/s002130100875.
44. Weisner CM, Campbell CI, Ray GT, et al. Trends in prescribed opioid therapy for non-cancer pain for individuals with prior substance use disorders. *Pain.* 2009;145(3):287–293. doi:10.1016/j.pain.2009.05.006.
45. Beauchamp G, Winstanley EL, Ryan S, Lyons MS. Moving beyond misuse and diversion: the urgent need to consider the role of

iatrogenic addiction in the current opioid epidemic. *Am J Public Health.* 2014;104(11):2023-2029. doi:10.2105/AJPH.2014.302147.
46. Porter J, Jick H. Addiction rare in patients treated with narcotics. *N Engl J Med.* 1980;302(2):123.
47. Martell BA, O'Connor PG, Kerns RD, Al E. Systematic review: opioid treatment for chronic back pain: prevalence, efficacy, and association with addiction. *Ann Intern Med.* 2007;146(2):116-127.
48. Wagner FA, Anthony JC. Into the world of illegal drug use: exposure opportunity and other mechanisms linking the use of alcohol, tobacco, marijuana, and cocaine. *Am J Epidemiol.* 2002;155:918-925. doi:10.1093/aje/155.10.918.
49. Kandel DB, Jessor R. The Gateway Hypothesis revisited. In: Kandel DB, ed. *Stages and Pathways of Drug Involvement: Examining the Gateway Hypothesis.* Cambridge: Cambridge University Press; July 2009:365-372.
50. Taub RS. *God of Our Understanding: Jewish Spirituality and Recovery from Addiction.* Jersey City, NJ: KTAV Publishing House; 2011.
51. Crews F, He J, Hodge C. Adolescent cortical development: a critical period of vulnerability for addiction. *Pharmacol Biochem Behav.* 2007;86(2):189-199. doi:10.1016/j.pbb.2006.12.001.
52. Selemon LD. A role for synaptic plasticity in the adolescent development of executive function. *Transl Psychiatry.* 2013;3:e238. doi:10.1038/tp.2013.7.
53. Forman RF, Marlowe DB, McLellan T. The Internet as a source of drugs of abuse. *Curr Psychiatry Rep.* 2006;8(5):377-382. doi:10.1007/s11920-006-0039-6.
54. Walsh C, Phil M. Drugs, the Internet and change. *J Psychoactive Drugs.* 2011;43(March):55-63. doi:10.1080/02791072.2011.56650.
55. The National Center on Addiction and Substance Abuse (CASA). You've Got Drugs! Prescription Drug Pushers on the Internet. 2008. http://www.centeronaddiction.org/addiction-research/reports/youvegot-drugs-prescription-drug-pushers-internet-2008.
56. McCarthy M. Illicit drug use in the US holds steady, but heroin use is on rise. *BMJ.* 2013;347(September):f5544. doi:10.1136/bmj.f5544.
57. Lankenau SE, Teti M, Silva K, Jackson Bloom J, Harocopos A, Treese M. Initiation into prescription opioid misuse amongst young injection drug users. *J Drug Policy.* 2012;23(1):37-44.
58. Cicero TJ, Ellis MS, Surratt HL, Kurtz SP. The changing face of heroin use

in the United States: a retrospective analysis of the past 50 years. *JAMA Psychiatry*. 2014. doi:10.1001/jamapsychiatry.2014.366.

59. Bruner J. Life as narrative. *Soc Res (New York)*. 2004;71:691–711. http://socialresearch.metapress.com/index/e9dffrmjv9aq9xg5.pdf.

60. Hacking I. The looping effects of human kind. In: Sperber D, ed. *Causal Cognition: A Multidisciplinary Debate*. Oxford: Clarendon Press; 1996.

61. Meldrum ML. A capsule history of pain management. *JAMA*. 2003;290(18): 2470–2475. doi:10.1001/jama.290.18.2470.

62. Woolf CJ. Central sensitization: implications for the diagnosis and treatment of pain. *Pain*. 2012;152(3)(suppl):1–31. doi:10.1016/j.pain.2010.09.030.Central.

63. National Institute on Drug Abuse. Prescription drug abuse. *Res Rep Ser*. 2014. NIH Publication No. 15-4881.

64. Robison LM, Sclar DA, Skaer TL, Galin RS. National trends in the prevalence of attention-deficit/hyperactivity disorder and the prescribing of methylphenidate among school-age children: 1990–1995. *Clin Pediatr (Phila)*. 1999;38(4):209–217. doi:10.1177/000992289903800402.

65. Szasz T. *The Myth of Mental Illness: Foundations of a Theory of Personal Conduct*. New York, NY: Harper Perennial; 1961. (한국어판: 토머스 사스,《정신병의 신화》, 윤삼호 옮김, 교양인, 2024.)

66. Clarke L. Sacred radical of psychiatry. J Psychiatr Ment Health Nurs. 2007;14(5):446–453. doi:10.1111/j.1365-2850.2007.01103.x.

67. The diagnostic status of homosexuality in DSM-III: a reformulation of the issues. Am J Psychiatry. 1981;138(2):210–215. doi:10.1176/ajp.138.2.210.

68. Luhrmann T. *Of Two Minds: The Growing Disorder in American Psychiatry*. New York, NY: Alfred A Knopf; 2000.

69. Gu Q, Dillon CF, Burt VL. Prescription drug use continues to increase: U.S. prescription drug data for 2007–2008. *NCHS Data Brief*. 2010;No. 42:1–8.

70. Drugfree.org. 2012 Partnership Attitude Tracking Study; 2013. http://www.drugfree.org/wp-content/uploads/2013/04/PATS-2012-FULL-REPORT2.pdf. 2013년 12월 16일 접속.

71. Garnier-Dykstra LM, Caldeira KM, Vincent KB, O'Grady KE, Arria A. Nonmedical use of prescription stimulants during college: four-year trends in exposure opportunity, use, motives, and sources. *J Am Coll Health*. 2012;60(3):226.

72. Setlik J, Bond GR, Ho M. Adolescent prescription ADHD medication

abuse is rising along with prescriptions for these medications. *Pediatrics*. 2009;124(3):875–880. doi:10.1542/peds.2008-0931.

73. Manchikanti L. National drug control policy and prescription drug abuse: facts and fallacies. *Pain Physician*. 2007;10(3):399–424.

74. Smith ME, Farah MJ. Are prescription stimulants "smart pills"? the epidemiology and cognitive neuroscience of prescription stimulant use by normal healthy individuals. *Psychol Bull*. 2011;137(5):717–741. doi:10.1037/a0023825.

75. Kureishi H. The art of distraction. *New York Times*. February 18, 2012.

76. Lembke A. Time to abandon the self-medication hypothesis in patients with psychiatric disorders. *Am J Drug Alcohol Abuse*. 2012;38(6):524–529. doi:10.3109/00952990.2012.694532.

77. Zimmermann M. [History of pain treatment from 1500 to 1900]. *Schmerz*. 2007;21(4):297–306. doi:10.1007/s00482-007-0573-0.

78. Meldrum ML. *Progress in Pain Research and Management*, V. 25. Seattle, WA: IASP Press; 2003.

79. Agrawal S, Brennan N, Budetti P. The Sunshine Act—effects on physicians. *N Engl J Med*. 2013;368(22):2054–2057. doi:10.1056/NEJMp1303523.

80. Wazana A. Physicians and the pharmaceutical industry: is a gift ever just a gift? *JAMA*. 2000;283(3):373–380. doi.org/10.1001/jama.283.3.373. http://dx.doi.org/10.1001/jama.283.3.373.

81. Meier B. *Pain Killer: A Wonder Drug's Trail of Addiction and Death*. New York, NY: St. Martin's Press; 2003. (한국어판: 배리 마이어, 《페인 킬러: 제약회사, 21세기 마약중독 시대를 열다》, 장정문 옮김, 소우주, 2024.)

82. Hegmann KT, Weiss MS, Bowden K, et al. ACOEM practice guidelines: opioids for treatment of acute, subacute, chronic, and postoperative pain. *JOEM*. 2014;56(12):143–159. doi:10.1097/JOM.0000000000000352.

83. Agency for Healthcare Research and Quality. The effectiveness and risks of long-term opioid treatment of chronic pain. *Evid Rep Technol Assess*. 2014;No. 218. http://www.ncbi.nlm.nih.gov/books/NBK258809/.

84. Lee M, Silverman SM, Hansen H, Patel VB, Manchikanti L. A comprehensive review of opioid-induced hyperalgesia. *Pain Physician*. 2011;14(2):145–161. http://www.ncbi.nlm.nih.gov/pubmed/21412369.

85. Chu LF, Clark DJ, Angst MS. Opioid tolerance and hyperalgesia in chronic pain patients after one month of oral morphine therapy: a

preliminary prospective study. *J Pain*. 2006;7(1):43–48. doi:10.1016/j.jpain.2005.08.001.
86. Portenoy RK, Foley KM. Chronic use of opioid analgesics in nonmalignant pain: report of 38 cases. *Pain*. 1986;25(2):171–186.
87. Sullivan MD, Howe CQ. Opioid therapy for chronic pain in the United States: promises and perils. *Pain*. 2013;154(suppl):S94–S100. doi:10.1016/j.pain.2013.09.009.
88. Weissman DE, Haddox JD. Opioid pseudoaddiction—an iatrogenic syndrome. *Pain*. 1989;36:363–366.
89. Live interview with Dr. Russell Portenoy. *Physicians Responsible Opioid Prescribing*. https://www.youtube.com/watch?v=DgyuBWN9D4w. 2015년 9월 2일 접속.
90. Ornstein C, Weber T. American Pain Foundation shuts down as senators launch an investigation of prescription narcotics. *ProPublica*, May 8, 2012. https://www.propublica.org/article/senate-panel-investigatesdrug-company-ties-to-pain-groups. 2016년 4월 20일 접속.
91. The use of opioids for the treatment of chronic pain: a consensus statement from the American Academy of Pain Medicine and the American Pain Society. *Clin J Pain*. 1997;13(1).
92. Pizzo P. Relieving pain in America: a blueprint for transforming prevention, care, education, and research. *Inst Med*. June 2011:382. doi: 10.3109/15360288.2012.678473.
93. Manchikanti L, Singh A. Therapeutic opioids: a ten-year perspective on the complexities and complications of the escalating use, abuse, and nonmedical use of opioids. *Pain Physician*. 2008;11:S63–S88.
94. International Association for the Study of Pain. Declaration that access to pain management is a fundamental human right. *Declaration of Montreal*. http://www.iasp-pain.org/DeclarationofMontreal. 2015년 9월 2일 접속.
95. The Joint Commission. http://www.jointcommission.org/. 2015년 9월 2일 접속.
96. Vila HJ, Smith RA, Augustyniak MJ. The efficacy and safety of pain management before and after implementation of hospital-wide pain management standards: is patient safety compromised by treatment based solely on numerical pain ratings? *Anesth Analg*. 2005;101:474–480.
97. Frasco PE, Sprung J, Trentman TL. The impact of The Joint Commission for accreditation of healthcare organizations pain initiative on

perioperative opiate consumption and recovery room length of stay. *Anesth Analg.* 2005;100:162–168.
98. GAO. Prescription OxyContin abuse and diversion and efforts to address the problem. *J Pain Palliat Care Pharmacother.* 2003;18(3):109–113. doi:10.1300/J354v18n03_12.
99. Catan T, Perez E. A pain drug champion has second thoughts. *Wall Street Journal.* December 17, 2012.
100. The Joint Commission. Sentinel Event Alert Issue 49: Safe use of opioids in hospitals. http://www.jointcommission.org/sea_issue_49/.
101. Fauber J. FDA and pharma: emails raise pay-for-play concerns. *Sentinal/MedPage Today.* http://www.medpagetoday.com/PainManagement/PainManagement/42103.
102. Juurlink DN, Dhalla IA, Nelson LS. Improving opioid prescribing: the New York City recommendations. *JAMA.* 2013;309(9):879–880.
103. Armstrong D. Suit over OxyContin—could be painful. *Bloomberg Business.* http://www.bloomberg.com/news/articles/2014-10-20/purdue-says-kentucky-suit-over-oxycontin-could-be-painful.
104. McDonald DC, Carlson KE. Estimating the prevalence of opioid diversion by "doctor shoppers" in the United States. *PLoS One.* 2013;8(7):e69241. doi:10.1371/journal.pone.0069241.
105. Dole VP, Nyswander ME. Heroin addiction—a metabolic disease. *Arch Intern Med.* 1967;120(1):19–24. http://dx.doi.org/10.1001/archinte.1967.00300010021004.
106. Strang J, Babor T, Caulkins J, Fischer B, Foxcroft D, Humphreys K. Drug policy and the public good: evidence for effective interventions. *Lancet.* 2012;379(9810):71–83. doi:10.1016/S0140-6736(11)61674-7.
107. Gjersing L, Bretteville-Jensen AL. Is opioid substitution treatment beneficial if injecting behaviour continues? *Drug Alcohol Depend.* 2013;133: 121–126.
108. Lynch FL, McCarty D, Mertens J, et al. Costs of care for persons with opioid dependence in commercial integrated health systems. *Addict Sci Clin Pract.* 2014;9(1):16. doi:10.1186/1940-0640-9-16.
109. Lofwall MR, Martin J, Tierney M, Fatséas M, Auriacombe M, Lintzeris N. Buprenorphine diversion and misuse in outpatient practice. *J Addict Med.* 2014;8(5):327–332. doi:10.1097/ADM.0000000000000029.
110. Axelrod R. *The Evolution of Cooperation.* New York, NY: Basic Books Inc; 1984. (한국어판: 로버트 액설로드, 《협력의 진화: 이기적 개인의 팃포탯 전략》, 이경식 옮김, 시스테마, 2024.)

111. Axelrod R. Effective choice in the prisoner's dilemma. *J Conflict Resolut.* 1980;24(1):3-25.
112. Parsons T. The sick role and the role of the physician reconsidered. *Millbank Mem Fund Q Health Soc.* 1975;53(3):257-278.
113. Autor DH, Duggan MG. The growth in the Social Security disability rolls: a fiscal crisis unfolding. *J Econ Perspect.* 2006;20(3):71-96.
114. Laffaye C, Rosen CS, Schnurr PP, Friedman MJ. Does compensation status influence treatment participation and course of recovery from post-traumatic stress disorder? *Mil Med.* 2007;172(10):1039-1045.
115. Angrist JD, Chen SH, Frandsen BR. Did Vietnam veterans get sicker in the 1990s? The complicated effects of military service on self-reported health. *J Public Econ.* 2010;94:824-837.
116. Rosenheck R, Fontana AF. Recent trends in VA treatment of posttraumatic stress disorder and other mental disorders. *Health Aff.* 2007;26:1720-1727.
117. Wen P. A legacy of unintended side effects. *Boston Globe.* December 12, 2010.
118. Fassin D, Rechtman R. *The Empire of Trauma: An Inquiry into the Condition of Victimhood.* Princeton, NJ: Princeton University Press; 2009.
119. Mack K, Zhang K, Paulozzi L, Jones C. Prescription practices involving opioid analgesics among Americans with Medicaid, 2010. *J Health Care Poor Underserved.* 2015;26(1):182-198. doi:10.1353/hpu.2015.0009.
120. Frueh BC, Grubaugh AL, Elhai JD, Buckley TD. US Department of Veterans Affairs Disability policies for posttraumatic stress disorder: administrative trends and implications for treatment, rehabilitation, and research. *Am J Public Health* 2007;97(12):2143-2145.
121. Seal KH, Shi Y, Cohen G, et al. Association of mental health disorders with prescription opioids and high-risk opioid use in US veterans of Iraq and Afghanistan. *JAMA.* 2012;307(9):940-947.
122. Wilkinson R, Marmot M. *Social Determinants of Health: The Solid Facts.* 2nd ed. Copenhagen: World Health Organization; 2003.
123. Davis JE. Victim narratives and victim selves: false memory sydrome and the power of accounts. *Soc Probl.* 2005;52(4):529-548.
124. Hacking I. Making up people. *London Rev Books.* 2006;28(16).
125. Children and Adults with Attention Deficit Disorder (CHADD). www.chadd.org. 2015년 8월 1일 접속.
126. Autor D, Duggan M. Supporting work: a proposal for modernizing the

US disability insurance system. *Cent Am Prog Hamilt Proj*. December 2010. http://scholar.google.com/scholar?hl=en&btnG=Search&q=intitle:Supporting+Work+:+A+Proposal+for+Modernizing+the+U.S.+Disability+Insurance+System#0\nhttp://www.americanprogress.org/wpcontent/uploads/issues/2010/12/pdf/autordugganpaper.pdf.

127. Kohut H. *The Kohut Seminars: On Self Psychology and Psychotherapy with Adolescents and Young Adults* (Elson M, ed.). New York, NY: WW Norton; 1987.

128. Buber M. *I and Thou*. New York, NY: Charles Scribner's Sons; 1937. (한국어판: 마르틴 부버, 《나와 너》, 김천배 옮김, 대한기독교서회, 2020.)

129. Vaillant GE, Bond M, Vaillant CO. An empirically validated hierarchy of defense mechanisms. *Arch Gen Psychiatry*. 1986;43(8):786-794.

130. Perrone J, Nelson LS. Medication reconciliation for controlled substances—an "ideal" prescription-drug monitoring program. *N Engl J Med*. 2012;366(25):2341-2343. doi:10.1056/NEJMp1204493.

131. Center of Excellence Brandeis University Briefing on PDMP Effectiveness; 2013. www.pdmpexcellence.org.

132. Compton WM, Jones CM, Baldwin GT. Relationship between nonmedical prescription-opioid use and heroin use. *N Engl J Med*. 2016;374:154-163.

133. Silvestrini E. Florida heals from pill mill epidemic. *Tampa Tribune*. August 30, 2014.

134. Imai M. *Kaizen: The Key to Japan's Competitive Success*. New York, NY: McGraw-Hill Education; 1986.

135. Deaton JP. How automotive production lines work. *HowStuffWorks.com*. http://auto.howstuffworks.com/under-thehood/auto-manufacturing/automotive-production-line.htm. 2015년 6월 6일 접속.

136. Kocher R, Sahni N. Hospitals' race to employ physicians—the logic behind a money-losing proposition. *N Engl J Med*. 2011:1790-1793.

137. Sinsky CA, Dugdale DC. Medicare payment for cognitive vs procedural care: minding the gap. *JAMA Intern Med*. 2013.

138. Williams B. Patient satisfaction: a valid concept? *Soc Sci Med*. 1994;38(4): 509-516.

139. Press Ganey. http://www.pressganey.com/. 2015년 9월 9일 접속.

140. Fenton JJ, Jerant F, Bertakis KD, Franks P. The cost of satisfaction: a national study of patient satisfaction, health care utilization, expenditures, and mortality. *Arch Intern Med*. 2012;172(5):405-411. doi:10.1001/archinternmed.2011.1662.

141. Nelson EC, Larson C. Patients' good and bad surprises: how do they relate to overall patient satisfaction? *Qual Rev Bull*. 1993;3(89).
142. King R. Obamacare program may be linked to ER opioid prescriptions. *Washington Examiner*. May 7, 2015.
143. Frankt AB, Bagley N. Protection or harm? supressing substance use data. *N Engl J Med*. 2015 May 14;372(20):1879–1881.
144. Chen JH, Humphreys K, Shah NH, Lembke A. Distribution of opioids by different types of medicare prescribers. *JAMA Intern Med*. December 2015:1–3. http://dx.doi.org/10.1001/jamainternmed.2015.6662.
145. Rush B. *An Inquiry Into the Effects of Ardent Spirits Upon the Human Body and Mind: With an Account of the Means of Preventing, and of the Remedies for Curing Them*. Exeter, NH: Josiah Richardson Bookseller; 1819.
146. White WL. *Slaying the Dragon: The History of Addiction Treatment and Recovery in America*. Bloomington, IL: Chestnut Health Systems; 1998.
147. The National Center on Addiction and Substance Abuse. Addiction medicine: closing the gap between science and practice; 2012. http://www.centeronaddiction.org/addiction-research/reports/addictionmedicine.
148. McLellan AT, Lewis DC, O'Brien CP, Kleber HD. Drug dependence, a chronic medical illness: implications for treatment, insurance, and outcomes evaluation. *JAMA*. 2000;284:1689–1695. doi:10.1001/jama.284.13.1689.
149. Umberg EN, Shader RI, Hsu LKG, Greenblatt DJ. From disordered eating to addiction: the "food drug" in bulimia nervosa. *J Clin Psychopharmacol*. 2012;32:376–389. doi:10.1097/00132586-200108000-00061.
150. Hernandez L, Hoebel BG. Food reward and cocaine increase extracellular dopamine in the nucleus accumbens as measured by microdialysis. *Life Sci*. 1988;42:1705–1712. doi:10.1016/0024-3205(88)90036-7.
151. Avena NM, Bocarsly ME. Dysregulation of brain reward systems in eating disorders: neurochemical information from animal models of binge eating, bulimia nervosa, and anorexia nervosa. *Neuropharmacol*. 2012;63:87–96. doi:10.1016/j.neuropharm.2011.11.010.
152. Duhigg C. *The Power of Habit: Why We Do What We Do in Life and Business*. New York, NY: Random House; 2012. (한국어판: 찰스 두히그, 《습관의 힘》, 강주헌 옮김, 갤리온, 2012.)

153. Ahmed SH. Imbalance between drug and non-drug reward availability: a major risk factor for addiction. *Eur J Pharmacol*. 2005;526(1–3):9–20. doi:10.1016/j.ejphar.2005.09.036.
154. Campbell UC, Carroll ME. Acquisition of drug self-administration: environmental and pharmacological interventions. *Exp Clin Psychopharmacol*. 2000;8:312–325. doi:10.1037/1064-1297.8.3.312.
155. Fischer B, Rehm J, Patra J, Firestone CM. Changes in illicit opioid use profiles across Canada. *CMAJ*. 2006;175:1–3.
156. Davis W, Johnson B. Prescription opioid use, misuse, and diversion among street drug users in New York City. *Drug Alcohol Depend*. 2008;92:267–276.
157. Drury B, Gelzer R, Trites P, Paul GT. Electronic health records systems: testing the limits of digital records' reliability and trust. *Ave Maria Law Rev*. 2014:257–276.
158. Humphreys K. An overdose antidote goes mainstream. *Health Aff*. 2015;34(10):1624–1627. doi:10.1377/hlthaff.2015.0934.
159. Rudd RA, Aleshire N, Zibbell JE, Gladden RM. Increases in drug and opioid overdose deaths—United States, 2000–2014. *MMWR Morb Mortal Wkly Rep*. 2016;64:1378–1382. http://www.cdc.gov/mmwr/preview/mmwrhtml/mm6450a3.htm.
160. Wood E, Samet JH, Volkow ND. Physician education in addiction medicine. *JAMA*. 2013;310(16):1673–1674. doi:10.1001/jama.2013.280377.

(옮긴이의 말)

약의 미로에 갇히지 않기 위해

"우리 문화의 일상에서 만들어진 강력한 환상 중 하나는,
모든 고통은 가치가 없다는 믿음이다."[*]—벨 훅스

우리 의사들은 환자들을 돕고자 한다. 환자가 감염병에 시달리면 감염을 덜어주고자 하고, 혈압과 혈당이 높으면 이를 낮추고자 한다. 환자가 통증에 시달리면 통증을 없애주려 하고, 환자가 불안해하면 불안을 삭제시켜주려 한다. 병증을 '적'으로 간주하고 제거하려는 시도는 감염병의 시대에는 효과적이었지만, 만성질환의 시대에는 고전을 면치 못한다. 이 책에서 제시되듯, 통증과 정신질환이 만연한 지금과 같은 상황에서는 별반 유효하지 못할뿐더러 되려 악순환을 유발한다. 신체적 통증과 심리적 고통을 약을

---

[*] Tworkov H. Agent of change: An interview with Bell Hooks. *Tricycle: The Buddhist Review*. 1992;2(1):48-57.

통해 없애야 하는 것으로 여기게 되면, 약이 약을 더하게 되면서 중독으로 이어질 수 있다.

  그 현실은 국내 통계에서도 드러난다. 식품의약품안전처가 발표한 '2024년 의료용 마약류 취급현황' 통계에 따르면, 지난해 의료용 마약류를 한 번 이상 처방받은 사람은 2001만 명, 즉 10명 중 4명꼴이었다. 항불안제와 수면유도제를 처방받은 환자는 1000만 명에 달했고, 식욕억제제인 펜터민 계열의 약물을 처방받은 환자도 100만 명이 넘었다. 마약성 진통제인 펜타닐 정제와 패치제의 경우 갈수록 처방량이 줄고 있다고는 하지만 그럼에도 15만여 명의 환자에게 쓰였고, ADHD 치료제 메틸페니데이트는 무려 33만여 명에게 쓰였다. 메틸페니데이트는 5년 사이 사용량이 139% 급증했는데, 이 역시 매우 염려되는 부분이다. 이 수치들은 '고통을 완화한다'는 명목 아래 일상적으로 약물을 취하는 우리 사회의 풍경이기도 하다.

  이 책의 저자 애나 렘키가 고발하는 미국사회 중독성 처방약물 남용의 현실은 한국의 미래를 경고한다. 통증과 불안을 없애고 집중력을 높여주겠다는 의료의 선의가 어떻게 중독의 확산을 불러왔는지, 중독 정신과 의사이자 학자로서 통찰력 있게 파헤친다. 1990년대 이후 미국의 의사들은 제약회사의 부추김과 환자의 기대 속에서 오피오이드 진통제를 기하급수적으로 처방하게 되었고, 그 결과 수백만 명이 중독되고 수십만 명이 목숨을 잃었다. 집중력을 높이는 ADHD 관련 약물, 불안과 불면을 완화하는 벤조디아제핀계 약물 역시 너무도 손쉽게 처방되었고, 약물에 대한 의존이 일상을 잠식하는 지경에 이르렀다.

나는 진료실에서 마주하는 환자들을 통해 약물을 신중하게 다뤄야 할 필요성을 배운다. 최근에는 한 30대 여성 환자를 만났다. 환자는 불안과 불면으로 수년 전부터 다른 병원에서 정신과 약물을 복용해왔다고 했다. 증상이 충분히 조절되지 않자 약은 계속해서 추가되었다. 진정 효과가 있는 벤조디아제핀 항불안제의 종류와 용량이 급격하게 늘면서 낮시간 동안 졸음과 피로가 몰아닥쳤고, 결국 이를 줄이기 위해 ADHD 약물인 메틸페니데이트가 보태졌다. 이후 6개월 만에 입맛이 급격히 떨어지고 체중이 10킬로그램 이상 줄었다. 삶에 대한 의욕이 감퇴하고 계속해서 멍한 상태가 된다. 이렇게 한 알 한 알 쌓이다 보면 어느새 약은 '출구'가 아닌 '미로'가 된다. 환자는 내게 이렇게 물었다. "낮에는 에너지드링크를 먹고 억지로 버티는 느낌이고, 밤에는 약이 없으면 1초도 못 자요. 선생님, 저 살아갈 수 있을까요……?"

마약성 진통제 중독 문제는 최근 통증 치료 분야의 치료 패러다임을 바꾸고 있다. 통증을 적절히 조절하면서 일상 기능을 높이는 치료, 통증이 남아 있더라도 활력 있는 삶을 살 수 있도록 돕는 방향으로 향하고 있다. 의사들은 진료실에서 매번 기로에 선다. 환자의 우울과 불안 혹은 통증을 완전히 소거하기 위해 고용량의 약을 사용하고, 그래도 듣지 않으면 또 다른 약을 계속해서 추가하는 것이 나을까, 아니면 심리적, 신체적 고통을 부정하지 않고 그와 관계 맺는 방식을 바꾸도록 돕는 것이 나을까? 답하기 어려운 질문이지만, 한 가지 분명한 건 인간은 회로가 정해진 기계가 아니라는 것이다. 100명의 우울증 환자가 있다면 100가지 삶의 맥락이 있다. 생의학적 이론에만 매몰되어 마치 기계를 다루듯 이 약 저 약 처방한다고 해서 우리의 몸과 마음이 나을 수는 없다.

정신과 의사로서 나는 이 책을 '비판의 칼'이 아닌 '성찰의 거울'로 읽었다. 약물에만 의존한 진료가 지금처럼 계속된다면, 관행은 굳어질 수 있다. 약은 분명 필요하다. 그러나 그것만으로는 충분하지 않다. 약은 수영 초보자에게 필요한 킥판이자, 자전거를 처음 탈 때 부착하는 보조바퀴에 가깝다. 의사의 역할은 그런 도구에 영원히 의존하게 만드는 대신 언젠가 그 도움 없이도 스스로 헤엄치고 균형을 잡을 수 있도록 돕는 데 있다. 정신의학은 더 늦기 전에 그 '놓아주는 순간'을 준비해야 한다. 고통을 없애는 대신, 고통을 통과해 삶의 의미를 다시 세우는 치료의 새 패러다임이 필요하다.

나 역시 그 여정의 한가운데에 서 있다. 약물 치료만으로 충분하지 않다는 것을 깨달았지만, 그럼에도 대안을 찾지 못해 길을 잃은 때도 있었다. '수용전념치료 acceptance and commitment therapy, ACT' '맥락 정신의학 contextual psychiatry'과 같은 대안적 접근을 익히면서야 비로소 혼돈과 미몽의 시간을 헤쳐나가고 있다. 더 이상 약이 치료의 종착점이라고 생각하지 않는 만큼, 고통의 이면에 숨겨진 삶의 가치를 보고자 한다. 이런 태도로 진료에 임하다 보면 약덜기를 실천하면서도 환자를 도울 방법을 찾아낼 수 있지 않을까. 결국 약이란 하나의 시작점에 불과하며, 환자가 자기 삶의 균형을 되찾을 때까지 그 여정을 보조해주는 임시의 도구일 뿐이다. 이 중요한 전환의 시기를 겪고 있는 우리 모두에게, 이 책이 잠시 멈춰 생각할 기회를 주었으면 한다.

※
※※

환자의 고통을 덜기 위해 중독성 처방약물을 신중하게 처방한 의사들이 위축되고, 약물의 처방 자체를 거부하거나 갑작스레 처방을 중단하게 될까봐 걱정되는 부분도 있다. 그렇게 되면 수많은 환자들이 금단 증상으로 또 다른 고통을 경험할 수 있고, 약물 추구 행동을 이어가다가 자칫 마약중독에 빠질 수도 있다. 그런 상황을 막기 위해 동료 의사들에게 당부의 말씀을 드리고 싶다. 중독성 처방약물에 과도하게 노출된 환자들 중 고용량의 약물을 뚜렷한 의학적 근거 없이 장기간 복용하거나, 오남용 조짐을 보이거나, 부작용으로 삶의 질이 저하되는 경우, 더 나아가 환자 본인이 감량을 원하는 경우 약물 중단을 고려할 필요가 있다. 이때는 비약물적 방법과 비중독성 약물을 병행하는 것이 좋다. 한 달 내외의 기간을 잡아 전체의 5~20%씩 천천히 감량하고, 개별 환자에 맞춤식으로 접근한다. 감량 기간에는 환자가 통증 및 정서적 고통의 관리를 위한 새로운 기술을 습득하고, 바뀐 용량에 서서히 적응할 수 있도록 해야 한다. 이 모든 과정은 의사와 환자가 함께 효과와 부작용을 견주는 행위, 즉 '함께하는 의사결정'을 통해 진행된다.

나를 비롯해 이 책을 함께 번역한 11명의 의사들은 모두 각자의 진료실에서 같은 질문 앞에 서 있었다. '이 약이 정말 환자를 돕고 있는가?' '우리가 하고 있는 치료는 환자가 자신의 삶을 능동적으로 열어가도록 돕고 있는가 아니면 그 반대인가?' 각자의 자리에서 느낀 한계를 나누며, 우리는 이 책을 단순히 옮기는 것이 아니라 함께 읽고 사유하고자 했다. 의사들은 원하든 원치 않든 중독성 처방약물의 관문gateway이 되었다. 이 관문이 활주로가 되지 않도록 스스로를 돌아보는 용기가 절실하다.

중독성 처방약물에 대한 미국사회의 반성과 숙고가 이 책을 통해 드디어 한국사회에 도착했다. 전문가의 전문성만으로는 안전을 담보할 수 없다. 이제는 의료 제공자인 의사와 의료 소비자인 환자가 함께 이 고민을 나누고 효과와 부작용을 적극적으로 견주어보는 '함께하는 의사결정'을 실천해야 한다. 중독이라는 이 시대의 고통이 고통에 머물지 않고 새로운 물줄기를 만들어내길 바란다.

'중독성 처방약물에 신중을 촉구하는 의사들' 10명과 함께,
장창현 씀

찾아보기

인명

ㄱ

가니, 로드 244
가웬, 바버라 295

ㄴ

나이스원더, 마리 177, 178

ㄷ

더건, 마크 193, 194, 207
데이비스, 조지프 201
돌, 빈센트 177, 178
두히그, 찰스 268, 313

ㄹ

라포포트, 아나톨 185
러시, 벤저민 259
레히트만, 리처드 201

ㅁ

마이어, 배리 139, 308

ㅂ

베일런트, 조지 216
볼코, 노라 173
부르너, 제롬 106
부버, 마르틴 214, 312

ㅅ

사스, 토머스 117, 118, 307
스턴바흐, 레오 279

ㅇ

알더 라이트, C. R. 90
액설로드, 로버트 184, 310
오터, 데이비드 193, 194, 207
와이즈, 로이 69

우드, 알렉산더 109
울브리히트, 로스 W. 89
월시, 샬롯 87
웬, 퍼트리샤 198
이아코노, 윌리엄 67

ㅋ

코헛, 하인츠 213
쿠레이시, 하니프 124
쿱, 조지 174, 176
클라크, 루카 117

ㅌ

타우브, 샤이즈 78

ㅍ

파생, 디디에르 201
파슨스, 탤컷 192
파식, 스티븐 219
파우버, 존 153
포먼, 로버트 86
포테노이, 러셀 139~141, 143, 145
폴리, 캐슬린 140, 141
프레스, 어윈 244
프로이트, 지그문트 108, 213, 216
푸르, 바틀리 크리스토퍼 207
피터스, 카렌 295

ㅎ

해덕스, 데이비드 148
해킹, 이언 108, 202
호프만, 펠릭스 90

키워드

ㄱ

감정 조절 이상 66, 281
강박행동 63
거대 의학 158, 159
거대 제약회사 136, 138, 139, 145, 154, 158, 159, 239, 230, 279
건강한 자기애 213, 214
과다 복용 7, 24, 25, 42, 44, 45, 86, 91, 140, 152, 159, 179~181, 199, 236, 275, 280, 289
과잉 처방 14, 16, 18, 49, 81, 253, 290
관문 가설 77

괴롭힘 (유형 환자들) 171
교차중독(교차감작) 75, 76
국제통증연구협회 146
규제약물 8, 9, 24~28, 30~36,
　44~49, 79, 81, 86, 87, 90, 112,
　115, 157, 200, 204, 211, 218
규제약물법 45, 86
(급성) 금단 증상 28~30, 33~35,
　64, 91, 93, 94, 96, 155, 164,
　177, 223, 232, 235, 258, 273,
　295, 296, 318
꾀병 85, 172, 173

ㄴ

낙인찍는 언어 37
날록손 29, 180, 289
내성 27, 28, 32, 34, 65, 140, 151,
　164, 177, 274, 295
뇌의 병리 112, 116
'눈에는 눈' 전략 183~186

ㄷ

대너밀러 재단 139
대체 보상 200, 268
더럼-험프리 개정안 47
도파민 26, 27, 30, 33, 174, 175,
　267
동성애 118
등가약물 82

딥 웹 88

ㄹ

라이프유니버스앤드에브리싱 87
리브리움 279
린 Lean 88

ㅁ

(의료용) 마리화나 41, 46, 76, 82,
　101, 120, 121, 281, 282, 296
마약 판매상 219, 235
마약성 진통제 12, 24, 27, 28, 36,
　42, 49, 75, 86, 116, 127, 136,
　151, 224, 316, 317
마약중독 224, 308, 318,
만성 통증 11, 25, 111, 139~141,
　153~155, 193, 195, 198~200,
　259, 293, 295, 297, 298
만성관리 모델 283, 294
만성질환 204, 214, 250, 261, 283
만성통증증후군 110
메디케어 122, 149, 150, 238, 239,
　241, 246, 250
메디케어 및 메디케이드 서비스센터
　149, 150, 239, 246, 250
메디케이드 122, 149, 150, 158,
　196, 199, 200, 238, 239, 246,
　247, 250, 262, 278
메디케이드헬스홈 250

메타돈 (유지 요법/치료) 29, 31, 46, 94~96, 177~181, 249
메톡세타민 88
메트암페타민 82
모르핀 밀리그램 등가 164
물질사용장애 39~41, 62, 62, 63, 65, 68, 78, 250, 262, 266, 278
물질중독 41, 81
미국 마약단속국DEA 24, 44, 49, 211
미국 식품의약국FDA 29~31, 33~35, 45, 46, 115, 125, 136, 153~155, 157, 159, 180, 259, 289
미국의학한림원 146
미국통증의학아카데미 145
미국통증의학회 145
미국통증재단 145

ㅂ

바리움 29, 44, 46, 85, 98, 279, 280
바트BAART(베이 지역의 중독 연구 및 치료 기관) 94, 95
반복조제 46~48, 81, 82, 168, 191, 211, 218, 242, 248
방어기제 181, 216, 218
버그만 대 에덴 메디컬 센터 판례 148
변화 단계 모델 176

병원소비자평가 247
보상회로 64, 65, 76
보험사 197, 211, 212, 231, 238, 239, 242, 258, 259, 261, 262, 275, 278, 291
복지개혁법안 194
부담적정보험법(오바마케어) 252
부정 181, 182, 216~218
부패한 의사 235, 236
분리splitting 216, 217
분실자 (유형 환자들) 168
불쾌감 유도성 재발 176
비약물적 요법/치료 11, 18, 29, 120, 200, 296, 319
빈곤의 의료화 196, 197

ㅅ

사회보장장애보험 193~195, 197, 200
사회보장장애소득 191
산만함 124
상대가치점수 241
상원의원 (유형 환자들) 167, 168
상호의존 169
생리적 의존 63, 64
서브옥손 치료 96, 177
선별 등록 연구 프로토콜 153~155
선구자thought leader 138, 139
선샤인법 137
선한 사마리아인 법 289

성과 기반 보상 체계 243
수동 공격성 passive aggression 216
수반성 관리 186
시각적 아날로그 척도 150, 151
시골 쥐와 도시 쥐 (유형 환자들) 170
식이장애 35, 266
신경성 폭식증 266
신경적응 65, 174
실크로드 웹사이트 89
쌍둥이 (유형 환자들) 170

ㅇ

아첨꾼 (유형 환자들) 167
안전처방법 47
(급성) 알코올 금단 64, 252
알코올중독 39, 64, 106, 242, 251, 260
약물 과용 290
약물 관리 17, 241
약물 남용 37, 97, 140, 246
약물 추구 행동 143, 177, 178, 318
약물 치료 18, 40, 71, 251, 276, 318
약물남용 경고 네트워크 DAWN 49
약물남용 예방, 치료 및 재활에 관한 법률 249
약물남용 진료소 122, 235, 236
약물을 찾는 환자 11, 167, 172, 173, 181, 182, 215, 216, 254
(처방)약물중독 13, 39, 45, 97, 143, 191, 242, 278
약물중독 치료에 관한 법률 180
'약쟁이' 37, 273, 281, 282
양육 환경(중독의 위험 요인) 66~68, 291
업존사 Pharmacia & Upjohn 33
엔도르핀 42
엔도 제약 145
역방향 논리 116
연구용 화학물질 87, 100
연방규정 42편 2조 249, 251, 252
연방의사면허기구연합 147, 148
오진 110, 248
오픈 라벨 단계 154, 155
오피오이드 난민 219, 220
오피오이드 대유행 136, 158
오피오이드 수용체 29, 32, 36, 42, 181
오피오이드 작용제 치료/요법 94, 178, 179
오피오이드 중독 29, 94, 96, 146, 178, 180, 199, 222, 227, 258, 277, 298
오피오이드 치료 낙인 없애기 캠페인 147
옥시콘틴 32, 42, 46, 151, 152, 158, 164
온라인 불법 약국 85~88, 99, 173, 182
온정적인 의사 212, 215
(호스피스)완화의료 27, 32, 141

외상후스트레스장애PTSD 35, 108, 194, 195, 198~201
용을 쫓기 92~93
위약 35, 141, 153~155
유사중독 142
유전(중독의 위험 요인) 66, 67, 77, 260, 291
의료공장 253
의료기관평가합동위원회 (의료기관신임합동위원회) 136, 148~152, 159, 238, 239, 246
의료서비스 149, 179, 198, 238, 240, 244, 245, 250, 290, 298
의료쇼핑 (유형 환자들) 11, 85, 169, 231
의료시스템 8, 14, 15, 170, 179, 218, 240, 250, 261~263, 283, 292, 299
의료의 산업화 236, 292
(전자)의무기록 42, 232, 250, 252, 274, 278
의사들 사이의 원활한 의사소통 249
의사보조원 294
의회장애심사법 194
익명의 알코올중독자들 모임AAA 37, 40, 61, 70, 97, 181, 205, 206, 257, 258, 296
익명의 약물중독자들 모임 37, 97
인터넷 모방범 (유형 환자들) 171
임상시험 139, 153~155

ㅈ

자기애적 손상 219, 220
자전적 서사 106
자폐스펙트럼장애/자폐증 202
작은 기관차 (유형 환자들) 171, 172
장애급여 173, 189, 192~196, 198~200, 204, 281, 290
재발(률) 25, 26, 76, 95, 120, 176, 261, 263, 273, 276, 277, 283, 287
재향군인장애보상VCD 193, 195, 199
재활성화 75, 76
전문간호사 294
전시형 (환자 유형) 168
정신건강 및 중독치료 보장 평등법 262
정신과 의사 7, 10, 16, 50, 114, 119, 122, 125, 127, 128, 197, 216, 241, 249, 260, 279, 280, 283, 316, 317
정신자극제 14, 16, 26, 30, 44, 57, 101, 114~116, 120, 121, 124, 127, 128, 198, 199, 203, 249, 290
정신질환 33, 40, 62, 66, 112, 114, 117, 118, 172, 193, 194, 200, 250, 261, 262, 292, 315
《정신질환의 진단 및 통계 편람DSM》 39, 62, 114, 172, 278, 303

제약산업/제약업계 109, 136, 137, 142, 153, 159, 203, 240, 279
조종당하는 뇌 173, 174
존슨앤존슨 145
죄수의 딜레마 183, 184
주말 방문자 (유형 환자들) 168, 169
주변 환경(중독의 위험 요인) 66, 68, 69, 291
주의력결핍 과잉행동장애 26, 30, 44, 47, 114, 120
주의력결핍 과잉행동장애 아동 및 성인 협회 203
주의력결핍장애 114~116, 122, 123, 125, 126, 128, 190, 198, 199, 249, 293
중독 위험(성) 30, 34, 67, 68, 127, 140, 222
중독 치료(기관) 18, 29, 40, 41, 43, 93, 94, 96, 128, 176, 177, 179, 180, 183, 189, 201, 226, 250, 251, 258, 260, 261, 275, 278, 292~294
중독 환자 치료 거부 127, 184, 217, 219, 220, 227, 261, 318
중독성 처방약물 모니터링 프로그램 PDMP 8, 127, 211, 218, 243, 289
중독성 처방약물 대유행 50, 112, 240, 244, 252, 298
중독의 질병 모델 205
중독의학 18, 50 128, 242, 261, 293, 294

중추 민감화 111
직업환자 192, 196~198, 200, 204, 205, 207
(최면)진정제 12, 44, 82, 85, 101, 116, 254, 279, 290
질병통제예방센터 44, 91, 289
질환 서사 112, 126, 182, 205, 206
질환 정체성 200, 202, 203

ㅊ

철도 척추증 197
청소년(기) 17, 35, 67, 82, 86, 115, 120, 121
최적의 진료 149
충동성 66
치료 공동체 296
치료 (비)순응 191, 244, 261

ㅋ

카이저 퍼머넌트 메디컬 그룹 295, 298
카이젠 Kaizen 237
켄터키주 집단소송 제기
코카인 60, 77, 82, 95, 268, 271
쾌락-고통의 균형 173~177

ㅌ

통증 척도 148, 150, 151

통증 평가 150
통증의 수치화 150
통합의료시스템 238, 249
통합전자의무기록 249
투사projection 216, 217
트라우마 67, 78, 108, 201

ㅍ

파이프매니아 87
퍼듀 파마 32, 136, 145, 148, 151, 152, 158, 159
퍼플 드랭크 88
펜앤드페이퍼 99
폭식증 266, 267
품질 측정 지표 246
피해자 서사 200, 202, 204, 205

ㅎ

하이드로코돈 24, 28, 31, 34, 35, 36, 116, 163, 222
학계 의사 136~144
항우울제 12, 14, 25, 29, 35, 36, 120, 279
해리슨 마약세법 90, 180
(인지)행동 치료 18, 40, 70, 200, 297
헤로인 40, 41, 43, 46, 68, 77, 82, 89~96, 136, 142, 177~170, 181, 220, 223, 224, 257, 266, 267, 269, 271~277, 281~283, 290
헨리 제임스 대 힐헤이븐 판례 148
환상의 짝꿍 (유형 환자들) 169~170
환자 만족도 (조사) 167, 239, 244~247, 253, 290
환자 사칭 (유형 환자들) 169
환자 옹호 단체 203
환자 접점 245
환자 중심 치료 245
황색포도상구균 274
회복운동 205

12단계 자조 모임/12단계 프로그램 37, 97, 205,
1급 규제약물 24, 46, 90
2급 규제약물 24~28, 35, 44, 46, 47, 115, 157
3급 규제약물 44, 47
4급 규제약물 28, 30, 33, 34, 36, 44, 48, 49
5급 규제약물 44, 48
D2C 마케팅 광고 137
DARE 프로젝트(약물남용 방지 교육) 80

(옮긴이 소개)

중독성 처방약물에 신중을 촉구하는 의사들

기승국　대한예방의학과의사회 회장. 산업현장을 비롯한 지역사회에서 다약제
　　　　　복용, 약물 오남용, 그리고 다양한 물질중독 문제를 마주해왔다.
　　　　　이 책을 통해 의학과 사회, 그리고 개인의 고통이 교차하는 지점을
　　　　　독자들과 함께 성찰하고자 한다.

김진호　가정의학과 전문의로서, 다약제 복용으로 인해 삶의 무게를 느끼는
　　　　　환자들을 꾸준히 진료해왔다. 처방의 편의보다 환자의 회복을 중심에
　　　　　두고자 고민하는 과정에서 중독성 처방약물 문제에 깊은 관심을 갖게
　　　　　되었다. 약물의 줄임과 함께 삶의 주도권을 되찾는 과정을 도우려 한다.

유은실　울산대학교 의과대학 명예교수이자 서울36의원재택의료센터
　　　　　대표원장. 방문 진료를 통해 다약제 복용을 이어가는 노인 환자들의
　　　　　현실을 목도하고 올바른 약물 사용에 대한 의료인과 일반 대중의 인식
　　　　　개선의 필요성을 느끼게 되었다. 이 책이 약물 중독이라는 심각한
　　　　　사회문제를 해결하기 위한 귀한 걸음이 되기를 바란다.

유전원　정신건강의학과 전문의로서, 진료실에서 마주한 환자들이 가능한
　　　　　한 적은 투약을 통해서도 편안한 삶을 살아갈 수 있기를 바라며 함께
　　　　　걸어가고자 한다. 무엇보다도 한반도에 평화가 찾아와서 남과 북의
　　　　　시민 모두가 그 어떤 중독으로부터도 자유로워지기를 소망한다.
　　　　　국립정신건강센터에서 근무하고 있다.

임성미 국내외 건강 불평등과 재난, 국제보건 및 북한 보건에 관심을 가진 응급의학과 전문의. 응급실에서 마약류 약물 중독 환자들을 만나며 사회구조적 문제의 심각성을 깨달았다. 이 책을 통해 그 경험과 통찰을 독자들과 나누고자 한다.

장창현 주류 정신의료의 한계를 느끼며 비판정신의학을 만났다. 이후 수용전념치료 acceptance and commitment therapy, ACT와 맥락 정신의학 contextual psychiatry을 공부하며, 사람의 고통을 병이 아니라 삶의 맥락 안에서 이해하려 노력하고 있다. '약물의 신중한 사용' 및 '함께하는 의사결정을' 통해, 환자가 자신의 삶을 다시 살아갈 힘을 되찾을 수 있도록 그 과정을 돕고자 한다.

조성식 직업환경의학과 전문의이자 동아대학교 의과대학 교수로 건강의 사회적 결정 요인에 관심이 많으며, 현재 직무 스트레스, 노동시간과 건강, 노동자들의 수면 건강을 연구하고 있다.

조승원 정신건강의학과 전문의이다. 현대 산업이 여러 형태의 중독과 교차하는 지점을 흥미롭게 바라보며, 그곳에 놓인 서사에 주목해왔다. 특히 사회의 여러 교차점 위에서 괴롭게 서 있는 이들을 위해, 각자의 존재가 있는 그대로 괜찮다고 말해주는 사회를 꿈꾼다.

조용혁 정신과 의사를 '누군가의 삶에 동행하는 전문가이자, 누군가의 무력감을 함께 견디는 사람'이라 믿으며 스스로를 회복 전문가 Recovery Practitioner라 부른다. '인간다움'에 대해 사색하는 것을 좋아하고, '나다움'의 회복이 언제나 누군가의 '너다움'의 회복과 맞닿아 있다고 믿는다. 괴롭고 외로워 약을 찾은 이들이 다시 인간다움을 되찾고 자신의 삶을 살아갈 수 있도록 곁에서 함께하고자 한다. 아주대학교병원 정신건강의학과 교수로, 수원시 성인정신건강복지센터 센터장을 맡고 있다.

최세진 교정시설에서 공중보건의사로 근무하며 마약사범들을 치료·관찰한 경험을 통해 약물 오남용과 중독의 현실을 마주했다. 이를 계기로 사회의 사각지대에 놓인 중독 문제에 관심을 갖게 되었으며, 개인적 차원뿐 아니라 사회적, 제도적 측면에서도 중독을 극복할 수 있는 길을 모색하고 있다. 이러한 문제의식을 바탕으로 《진짜 아픈 사람 맞습니다》를 저술했으며, 현재 서울대학교병원 신경외과에서 수련 중이다.

허은실 학습과 의사결정에 관한 뇌 신경망에 관심을 가진 정신건강의학과 전문의이다. 임상 현장에서 약물 치료를 통해 호전되는 환자들을 보며 보람을 느끼고 있다. 약물에 대한 무조건적 거부와 중독 사이에서, 의사로서 최선의 선택이 무엇인지 끊임없이 고민하고 있다.

중독을 파는 의사들

초판 1쇄 펴낸날 2025년 11월 17일
지은이 애나 렘키
옮긴이 중독성 처방약물에 신중을 촉구하는 의사들
펴낸이 박재영
편집 임세현·이다연
디자인 조하늘
제작 제이오
펴낸곳 도서출판 오월의봄
주소 경기도 파주시 회동길 513 203호
등록 제406-2010-000111호
전화 070-7704-2131
팩스 0505-300-0518
이메일 maybook05@naver.com
X(트위터) @oohbom
블로그 blog.naver.com/maybook05
페이스북 facebook.com/maybook05
인스타그램 instagram.com/maybooks_05

ISBN 979-11-6873-166-0 03300

이 책은 저작권법에 따라 보호받는 저작물이므로 무단전재와 복제를 금합니다.
이 책 내용의 전부 또는 일부를 이용하려면 반드시 저작권자와 도서출판 오월의봄에 서면 동의를 받아야 합니다.

책값은 뒤표지에 있습니다. 잘못된 책은 바꾸어 드립니다.

만든 사람들
책임편집 임세현
디자인 조하늘

이 책의 초판 번역인세 전액은 중독 관련 기관 후원금으로 쓰입니다.